빠른시작

빠작

중학 국어 **어휘**

# 3

## 중학 국어 빠작 시리즈

**비문학 독해 0, 1, 2, 3** ㅣ 독해력과 어휘력을 함께 키우는 독해 기본서
**문학 독해 1, 2, 3** ㅣ 필수 작품을 통해 문학 독해력을 기르는 독해 기본서
**문학x비문학 독해 1, 2, 3** ㅣ 문학 독해력과 비문학 독해력을 함께 키우는 독해 기본서
**고전 문학 독해** ㅣ 필수 작품을 통해 고전 문학 독해력을 기르는 독해 기본서
**어휘 1, 2, 3** ㅣ 내신과 수능의 기초를 마련하는 중학 어휘 기본서
**한자 어휘** ㅣ 한자를 통해 중학 국어 필수 어휘를 배우는 한자 어휘 기본서
**첫 문법** ㅣ 중학 국어 문법을 쉽게 익히는 문법 입문서
**문법** ㅣ 풍부한 문제로 문법 개념을 정리하는 문법서
**서술형 쓰기** ㅣ 유형으로 익히는 실전 TIP 중심의 서술형 실전서

## 이 책을 쓰신 선생님

이은정(신천중) 이세주(광성고) 허단비(전 인화여중)

빠른시작

# 빠작

중학 국어
**어휘**

**3**

차 례

☑ **2015개정 중학교 3학년 국어 교과서를 바탕**으로 어휘를 엄선하였습니다.
☑ **단계별 학습과 반복 학습**이 가능한 체재로 학습의 효과를 높일 수 있도록 하였습니다.
☑ **학교 내신 대비**와 함께 **수능 국어의 기초**를 쌓을 수 있도록 어휘를 제시하고, 체재를 구성하였습니다.

### ❶ 어휘 익히기   매 회차별로 17개의 필수 어휘, 필수 개념, 한자 성어 | 관용구 | 속담을 익힙니다.

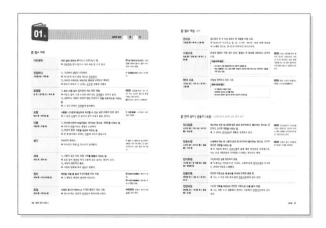

📕 **필수 어휘**  눈에 띄는 색감을 활용하여 어휘의 주요 뜻을 쉽게 기억할 수 있도록 하였으며, 유의어(유), 반의어(반), 연관 어휘, 수능 기출 예문을 접할 수 있게 하였습니다.

📕 **필수 개념**  영역별 필수 개념을 학습하여 학교 국어 시험을 대비할 수 있게 하였습니다.

📕 **한자 성어 | 관용구 | 속담**  한자 성어와 관용구, 속담은 주제 또는 소재로 분류하여 제시하였습니다.

### ❷ 확인 문제   문제를 풀며 앞에서 학습한 어휘의 이해 정도를 확인합니다.

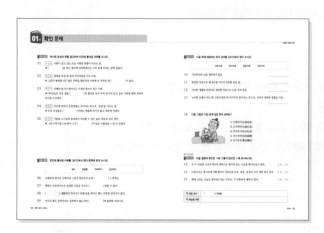

어렵지 않은 난이도의 확인 문제를 풀며 앞에서 익힌 어휘의 이해 정도를 확인할 수 있도록 하였습니다.

**개념 확인**  앞에서 학습한 영역별 필수 개념을 바르게 이해하고 있는지 문제를 풀며 확인할 수 있게 하였습니다.

**자기 점검**  채점을 한 후 복습할 어휘를 적어 보게 하여 보충 학습을 할 수 있게 하였습니다.

**③ 종합 문제** 6회분 어휘를 종합한 문제로 실전을 대비하는 어휘력을 기릅니다.

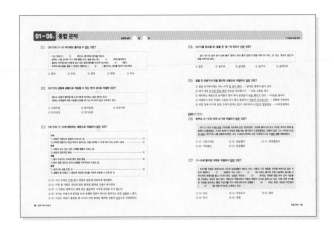

다양한 유형의 문제를 풀며 실전을 대비하는 어휘력을 기를 수 있도록 하였습니다.

**수능 기출 응용** 수능 기출을 응용한 문제를 통해 수능에서 출제되는 어휘 문제의 유형을 접할 수 있게 하였습니다.

**어법+** 어휘를 바탕으로 어법에 대해서도 이해할 수 있도록 하였습니다.

---

**책 속의 책**

## 어휘력 다지기

본책에서 학습한 어휘를 복습하며 어휘력을
확실하게 다집니다.

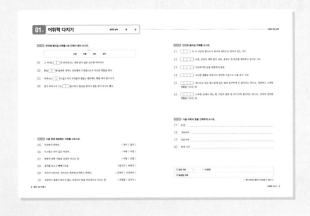

## 정답과 해설

정답 해설과 오답 풀이를 읽으며 어휘 학습을
빈틈없이 완성합니다.

**01  학습 계획을 세우고, 꾸준히 공부하자!**

매일 20~30분씩 학습하면 4주에 학습을 마칠 수 있도록 구성된 책이다.

주 2회 이상 어휘 공부를 하는 것으로 학습 계획을 세워서 꾸준히 공부하자.

**02  한자의 뜻을 보며 어휘의 의미를 익히자!**

한자어가 많은 우리말, 한자의 뜻을 보면서 어휘의 의미를 익혀 보자.

어휘의 의미가 더욱 잘 이해될 것이다.

**03  유의어, 반의어, 연관 어휘까지 챙기자!**

표제어 옆에 제시된 유의어, 반의어, 연관 어휘도 함께 읽어 보며 어휘력을 높이자.

**04  필수 개념은 확실히 익히자!**

학교 시험과 관련 있는 영역별 필수 개념은 예시와 추가 설명을 찬찬히 읽어 보며 확실히 익히도록 하자.

**05  주제 및 소재별로 구분한 한자 성어, 관용구, 속담을 기억하자!**

한자 성어, 관용구, 속담은 주제 및 소재별로 구분하여 키워드를 제시하였다.

키워드를 기억하며 머릿속에 차곡차곡 정리해 두자.

**06  확인 문제를 풀고 난 뒤 복습이 필요한 어휘는 바로 다시 공부하자!**

의미를 정확히 이해하지 못한 어휘는 다시 되돌아가 뜻풀이와 예문을 읽으며 복습하자.

**07  종합 문제를 풀고 난 뒤 해설을 꼭 확인하자!**

틀린 문제는 왜 틀렸는지 해설을 통해 확인하여 유사한 문제가 출제되었을 때 틀리지 않도록 대비하자.

**08  어휘력 다지기를 잘 활용하자!**

본책에서 학습한 어휘를 다시 한번 점검하기 위해 어휘력 다지기를 꼭 풀어 보자.

점검 결과에 따라 다시 한번 본책을 복습하자.

# 학습 점검표 │ 학습한 날짜를 기록하면서 자신의 학습 현황을 점검해 보자.

| 본책 | 학습한 날 | 복습한 날 |
|---|---|---|
| 1회 | | |
| 2회 | | |
| 3회 | | |
| 4회 | | |
| 5회 | | |
| 6회 | | |
| 1~6회 종합 문제 | | |
| 7회 | | |
| 8회 | | |
| 9회 | | |
| 10회 | | |
| 11회 | | |
| 12회 | | |
| 7~12회 종합 문제 | | |
| 13회 | | |
| 14회 | | |
| 15회 | | |
| 16회 | | |
| 17회 | | |
| 18회 | | |
| 13~18회 종합 문제 | | |
| 19회 | | |
| 20회 | | |
| 21회 | | |
| 22회 | | |
| 23회 | | |
| 24회 | | |
| 19~24회 종합 문제 | | |

| 어휘력 다지기 | 학습 |
|---|---|
| 1회 | |
| 2회 | |
| 3회 | |
| 4회 | |
| 5회 | |
| 6회 | |
| 7회 | |
| 8회 | |
| 9회 | |
| 10회 | |
| 11회 | |
| 12회 | |
| 13회 | |
| 14회 | |
| 15회 | |
| 16회 | |
| 17회 | |
| 18회 | |
| 19회 | |
| 20회 | |
| 21회 | |
| 22회 | |
| 23회 | |
| 24회 | |

## 📙 필수 어휘

| | | |
|---|---|---|
| **가타부타** | 어떤 일에 대하여 옳다느니 그르다느니 함.<br>예 가타부타 말이 없으니 어디 속을 알 수가 있나. | 🔁 왈가왈부(曰可曰否): 어떤 일에 대하여 옳거니 옳지 아니하거니 하고 말함. |
| **곤궁하다**<br>괴로울 困 \| 다할 窮 | 「1」 가난하여 살림이 구차하다.<br>예 끼니조차 잇기 힘들 정도로 곤궁하다.<br>「2」 처지가 이러지도 저러지도 못하게 난처하고 딱하다.<br>예 퇴로가 막혀서 그 군대는 곤궁한 상황에 처했다. | ➕ 궁핍(窮乏)하다: 몹시 가난하다. |
| **공염불**<br>빌 空 \| 생각할 念 \| 부처 佛 | 「1」 믿는 마음 없이 입으로만 외는 헛된 염불.<br>예 마음도 없이 그냥 소리만 내며 외는 공염불은 의미가 없다.<br>「2」 실천이나 내용이 따르지 않는 주장이나 말을 비유적으로 이르는 말.<br>예 그 선거 공약은 공염불에 불과했다. | 🔎더 알기 '공염불'에서 '공-'은 '빈' 또는 '효과가 없는'의 뜻을 더하는 접두사이다.<br>예 공수표 \| 공치사 \| 공테이프 |
| **도량**<br>법도 度 \| 헤아릴 量 | 사물을 너그럽게 용납하여 처리할 수 있는 넓은 마음과 깊은 생각.<br>예 그 분은 도량이 큰 분이니 같이 지내기 좋을 것이다. | ➕ 아량(雅量): 너그럽고 속이 깊은 마음씨. |
| **미물**<br>작을 微 \| 만물 物 | 「1」 인간에 비하여 보잘것없는 것이라는 뜻으로, '동물'을 이르는 말.<br>예 아무리 미물이어도 생명은 소중하다.<br>「2」 변변치 못한 사람을 낮잡아 이르는 말.<br>예 전 제 앞가림도 못하는 미물에 지나지 않습니다. | |
| **설다** | 익숙하지 못하다.<br>예 어디선가 귀에 선 목소리가 들려왔다. | ➕ 설다: ① 열매, 밥, 술 따위가 제대로 익지 아니하다. ② 잠이 모자라거나 깊이 들지 아니하다. |
| **세속**<br>세상 世 \| 풍속 俗 | 「1」 사람이 살고 있는 모든 사회를 통틀어 이르는 말.<br>예 요즘 들어 세속을 떠나 조용히 살고 싶다는 생각이 든다.<br>「2」 세상의 일반적인 풍속.<br>예 시대의 변화에 따라 세속도 변한다. | |
| **염치**<br>살필 廉 \| 부끄러워할 恥 | 체면을 차릴 줄 알며 부끄러움을 아는 마음.<br>예 그 행동은 예의와 염치에 어긋난다. | 🔄 몰염치(沒廉恥): 염치가 없음.<br>🔄 파렴치(破廉恥): 염치를 모르고 뻔뻔스러움. |
| **호걸**<br>호걸 豪 \| 뛰어날 傑 | 지혜와 용기가 뛰어나고 기개와 풍모가 있는 사람.<br>예 내노라 하는 장안의 호걸들이 한자리에 모였다. | ★ 2013 수능 성현도 많거니와 호걸도 많고 많다. |

| 연시조 잇닿을 聯 \| 때 時 \| 고를 調 | 평시조가 두 수 이상 모여서 한 작품을 이룬 시조.<br>예 윤선도의 「오우가」는 물, 돌, 소나무, 대나무, 달을 벗에 비유하여 노래한 것으로, 총 6수로 이루어진 연시조이다. | |

| 사설시조 말씀 辭 \| 말씀 說 \| 때 時 \| 고를 調 | 초장과 중장이 제한 없이 길며, 종장도 첫 음보를 제외하고 길어진 시조.<br><br>**사설시조의 특징**<br>• 조선 중기 이후 발달하였으며 산문적 성질을 띰.<br>• 현실 생활에서 오는 삶의 애환, 현실의 모순에 대한 풍자 등 서민적인 내용을 주로 담고 있음. | **더알기** 시조는 형식에 따라 평시조, 엇시조, 사설시조로 나뉜다. 이 중 엇시조는 초장, 중장 가운데 어느 한 장이 평시조보다 한 음보 정도 더 길어진 시조이다. |

| 현대 시조 나타날 現 \| 시대 代 \| 때 時 \| 고를 調 | 오늘날 창작되고 있는 시조.<br><br>**현대 시조의 특징**<br>• 각 작품마다 제목이 있음.<br>• 현대적인 정서와 소재를 택함.<br>• 연시조의 형태가 많으며 형식이 비교적 자유로움. | **더알기** 현대 시조와 상대되는 개념은 고시조(古時調)이다. |

■ 한자 성어 | 관용구 | 속담  '소박한 삶'과 관련이 있는 한자 성어

| 단사표음 소쿠리 簞 \| 먹이 食 \| 바가지 瓢 \| 마실 飮 | 대나무로 만든 밥그릇에 담은 밥과 표주박에 든 물이라는 뜻으로, 청빈하고 소박한 생활을 이르는 말.<br>예 그 선비는 <u>단사표음</u>의 생활을 실천하고 있다. | **더알기** '단사표음'은 『논어』에 나오는 표현으로, 공자가 아끼는 제자 안회를 가리키며 한 말로, '단표'라고도 한다. |

| 단표누항 소쿠리 簞 \| 바가지 瓢 \| 좁을 陋 \| 거리 巷 | 누항에서 먹는 한 그릇의 밥과 한 바가지의 물이라는 뜻으로, 선비의 청빈한 생활을 이르는 말.<br>예 이 작품의 화자는 <u>단표누항</u>의 삶에 대한 만족감을 나타냈는데, 이는 조선 사대부들의 가치관을 드러내는 것이기도 하다. | **더알기** '누항'은 좁고 지저분하며 더러운 거리를 의미한다. |

| 빈이무원 가난할 貧 \| 말 이을 而 \| 없을 無 \| 원망할 怨 | 가난하지만 남을 원망하지 않음.<br>예 「누항사」는 박인로가 쓴 가사로, 누항에 묻혀 <u>빈이무원</u>을 추구하는 선비의 마음을 노래했다. | |

| 안분지족 편안할 安 \| 나눌 分 \| 알 知 \| 발 足 | 편안한 마음으로 제 분수를 지키며 만족할 줄을 앎.<br>예 그는 그 사건 이후 욕심 없이 <u>안분지족</u>하며 살고 있다. | |

| 안빈낙도 편안할 安 \| 가난할 貧 \| 즐길 樂 \| 길 道 | 가난한 생활을 하면서도 편안한 마음으로 도를 즐겨 지킴.<br>예 그는 바쁜 도시 생활에서 벗어나 시골에서 <u>안빈낙도</u>하며 살고 있다. | |

**01~05** 제시된 초성과 뜻을 참고하여 빈칸에 들어갈 어휘를 쓰시오.

**01** ㅅ ㅅ : 사람이 살고 있는 모든 사회를 통틀어 이르는 말.

예 (                    )을 떠나 종교에 귀의하겠다는 그의 말에 우리는 깜짝 놀랐다.

**02** ㅇ ㅊ : 체면을 차릴 줄 알며 부끄러움을 아는 마음.

예 그동안 형에게 너무 많은 부탁을 했던지라 이번에 또 부탁을 할 (              )가 없다.

**03** ㅎ ㄱ : 지혜와 용기가 뛰어나고 기개와 풍모가 있는 사람.

예 「박씨전」은 여성 영웅 (              )의 활약을 보여 주며 당시의 남성 중심 사회에 대한 비판적 의식을 드러냈다.

**04** ㅁ ㅁ : 인간에 비하여 보잘것없는 것이라는 뜻으로, '동물'을 이르는 말.

예 우리 조상들은 (              )이라도 하찮게 여기지 않고 귀하게 여겼다.

**05** ㄷ ㄹ : 사물을 너그럽게 용납하여 처리할 수 있는 넓은 마음과 깊은 생각.

예 그와 이야기를 나누면서 그가 (              )이 넓은 사람임을 느낄 수 있었다.

**06~09** 빈칸에 들어갈 어휘를 〈보기〉에서 찾아 문맥에 맞게 쓰시오.

보기

설다      공염불      가타부타      곤궁하다

**06** 오랜만에 찾아온 고향이라 그런지 뒷산마저 눈에 (              ) 느껴진다.

**07** 행복은 주관적이므로 일정한 기준을 가지고 (              ) 말할 수 없다.

**08** (              ) 생활에서 벗어나기 위해 일을 하려고 해도 마땅한 일자리가 없다.

**09** 아무리 좋은 공약이어도 실천하지 않는다면 (              )에 불과할 것입니다.

**10~13** 다음 뜻에 해당하는 한자 성어를 〈보기〉에서 찾아 쓰시오.

┌─────────── 보기 ───────────┐
│   단표누항      빈이무원      안분지족      안빈낙도   │
└───────────────────────────┘

**10** 가난하지만 남을 원망하지 않음.  _____

**11** 편안한 마음으로 제 분수를 지키며 만족할 줄을 앎.  _____

**12** 가난한 생활을 하면서도 편안한 마음으로 도를 지켜 즐김.  _____

**13** 누추한 곳에서 먹는 한 그릇의 밥과 한 바가지의 물이라는 뜻으로, 선비의 청빈한 생활을 이름.

_____

**14** 다음 그림과 가장 관계 깊은 한자 성어는?

① 산해진미(山海珍味)
② 오곡백과(五穀百果)
③ 호의호식(好衣好食)
④ 진수성찬(珍羞盛饌)
⑤ 단사표음(簞食瓢飮)

✅**개념 확인**

**15~17** 다음 설명이 맞으면 ○에, 그렇지 않으면 ×에 표시하시오.

**15** 두 수 이상의 시조가 하나의 제목으로 엮어져 있는 시조를 평시조라고 한다.  ( ○ , × )

**16** 사설시조는 평시조에 비해 형식이 자유로워 초장, 중장, 종장이 모두 제한 없이 길다.  ( ○ , × )

**17** 현대 시조는 오늘날 창작되고 있는 시조로, 각 작품마다 제목이 있다.  ( ○ , × )

┌─────────────────────────────────────┐
│ 🔲 맞힌 개수      (          ) / 17문항              │
├─────────────────────────────────────┤
│ ☑ 복습할 어휘                                       │
└─────────────────────────────────────┘

## 📖 필수 어휘

| | | |
|---|---|---|
| **관철**<br>뚫을 貫 \| 통할 徹 | 어려움을 뚫고 나아가 목적을 기어이 이룸.<br>예 우리는 요구 사항 관철을 위해 결의문을 냈다. | ⊕ 성사(成事): 일을 이룸. 또는 일이 이루어짐. |
| **도모하다**<br>그림 圖 \| 꾀할 謨 | 어떤 일을 이루기 위하여 대책과 방법을 세우다.<br>예 부원들 간의 친목을 도모하기 위해 야유회를 가기로 했다. | ★ 2018 수능 정부는 실물 경제와 금융 시장의 안정을 도모하는 정책을 수행한다. |
| **득의연하다**<br>얻을 得 \| 뜻 意 \| 그럴 然 | 몹시 우쭐해 있다.<br>예 그는 자신에게 진 상대에게 인사를 건넨 다음 득의연하게 돌아갔다. | ⊕ 득의(得意): 일이 뜻대로 이루어져 만족하거나 뽐냄. |
| **무마**<br>누를 撫 \| 갈 摩 | 분쟁이나 사건 따위를 어물어물 덮어 버림.<br>예 그가 사건의 무마를 위해 관계자에게 뇌물을 준 것이 들통났다. | |
| **무상하다**<br>없을 無 \| 항상 常 | 「1」 모든 것이 덧없다.<br>예 그는 권력의 무상함을 느끼고 정계에서 은퇴했다.<br>「2」 일정하지 않고 늘 변하는 데가 있다.<br>예 여름철 날씨는 무상하여 예측하기 어렵다. | ★ 2018 수능 ㉠과 ㉡은 모두 세월의 흐름을 나타내어 인생의 무상함을 느끼게 하는 소재이다. |
| **사근사근하다** | 「1」 생김새나 성품이 상냥하고 시원스럽다.<br>예 그는 성격이 사근사근한 편이어서 처음 보는 사람에게 호감을 가지게 한다.<br>「2」 사과나 배 따위를 씹는 것과 같이 매우 보드랍고 연하다.<br>예 겨울철이면 사근사근하게 씹히는 동치미가 생각난다. | ㈜ 서글서글하다: 생김새나 성품이 매우 상냥하고 너그럽다. |
| **상기되다**<br>위 上 \| 기운 氣 | 흥분이나 부끄러움으로 얼굴이 붉어지다.<br>예 그녀는 황급히 오느라 얼굴이 붉게 상기되어 있었다. | ★ 2019 수능 그 옆에 상기되어 앉아 있는 결혼 피로연 석상의 철호. |
| **엄습**<br>닫을 掩 \| 엄습할 襲 | 「1」 뜻하지 아니하는 사이에 습격함.<br>예 우리 군은 적의 엄습을 대비하여 경계를 강화하였다.<br>「2」 감정, 생각, 감각 따위가 갑작스럽게 들이닥치거나 덮침.<br>예 그 순간 그는 불안감의 엄습을 느꼈다. | ⊕ 습격(襲擊): 갑자기 상대편을 덮쳐 침. |
| **천정부지**<br>하늘 天 \| 우물 井 \| 아닐 不 \| 알 知 | 천장을 알지 못한다는 뜻으로, 물가 따위가 한없이 오르기만 함을 비유적으로 이르는 말.<br>예 천정부지로 치솟는 물가 때문에 걱정이 많다. | 더 알기 '천정'은 표준어가 아니고 '천장'이 표준어이지만, '천정부지'는 이미 굳어져 사용되고 있는 어휘이므로 표준어로 인정하고 있다. |

# 필수 개념 문학

| 시상<br>시 詩 \| 생각 想 | 시에 나타난 생각, 사상이나 감정.<br>예 윤동주의 「서시」에서는 부끄러움이 없는 삶에 대한 소망과 의지가 시상이라 할 수 있다. | |
|---|---|---|
| 시상 전개 방식<br>시 詩 \| 생각 想 \| 펼 展 \| 열<br>開 \| 모 方 \| 법 式 | 시인이 시상을 드러내기 위해 사용하는 다양한 시의 전개 방식.<br><br>**시상 전개 방식의 예**<br>• 시간의 흐름에 따른 전개 시간의 순서에 따라 시상을 전개하는 방식. 순행적 전개라고도 함.<br>예 과거 → 현재, 아침 → 저녁, 봄 → 여름 → 가을 → 겨울<br>• 공간의 이동에 따른 전개 공간의 이동에 따라 시상을 전개하는 방식. 화자가 이동하지 않으면서 시선이 이동하는 경우도 있는데, 이를 '시선의 이동에 따른 전개'로 구분하기도 함.<br>예 안 → 밖, 아래 → 위, 먼 곳 → 가까운 곳 | **더알기** 시상 전개 방식을 파악하면 시 전체의 특징, 시를 통해 표현하고자 하는 사상이나 정서, 주제 등을 이해하는 데 도움이 된다. |

# 한자 성어 \| 관용구 \| 속담 '상황'과 관련이 있는 관용구

| 갈 길이 멀다 | 「1」 앞으로 살아갈 생애가 많이 남아 있다.<br>예 너는 갈 길이 먼데 벌써 꿈을 포기하니?<br>「2」 앞으로 해야 할 일이 많이 남아 있다.<br>예 이 일을 다 마치려면 아직도 갈 길이 멀어. | |
|---|---|---|
| 뜨거운 맛을 보다 | 호된 고통이나 어려움을 겪다.<br>예 네가 뜨거운 맛을 봐야만 정신을 차리겠지? | |
| 목덜미를 잡히다 | 「1」 어떤 약점이나 중요한 곳을 잡히다.<br>예 그 사람에게 꼼짝 못하는 걸 보니 목덜미를 잡힌 모양이로군.<br>「2」 피할 수 없이 죄가 드러나게 되다.<br>예 피해자의 신고로 그의 사기 행각이 목덜미를 잡혔다. | **더알기** '목덜미'는 '덜미'라고도 한다. |
| 물 건너가다 | 일의 상황이 끝나 어떠한 조치를 할 수 없다.<br>예 그 문제는 이미 물 건너간 일이다. | |
| 벼랑에 몰리다 | 위험한 상황에 직면하게 되다.<br>예 그 회사는 자금 문제로 벼랑에 몰려 있다. | |
| 철퇴를 맞다 | 엄한 처벌을 받다.<br>예 그 프로그램은 방송 불가라는 철퇴를 맞았다. | |

01~03 **밑줄 친 어휘의 뜻을 고르시오.**

**01**

> 친목을 <u>도모할</u> 명분으로 시작한 모임은 생각보다 오래가지 않았다.

① 일반에게 널리 공개하여 모집하다.
② 어떤 일을 이루기 위하여 대책과 방법을 세우다.

**02**

> 근래 들어 집단적 행동을 통한 이익 <u>관철</u>이 사회 문제로 대두되고 있다.

① 어려움을 뚫고 나아가 목적을 기어이 이룸.
② 어떤 일이나 사태에 맞추어 태도나 행동을 취함.

**03**

> 공포 영화를 볼 생각을 하니 불안감이 <u>엄습</u>하기 시작했다.

① 어수선한 마음을 가라앉히어 바로잡음.
② 감정, 생각, 감각 따위가 갑작스럽게 들이닥치거나 덮침.

04~07 **다음 뜻에 해당하는 어휘를 〈보기〉에서 찾아 쓰시오.**

보기

| 득의연하다 | 무상하다 | 사근사근하다 | 상기되다 |

**04** 몹시 우쭐해 있다. _____

**05** 일정하지 않고 늘 변하는 데가 있다. _____

**06** 생김새나 성품이 상냥하고 시원스럽다. _____

**07** 흥분이나 부끄러움으로 얼굴이 붉어지다. _____

08~09 **다음 문장에 어울리는 어휘를 고르시오.**

**08** 막무가내로 판촉 행위를 벌이던 그들은 사법당국의 ( 철퇴 | 쇠퇴 )를 맞게 되었다.

**09** 그 회사는 잘못된 소문으로 벼랑에 ( 몰렸지만 | 쏠렸지만 ) 진실이 드러나며 위기에서 벗어났다.

**10~12** 빈칸에 들어갈 어휘를 〈보기〉의 글자를 조합하여 쓰시오.

〈보기〉

| 상 | 마 | 무 | 부 | 정 | 지 | 천 |

10 물가가 ( )로 치솟아 장보기가 두렵다.

11 그 기업은 폐수 유출 사건을 ( )시키려고 안간힘을 썼다.

12 이 작품은 늙음에 대한 한탄과 더불어 인생의 ( )함을 노래하고 있다.

☑ 개념 확인
**13~14** 다음 설명이 맞으면 ○에, 그렇지 않으면 ×에 표시하시오.

13 시에 나타난 시인의 생각이나 사상, 감정 등을 시상이라고 한다. ( ○ , × )

14 시상 전개는 시간의 흐름에 따라 전개될 수도 있고, 화자의 시선에 따라 전개될 수도 있다.( ○ , × )

**15~18** 빈칸에 들어갈 관용구를 〈보기〉에서 찾아 문맥에 맞게 쓰시오.

〈보기〉

갈 길이 멀다    뜨거운 맛을 보다    목덜미를 잡히다    물 건너가다

15 아버지가 휴가를 내지 못해서 이번 가족 여행은 ( ) 되었다.

16 지금까지 잘 해 왔지만 아직 ( ) 조금만 더 힘을 내도록 하자.

17 계속된 그의 비리는 결국 ( ) 되었고, 그는 처벌을 받게 되었다.

18 지난번에 과제를 잊어 버려 ( ) 후, 이제는 과제가 있으면 잊기 전에 바로바로 한다.

| 🔘 맞힌 개수 | ( ) / 18문항 |
| ☑ 복습할 어휘 | |

## 필수 어휘

**만류**
당길 挽 | 머무를 留

붙들고 못 하게 말림.
예 나는 부모님의 만류에도 불구하고 유학을 떠났다.

---

**박대**
얇을 薄 | 대접할 待

「1」 정성을 들이지 않고 아무렇게나 하는 대접. = 푸대접.
예 힘들게 왔는데 이렇듯 박대를 받으니 몹시 원망스럽다.
「2」 인정 없이 모질게 대함.
예 그녀는 남편의 박대에 눈물짓는 날이 많았다.

⊕ 괄대(恝待): 업신여겨 소홀히 대접함. 또는 그런 대접.
⊕ 환대(歡待): 반갑게 맞아 정성껏 후하게 대접함.

---

**박색**
얇을 薄 | 빛 色

아주 못생긴 얼굴. 또는 그런 사람. 흔히 여자에게 많이 쓴다.
예 얼굴은 박색이지만 마음씨는 비단결처럼 곱다.

⊞ 미색(美色): 여자의 아리따운 용모. 또는 아름다운 여자.

---

**섬광**
번쩍할 閃 | 빛 光

순간적으로 강렬히 번쩍이는 빛.
예 하늘에서 섬광이 번쩍였다.

---

**수모**
받을 受 | 업신여길 侮

모욕을 받음.
예 그는 온갖 수모를 당하면서도 신념을 굽히지 않았다.

⊕ 모욕(侮辱): 깔보고 욕되게 함.

---

**전율**
싸울 戰 | 두려워할 慄

「1」 몹시 무섭거나 두려워 몸이 벌벌 떨림.
예 강제 수용소의 이야기는 그를 공포와 전율에 휩싸이게 했다.
「2」 몸이 떨릴 정도로 감격스러움을 비유적으로 이르는 말.
예 그의 노래를 실제로 들으니 전율이 느껴졌다.

더알기 모음이나 'ㄴ' 받침 뒤에 이어지는 '렬, 률'은 '열, 율'로 적는다.
예 나열 | 선율 | 백분율
⊕ 몸서리: 몹시 싫거나 무서워서 몸이 떨리는 일.

---

**지척**
길이 咫 | 자 尺

아주 가까운 거리.
예 오늘 아침에는 안개가 심해서 지척도 분간할 수 없었다.

더알기 '척(尺)'은 길이의 단위로 약 30.3cm에 해당한다.

---

**표본**
표 標 | 근본 本

「1」 본보기로 삼을 만한 것.
예 그를 성공의 표본으로 삼다.
「2」 생물의 몸 전체나 그 일부에 적당한 처리를 가하여 보존할 수 있게 한 것.
예 채집한 곤충을 표본으로 만들다.

★ 2016 수능 남한산성이 시대별 축성술의 표본이라는 것은 어떤 의미인가요?

---

**회포**
품을 懷 | 안을 抱

마음속에 품은 생각이나 정.
예 오랜만에 만난 친구와 회포를 풀었다.

★ 2013 수능 평생의 이 좋은 회포를 실컷 펼치고 오리라.
⊕ 감회(感懷): 지난 일을 돌이켜 볼 때 느껴지는 회포.

| 수미상관<br>머리 首 | 꼬리 尾 | 서로 相 | 관계할 關 | 시의 처음과 끝에 동일하거나 유사한 내용을 배치하는 시상 전개 방식.<br><br>**수미상관의 효과**<br>• 의미가 강조됨.<br>• 리듬감을 형성함.<br>• 형태적 안정감을 줌. | 더알기 수미상관은 '수미상응'이라고도 한다. |
|---|---|---|
| 선경후정<br>먼저 先 | 경치 景 | 뒤 後 | 뜻 情 | 앞부분에 자연 경관이나 사물에 대한 묘사를 먼저하고 뒷부분에 자기의 감정이나 정서를 그려 내는 시상 전개 방식.<br>예 펄펄 나는 저 꾀꼬리는 / 암수 서로 정다운데 / 외로운 이내 몸은 / 뉘와 함께 돌아갈꼬. (유리왕, 「황조가」) → 앞부분에서 꾀꼬리의 다정한 모습을 보여 주고 뒷부분에서 이와 대비되는 화자의 쓸쓸한 정서를 드러냄. | 더알기 선경후정은 한시의 전형적인 전개 방식이다. |
| 기승전결<br>일어날 起 | 받들 承 | 구를 轉 | 맺을 結 | 주로 한시에서 시구를 구성하는 방식. 시상을 제시하고(기), 시상을 전개하다가(승), 시상이 고조되면서 절정에 이르거나 전환되어(전), 시상을 마무리(결)하는 시상 전개 방식.<br>예 이육사의 「절정」은 한시의 시구 구성 방식인 기승전결의 방식을 사용하여 극한 상황에서도 굴하지 않는 의지를 효과적으로 드러낸 작품이다. | 더알기 기승전결은 논설문 따위의 글을 짜임새 있게 짓는 형식이기도 하다. 논설문에서의 기승전결은 문제 제기, 전개, 전환, 마무리의 네 단계로 이루어진다. |

■ 한자 성어 | 관용구 | 속담   '외로움, 근심'과 관련이 있는 한자 성어

| 고립무원<br>외로울 孤 | 설 立 | 없을 無 | 도울 援 | 고립되어 남의 도움을 받을 데가 없음.<br>예 나는 기댈 곳 없는 <u>고립무원</u>의 신세가 되었다. | |
|---|---|---|
| 고신원루<br>외로울 孤 | 신하 臣 | 원통할 冤 | 눈물 淚 | 임금의 신임이나 사랑을 받지 못하는 외로운 신하의 원통한 눈물.<br>예 <u>고신원루</u>를 삼킨 그는 임금에 대한 자신의 마음을 담아 시조를 지었다. | |
| 노심초사<br>수고로울 勞 | 마음 心 | 그을릴 焦 | 생각 思 | 몹시 마음을 쓰며 애를 태움.<br>예 어머니께서 이번 일로 얼마나 <u>노심초사</u>를 하셨는지 얼굴이 많이 상하셨다. | 더알기 같은 의미의 한자 성어로 '초심고려(焦心苦慮)'가 있다. |
| 사고무친<br>넉 四 | 돌아볼 顧 | 없을 無 | 친할 親 | 의지할 만한 사람이 아무도 없음.<br>예 하나뿐인 혈육인 할아버지마저 돌아가시자 그는 <u>사고무친</u>의 외로운 신세가 되었다. | 더알기 같은 의미의 한자 성어로 '사고무탁(四顧無託)'이 있다. |
| 혈혈단신<br>외로울 孑 | 외로울 孑 | 홀 單 | 몸 身 | 의지할 곳이 없는 외로운 홀몸.<br>예 그는 달리 갈 곳도, 가족도 없는 <u>혈혈단신</u> 외톨이였다. | |

밑줄 친 어휘의 뜻을 고르시오.

**01** '지척의 원수가 천 리의 벗보다 낫다'는 속담도 있다.

① 아주 가까운 거리.
② 넓은 구역이나 범위.

**02** 아버지는 근 십 년 만에 만난 동료와 이야기를 나누시며 회포를 푸셨다.

① 마음속에 품은 생각이나 정.
② 근심스럽거나 답답하고 기분이 언짢은 느낌.

**03** 이번에 진행한 개발은 환경을 파괴하지 않고 개발을 진행한 표본으로 삼을 만하다.

① 목표로 삼는 물건.
② 본보기로 삼을 만한 것.

**04** 미사일이 공중으로 발사된 지 약 20초 뒤, 상공에는 붉은 섬광이 번쩍였다.

① 인공적으로 만들어 낸 빛.
② 순간적으로 강렬히 번쩍이는 빛.

**05** 그녀는 여자가 무슨 축구냐는 아버지의 만류에도 굴하지 않고 열심히 연습한 끝에 세계적인 선수가 되었다.

① 붙들고 못하게 말림.
② 기운을 못 펴게 세력으로 내리누름.

✔ 개념 확인
06~08 다음 설명이 맞으면 ○에, 그렇지 않으면 ×에 표시하시오.

**06** '기승전결' 중 시적 전환이 일어나는 부분은 '승'이다. ( ○ , × )

**07** 시의 처음과 끝에 동일하거나 유사한 내용을 배치하는 것을 수미상관이라고 한다. ( ○ , × )

**08** 선경후정은 앞부분에 자기의 감정이나 정서를 그려 내고, 뒷부분에서 풍경을 묘사하는 시상 전개 방식을 말한다. ( ○ , × )

**09~12**  다음 뜻에 해당하는 한자 성어를 〈보기〉의 글자를 조합하여 쓰시오.

〈보기〉

| 사 | 고 | 무 | 노 | 루 | 초 | 친 |
|---|---|---|---|---|---|---|
| 원 | 립 | 신 | 원 | 심 | 사 | |

**09**  몹시 마음을 쓰며 애를 태움.                                          _____

**10**  의지할 만한 사람이 아무도 없음.                                   _____

**11**  고립되어 남의 도움을 받을 데가 없음.                          _____

**12**  임금의 신임이나 사랑을 받지 못하는 외로운 신하의 원통한 눈물.   _____


**13~15**  다음 뜻에 해당하는 어휘를 고르시오.

**13**  아주 못생긴 얼굴. 또는 그런 사람.                              ( 미색 | 박색 )

**14**  몹시 무섭거나 두려워 몸이 벌벌 떨림.                          ( 선율 | 전율 )

**15**  정성을 들이지 않고 아무렇게나 하는 대접.                   ( 박대 | 환대 )


**16~17**  다음 어휘를 활용하여 문장을 만드시오.

**16**  수모: 모욕을 받음.

_____

**17**  혈혈단신: 의지할 곳이 없는 외로운 홀몸.

_____


| 맞힌 개수 | (          ) / 17문항 |
|---|---|
| 복습할 어휘 | |

## 📖 필수 어휘

| | |
|---|---|
| **고풍스럽다**<br>옛 古 \| 바람 風 | 보기에 예스러운 데가 있다.<br>예 경주에는 <u>고풍스러운</u> 기와집들이 많이 남아 있다. |

| | | |
|---|---|---|
| **동경**<br>그리워할 憧 \| 동경할 憬 | 어떤 것을 간절히 그리워하여 그것만을 생각함.<br>예 그는 어렸을 때부터 나의 <u>동경</u>의 대상이었다. | ★ **2012 수능** 두 시어는 화자가 동경하는 세계와 화자를 매개한다.<br>유 **사모(思慕)**: 애틋하게 생각하고 그리워함. |

| | |
|---|---|
| **부동자세**<br>아닐 不 \| 움직일 動 \| 모양 姿<br>\| 형세 勢 | 움직이지 아니하고 똑바로 서 있는 자세.<br>예 꼼짝 않고 <u>부동자세</u>로 서 있다. |

| | | |
|---|---|---|
| **식언**<br>먹을 食 \| 말씀 言 | 한번 입 밖에 낸 말을 도로 입속에 넣는다는 뜻으로, 약속한 말대로 지키지 아니함을 이르는 말.<br>예 <u>식언</u>을 밥 먹듯 하다. | ➕ **실언(失言)**: 실수로 잘못 말함. 또는 그렇게 한 말. |

| | |
|---|---|
| **신명** | 흥겨운 신이나 멋.<br>예 노래가 나오자 어르신들은 <u>신명</u>이 나서 어깨를 들썩이셨다. |

| | | |
|---|---|---|
| **심미**<br>살필 審 \| 아름다울 美 | 아름다움을 살펴 찾음.<br>예 한옥 처마의 부드러운 곡선에서 우리 조상들의 <u>심미</u> 의식을 엿볼 수 있다. | ★ **2015 수능** 그는 그것들에 대해 심미적 감상의 태도를 드러낸다. |

| | | |
|---|---|---|
| **임기응변**<br>임할 臨 \| 틀 機 \| 응할 應 \| 변<br>할 變 | 그때그때 처한 사태에 맞추어 즉각 그 자리에서 결정하거나 처리함.<br>예 그는 상황에 대한 판단이 빨라 <u>임기응변</u>에 강하다. | ➕ **변통(變通)**: 형편과 경우에 따라서 일을 융통성 있게 잘 처리함. |

| | | |
|---|---|---|
| **즐비하다**<br>빗 櫛 \| 견줄 比 | 빗살처럼 줄지어 빽빽하게 늘어서 있다.<br>예 지금 그곳은 고층 아파트들이 <u>즐비하게</u> 들어섰다. | ★ **2018 수능** 먹탕곶 개펄에 푸른빛을 내뿜는 도깨비불이 즐비하게 늘어서 있던 것이다. |

| | | |
|---|---|---|
| **호시절**<br>좋을 好 \| 때 時 \| 마디 節 | 좋은 때.<br>예 춘삼월 <u>호시절</u>. | 더알기 '호시절'의 '호-'는 '좋은'의 뜻을 더하는 접두사이다.<br>예 호감정 \| 호경기 \| 호적수 |

| | | |
|---|---|---|
| **우아미**<br>넉넉할 優 ㅣ 맑을 雅 ㅣ 아름다울 美 | 조화롭고 균형을 잘 갖춘 대상으로부터 느끼는 아름다움.<br>예 자연 속에서 소박하게 살아가는 삶의 즐거움을 노래하는 작품에서 우아미를 느낄 수 있다. | 더알기 우아미는 아름다움을 지닌 대상으로부터 미적 감각을 느끼고 그 느낌을 순응하여 받아들이는 데서 오는 미의식이다. |
| **숭고미**<br>높을 崇 ㅣ 높을 高 ㅣ 아름다울 美 | 장엄하고 거룩한 초월적 아름다움.<br>예 자연물로부터 숭고함을 느끼면서 그 이상을 실현하고자 하는 태도가 나타나는 작품에서 숭고미를 느낄 수 있다. | 더알기 숭고미는 절대적 가치를 지닌 숭고한 대상을 우러러보고 그 속성을 본받아 따르고자 하는 데서 오는 미의식이다. |
| **비장미**<br>슬플 悲 ㅣ 씩씩할 壯 ㅣ 아름다울 美 | 슬픈 감정과 함께 일어나는 아름다움.<br>예 사랑하는 이의 죽음을 슬퍼하는 내용의 작품에서 비장미를 느낄 수 있다. | |
| **골계미**<br>익살스러울 滑 ㅣ 생각할 稽 ㅣ 아름다울 美 | 익살이나 풍자가 주는 아름다움.<br>예 「흥보가」에서 가난한 상황을 익살스럽게 표현한 부분에서 골계미를 느낄 수 있다. | |

📕 **한자 성어 | 관용구 | 속담** '이익'과 관련이 있는 속담

| | | |
|---|---|---|
| **꿩 먹고 알 먹기** | 한 가지 일을 하여 두 가지 이상의 이익을 보게 됨을 비유적으로 이르는 말.<br>예 봉사 활동을 하면서 학점도 받을 수 있는 '대학생 멘토링 제도'는 꿩 먹고 알 먹기임에 틀림없다. | 더알기 같은 의미의 속담으로 '굿 보고 떡 먹기'가 있다. |
| **남의 다리 긁는다** | 기껏 한 일이 결국 남 좋은 일이 됨을 비유적으로 이르는 말.<br>예 남의 다리 긁는다더니, 큰맘 먹고 산 노트북을 나보다 동생이 더 자주 쓴다. | |
| **누이 좋고 매부 좋다** | 어떤 일에 있어 서로 다 이롭고 좋음을 비유적으로 이르는 말.<br>예 바자회는 불우이웃에게 도움이 되고, 아이들에게는 경제 교육이 되므로 누이 좋고 매부 좋은 일이다. | 더알기 '매부(妹夫)'는 손위 누이나 손아래 누이의 남편을 이르거나 부르는 말이다. |
| **도랑 치고 가재 잡는다** | 「1」 일의 순서가 바뀌었기 때문에 애쓴 보람이 나타나지 않음을 비유적으로 이르는 말.<br>예 밥을 먹기 전에 손을 씻었어야지, 밥을 다 먹고 손을 열심히 씻으면 무슨 소용이니? 도랑 치고 가재 잡으니 배탈이 나잖아?<br>「2」 한 가지 일로 두 가지 이익을 봄을 비유적으로 이르는 말.<br>예 오랜만에 방 청소를 했는데 책상 밑에서 오천 원이 나왔어. 이거야말로 도랑 치고 가재 잡는 격이지. | |

01~06 제시된 초성과 뜻을 참고하여 빈칸에 들어갈 어휘를 쓰시오.

**01** ㅅㅁ : 흥겨운 신이나 멋.

예 사물놀이를 하는 모습을 보니 (              )이 났다.

**02** ㅅㅁ : 아름다움을 살펴 찾음.

예 치과 의사들은 기능적인 부분과 함께 (              )적인 부분도 고려하여 치료한다.

**03** ㄱㅍ스럽다: 보기에 예스러운 데가 있다.

예 저 장롱은 낡았지만 (              )스러워 보인다.

**04** ㅅㅇ : 실수로 잘못 말함. 또는 그렇게 한 말.

예 라디오 진행자가 (              )을 하여 방송 사고가 날 뻔하였다.

**05** ㅈㅂ하다: 빗살처럼 줄지어 빽빽하게 늘어서 있다.

예 서울은 고층 빌딩이 (              )하여 탁 트인 하늘을 보기가 쉽지 않다.

**06** ㅂㄷㅈㅅ : 움직이지 않고 똑바로 서 있는 자세.

예 그는 자리에서 벌떡 일어나 군인답게 (              )를 취하면서 전화를 받았다.

07~09 빈칸에 들어갈 어휘를 〈보기〉의 글자를 조합하여 쓰시오.

보기

| 절 | 임 | 언 | 호 | 변 |
| 식 | 기 | 응 | 시 | |

**07** 그는 (              )에 능하여 위기를 잘 모면하곤 하였다.

**08** 따뜻한 봄바람이 불고 아름다운 꽃도 만발하니 (              )이라 할만하다.

**09** 이제까지 그가 평소 (              )을 많이 했기 때문에 나는 그의 말을 믿을 수가 없다.

**10~13** 빈칸에 알맞은 어휘를 넣어 속담을 완성하시오.

**10** 기껏 한 일이 결국 남 좋은 일이 됨을 비유적으로 이르는 말.

→ 남의 ☐☐ 긁는다

**11** 어떤 일에 있어 서로 다 이롭고 좋음을 비유적으로 이르는 말.

→ ☐☐ 좋고 ☐☐ 좋다

**12** 한 가지 일을 하여 두 가지 이상의 이익을 보게 됨을 비유적으로 이르는 말.

→ ☐ 먹고 ☐ 먹기

**13** 일의 순서가 바뀌었기 때문에 애쓴 보람이 나타나지 않음을 비유적으로 이르는 말.

→ ☐☐ 치고 ☐☐ 잡는다

**14** 빈칸에 들어갈 말로 알맞은 것은?

사모(思慕) ●
갈망(渴望) ● [비슷한 말]
☐☐

① 동경
② 신명
③ 심미
④ 식언
⑤ 변통

**✓ 개념 확인**

**15~18** 다음 문학 개념에 해당하는 설명을 찾아 바르게 연결하시오.

**15** 우아미 •
• ㉠ 익살이나 풍자가 주는 아름다움.

**16** 숭고미 •
• ㉡ 장엄하고 거룩한 초월적 아름다움.

**17** 비장미 •
• ㉢ 슬픈 감정과 함께 일어나는 아름다움.

**18** 골계미 •
• ㉣ 조화롭고 균형을 잘 갖춘 대상으로부터 느끼는 아름다움.

| ◎ 맞힌 개수 | ( ) / 18문항 |
|---|---|
| ☑ 복습할 어휘 | |

## 📕 필수 어휘

| | | |
|---|---|---|
| **가당찮다**<br>옳을 可 \| 마땅할 當 | 도무지 사리에 맞지 않다.<br>예 그들의 요구는 너무 <u>가당찮아서</u> 받아들일 수 없었다. | ➕ 터무니없다: 허황하여 전혀 근거가 없다.<br>➕ 얼토당토않다: 전혀 합당하지 아니하다. |
| **기색**<br>기운 氣 \| 빛 色 | 「1」 마음의 작용으로 얼굴에 드러나는 빛.<br>예 어머니는 놀란 <u>기색</u>이 역력했다.<br>「2」 어떠한 행동이나 현상 따위가 일어나는 것을 짐작할 수 있게 하여 주는 눈치나 낌새.<br>예 해가 중천에 떴는데도 형은 일어날 <u>기색</u>을 보이지 않는다. | ⭐ 2013 수능 폭포는 곧은 절벽을 무서운 기색도 없이 떨어진다.(김수영, 「폭포」) |
| **깜냥** | 스스로 일을 헤아림. 또는 헤아릴 수 있는 능력.<br>예 그는 자기의 <u>깜냥</u>을 잘 알고 있었다. | |
| **서슬** | 「1」 쇠붙이로 만든 연장이나 유리 조각 따위의 날카로운 부분.<br>예 식칼의 <u>서슬</u>.<br>「2」 강하고 날카로운 기세.<br>예 병사들은 적장의 <u>서슬</u>에 기가 죽어 제대로 달려들지 못했다. | 더 알기 '서슬이 퍼렇다'는 권세나 기세 따위가 아주 대단하다는 의미의 관용구이다. |
| **염탐**<br>살필 廉 \| 찾을 探 | 몰래 남의 사정을 살피고 조사함.<br>예 해가 지면 그는 조용히 <u>염탐</u>을 나갔다. | ➕ 정탐(偵探): 드러나지 않은 사정을 몰래 살펴 알아냄. 또는 그런 일을 하는 사람. |
| **완연하다**<br>완연할 宛 \| 그럴 然 | 눈에 보이는 것처럼 아주 뚜렷하다.<br>예 오랜만에 만난 그는 병색이 <u>완연했다</u>. | |
| **재간**<br>재주 才 \| 줄기 幹 | 「1」 어떤 일을 할 수 있는 재주와 솜씨.<br>예 그는 여러 방면에 <u>재간</u>이 있는 사람이다.<br>「2」 어떠한 수단이나 방도.<br>예 나로서는 두 사람 사이의 관계를 알아낼 <u>재간</u>이 없다. | |
| **처세술**<br>곧 處 \| 세상 世 \| 꾀할 術 | 사람들과 사귀며 세상을 살아가는 방법이나 수단.<br>예 그는 <u>처세술</u>이 뛰어나다. | 더 알기 '처세술'의 '-술'은 '기술' 또는 '재주'의 뜻을 더하는 접미사이다.<br>예 건축술 \| 사격술 \| 최면술 |
| **척지다**<br>외짝 隻 | 서로 원한을 품어 반목하게 되다.<br>예 그는 친척과 심하게 <u>척진</u> 일이 있어 왕래도 하지 않는다. | ➕ 반목(反目): 서로서로 시기하고 미워함. |

## 📕 필수 개념 문학

| | | |
|---|---|---|
| **객관적 상관물**<br>손님 客 \| 볼 觀 \| 과녁 的 \| 서로 相 \| 관계할 關 \| 만물 物 | 화자가 자신의 감정을 구체적인 사물을 통해 간접적으로 나타낼 때 활용되는 사물. 화자의 감정이 이입된 대상, 화자의 상황이나 정서와 대비되어 화자의 감정을 심화하는 대상, 화자의 기억이나 감정을 환기하는 대상 등을 의미함.<br>예 유리왕의 「황조가」에서 '꾀꼬리'는 화자의 상황과 대비되어 화자의 정서를 부각하므로 객관적 상관물에 해당한다. | **더알기** 감정 이입은 대상과 화자가 같은 처지에서 같은 정서를 느끼고 있는 것처럼 표현하는 방법으로 객관적 상관물을 활용하는 방법 중 하나이다. |
| **시적 허용**<br>시 詩 \| 과녁 的 \| 허락할 許 \| 얼굴 容 | 문법상 틀린 표현이라도 시적인 효과를 위하여 허용하는 것.<br>예 조지훈의 「승무」에서 '하얀'을 '하이얀'으로 쓴 것은 운율과 어감을 살리기 위한 시적 허용에 해당한다. | |
| **언어유희**<br>말씀 言 \| 말씀 語 \| 놀 遊 \| 놀 戱 | 소리나 의미의 유사성 등을 이용하여 재미있게 표현하는 것.<br>예 「춘향전」에서 월매가 춘향에게 "너의 서방인지 남방인지 걸인 하나가 내려왔다."라고 말하는 부분은 '서방'과 '남방'이라는 소리의 유사성을 활용한 언어유희에 해당한다. | **더알기** 언어유희는 대상을 우스꽝스럽게 만들어서 대상의 권위를 떨어뜨리는 효과를 거두기도 한다. |

## 📕 한자 성어 \| 관용구 \| 속담 '교감'과 관련이 있는 한자 성어

| | | |
|---|---|---|
| **간담상조**<br>간 肝 \| 쓸개 膽 \| 서로 相 \| 비칠 照 | 서로 속마음을 털어놓고 친하게 사귐.<br>예 간담상조하던 벗이 떠나 마음이 쓸쓸하다. | |
| **동병상련**<br>같을 同 \| 병 病 \| 서로 相 \| 불쌍히 여길 憐 | 같은 병을 앓는 사람끼리 서로 가엾게 여긴다는 뜻으로, 어려운 처지에 있는 사람끼리 서로 가엾게 여김을 이르는 말.<br>예 저 둘은 같은 병을 앓다 보니 동병상련이라고 형제보다 우애가 깊군. | |
| **물아일체**<br>만물 物 \| 나 我 \| 하나 一 \| 몸 體 | 외물과 자아, 객관과 주관, 또는 물질계와 정신계가 어울려 하나가 됨.<br>예 그 소설가는 자연과 교감하며 물아일체의 경지에 이르는 작품을 남겼다. | **더알기** '외물(外物)'은 바깥 세계의 사물을 뜻한다. |
| **이심전심**<br>써 以 \| 마음 心 \| 전할 傳 \| 마음 心 | 마음과 마음으로 서로 뜻이 통함.<br>예 두 사람 사이에는 어느덧 이심전심으로 우정이 싹트고 있었다. | |
| **인지상정**<br>사람 人 \| 어조사 之 \| 항상 常 \| 뜻 情 | 사람이면 누구나 가지는 보통의 마음.<br>예 불쌍한 사람을 동정하는 것은 인지상정 아니겠습니까? | |

**01~06** 제시된 초성과 뜻을 참고하여 빈칸에 들어갈 어휘를 쓰시오.

**01** ㅇㅌ : 몰래 남의 사정을 살피고 조사함.

예 적군의 움직임을 (              )하기 위해 지대가 높은 곳으로 올라갔다.

**02** ㄱㅅ : 마음의 작용으로 얼굴에 드러나는 빛.

예 생방송 중에 갑자기 마이크가 꺼지자 진행자는 당황한 (              )이 역력했다.

**03** ㅇㅇ하다: 눈에 보이는 것처럼 아주 뚜렷하다.

예 내가 보기에도 철수 할아버지의 병색이 (              )하게 느껴졌다.

**04** ㄲㄴ : 스스로 일을 헤아림. 또는 헤아릴 수 있는 능력.

예 이번 일은 나의 (              )에 맞지 않는 일이어서 하는 동안 매우 힘들었다.

**05** ㅊㅅㅅ : 사람들과 사귀며 세상을 살아가는 방법이나 수단.

예 그는 능수능란한 (              )을 가지고 있어서 출세하기에 유리했다.

**06~07** 다음 문장에 어울리지 <u>않는</u> 어휘를 고르시오.

**06** 누나나 형은 달리기를 잘하는데 나는 왜 그런 ( 재간 | 재활 | 재주 )이/가 없을까?

**07** 한 시간이나 늦게 와서는 ( 가당찮은 | 못지않은 | 얼토당토않은 ) 변명만 늘어놓는구나.

**08** 빈칸에 들어갈 한자 성어로 적절한 것은?

① 간담상조
② 동병상련
③ 물아일체
④ 이심전심
⑤ 인지상정

**09~12** 빈칸에 들어갈 한자 성어를 〈보기〉에서 찾아 쓰시오.

〈보기〉

| 간담상조 | 동병상련 | 물아일체 | 인지상정 |

**09** 불쌍한 사람을 보면 돕고 싶은 마음이 생기는 것은 (           )이다.

**10** 그와 나는 서로 마음을 터놓고 허물없이 지내며 (           )하는 사이가 되었다.

**11** 작가는 작업 과정에서 대상과 자신이 하나가 되는 (           )의 경지를 경험했다고 한다.

**12** 알지도 못하는 환자들끼리 마음을 위로하고 응원을 아끼지 않는 등 (           )의 정이 가득했다.

✓ 개념 확인
**13~15** 다음 설명이 맞으면 ○에, 그렇지 않으면 ×에 표시하시오.

**13** 언어유희는 소리나 의미의 유사성 등을 이용해서 재미있게 표현하는 것이다.     ( ○ , × )

**14** 시에서는 시적인 효과를 위하여 문법상 틀린 표현이 허용되기도 한다.     ( ○ , × )

**15** 화자의 상황이나 정서와 대비되어 화자의 감정을 심화하는 대상은 객관적 상관물로 볼 수 없다.
( ○ , × )

**16~17** 다음 어휘를 활용하여 문장을 만드시오.

**16** 서슬: 강하고 날카로운 기세.

_____

**17** 척지다: 서로 원한을 품어 반목하게 되다.

_____

| 맞힌 개수 | (          ) / 17문항 |
| 복습할 어휘 | |

## 필수 어휘

**감개무량하다**
느낄 感 | 슬퍼할 慨 | 없을 無 | 헤아릴 量

마음속에서 느끼는 감동이나 느낌이 끝이 없다.
예 어릴 적에 친구들과 뛰어놀던 동산에 오르니 감개무량하였다.

⊕ 감개(感慨): 어떤 감동이나 느낌이 마음 깊은 곳에서 배어 나옴. 또는 그 감동이나 느낌

---

**면하다**
면할 免

「1」 책임이나 의무 따위를 지지 않게 되다.
예 책임을 면하다.
「2」 어떤 일을 당하지 않게 되다.
예 그날 운이 좋아 사고를 면할 수 있었다.
「3」 어떤 상태나 처지에서 벗어나다.
예 직장을 다닌 지 10년 만에 겨우 셋방살이를 면하였다.

★ 2012 수능 이러한 비난을 면하기 위해 기억은 일정한 의미를 가져야 하는 과제를 안게 되었다.
⊕ 당(當)하다: 어떤 때나 형편에 이르거나 처하다.

---

**부산하다**

급하게 서두르거나 시끄럽게 떠들어 어수선하다.
예 시장은 아침부터 장사꾼들로 부산하였다.

㊁ 떠들썩하다: 여러 사람이 큰 소리로 마구 떠들어 몹시 시끄럽다.

---

**애간장**

'애'를 강조하여 이르는 말.
예 그동안 형님의 소식을 몰라 애간장을 졸였다.

더 알기 '애'는 초조한 마음속을 뜻하는 말이며, '애간장을 태우다'는 몹시 초조하고 안타까워서 속을 많이 태운다는 의미의 관용구이다.

---

**애지중지**
사랑 愛 | 어조사 之 | 무거울 重 | 어조사 之

매우 사랑하고 소중히 여기는 모양.
예 아기를 애지중지 키우다.

---

**예찬**
예도 禮 | 기릴 讚

무엇이 훌륭하거나 좋거나 아름답다고 찬양함.
예 그는 불고기 예찬을 하면서 맛있게 먹었다.

⊕ 찬양(讚揚): 아름답고 훌륭함을 크게 기리고 드러냄.

---

**우격다짐**

억지로 우겨서 남을 굴복시킴. 또는 그런 행위.
예 그는 자신의 의견을 조리 있게 말하지 못하고 걸핏하면 우격다짐을 벌였다.

⊕ 강압적(强壓的): 강제로 누르는 방식으로 하는. 또는 그런 것.

---

**주시하다**
물댈 注 | 볼 視

「1」 어떤 목표물에 주의를 집중하여 보다.
예 운전할 때는 전방을 주시해야 한다.
「2」 어떤 일에 온 정신을 모아 자세히 살피다.
예 보건 당국은 독감의 확산 여부를 주시하면서 예방 접종에 대한 홍보를 강화하였다.

㊁ 눈여겨보다: 주의 깊게 잘 살펴보다.
⊕ 응시(凝視)하다: 눈길을 모아 한 곳을 똑바로 바라보다.

---

**탄식**
탄식할 歎 | 숨쉴 息

근심이나 원망 따위로 한탄하여 한숨을 쉼. 또는 그 한숨.
예 극심한 가뭄에 탄식만 하고 있다.

★ 2018 수능 밤낮 이런 생각을 하면서 탄식하니 병에 걸리고 말았다.

| **반복법**<br>돌이킬 反 \| 돌아올 復 \| 법도 法 | 같거나 비슷한 단어, 어구, 문장 등을 되풀이하여 나타내는 표현 방법.<br>예 해야 솟아라, 해야 솟아라, 말갛게 씻은 얼굴 고운 해야 솟아라(박두진, 「해」) | **더 알기** 더 알기 반복법은 운율을 형성하며 의미를 강조하는 효과가 있다. |
| --- | --- | --- |
| **영탄법**<br>읊을 詠 \| 탄식할 歎 \| 법도 法 | 감탄하는 말을 사용하여 놀라움, 슬픔, 기쁨, 감동과 같은 감정을 강하게 나타내는 표현 방법.<br>예 산산이 부서진 이름이여!(김소월, 「초혼」) | **더 알기** 영탄법은 화자의 정서를 뚜렷하게 강조하여 드러내는 표현 방법이다. |
| **점층법**<br>차차 漸 \| 층 層 \| 법도 法 | 작은 것, 낮은 것, 약한 것에서 점점 큰 것, 높은 것, 강한 것으로 확대하여 의미를 강조하는 표현 방법.<br>예 신록은 먼저 나의 눈을 씻고, 나의 머리를 씻고, 나의 가슴을 씻고 다음에 나의 마음의 모든 구석구석을 하나하나 씻어낸다. | **더 알기** '점강법'은 점층법과는 반대로 크고 높고 강한 것에서부터 점차 작고 낮고 약한 것으로 끌어 내려 표현함으로써 강조의 효과를 얻는 표현 방법이다. |

■ 한자 성어 | 관용구 | 속담  '심리'와 관련이 있는 관용구

| **깨가 쏟아지다** | 몹시 아기자기하고 재미가 나다.<br>예 깨가 쏟아지는 신혼살림이구나! | |
| --- | --- | --- |
| **속을 태우다** | 몹시 걱정이 되어 마음을 졸이다.<br>예 모내기를 해야 하는데 비가 내리지 않아 농민들이 속을 태우고 있다. | **더 알기** 의미가 비슷한 관용구로 '간을 졸이다'가 있다. |
| **어안이 벙벙하다** | 뜻밖에 놀랍거나 기막힌 일을 당하여 어리둥절하다.<br>예 길을 걷다가 물벼락을 맞은 그는 어안이 벙벙한 얼굴로 위를 올려다 보았다. | **더 알기** '어안'은 어이없어 말을 못 하고 있는 혀 안을 뜻한다. |
| **억장이 무너지다** | 극심한 슬픔이나 절망 따위로 몹시 가슴이 아프고 괴롭다.<br>예 나는 그분이 돌아가셨다는 말을 듣고 억장이 무너졌다. | **더 알기** '억장'은 '가슴'을 이르는 말이다. |
| **하늘이 노랗다** | 「1」 지나친 과로나 상심으로 기력이 몹시 쇠하다.<br>예 일주일 동안 잠을 제대로 못 자고 일을 했더니 하늘이 노랗다.<br>「2」 큰 충격을 받아 정신이 아찔하다.<br>예 합격자 명단에 내 이름이 없는 것을 확인한 순간 하늘이 노랗게 보였다. | |

**01~04** 빈칸에 들어갈 어휘를 〈보기〉에서 찾아 쓰시오.

| 보기 |
| --- |
| 부산      예찬      주시      탄식 |

**01** 그는 자연의 아름다움을 ☐☐하는 작품을 주로 썼다.

**02** 정부는 생필품의 가격 변동을 ☐☐하며 물가 관리 대책을 세운다.

**03** 강당 안은 학예회를 준비하는 많은 사람들로 매우 ☐☐했다.

**04** 그는 조금 더 일찍 서둘러 아버지의 곁으로 돌아오지 못한 것을 뼈저리게 ☐☐했다.

**05~09** 다음 뜻에 해당하는 관용구를 〈보기〉에 제시된 어휘를 활용하여 쓰시오.

| 보기 |
| --- |
| 깨      속      어안      억장      하늘 |

**05** 몹시 아기자기하고 재미가 나다.                          _____

**06** 몹시 걱정이 되어 마음을 졸이다.                          _____

**07** 지나친 과로나 상심으로 기력이 몹시 쇠하다.              _____

**08** 뜻밖에 놀랍거나 기막힌 일을 당하여 어리둥절하다.        _____

**09** 극심한 슬픔이나 절망 따위로 몹시 가슴이 아프고 괴롭다.  _____

**10~12** 빈칸에 들어갈 어휘를 〈보기〉의 글자를 조합하여 쓰시오.

〈보기〉

| 간 | 감 | 애 | 격 | 다 | 개 |
|---|---|---|---|---|---|
|  | 무 | 량 | 우 | 장 | 짐 |

**10** 오랜만에 고향에 돌아오니 (　　　　　)하기가 그지없다.

**11** 그는 동생에게 (　　　　　)하여 동생의 물건들을 빼앗아 썼다.

**12** 병원에서 검진을 받고 오신 어머니가 아무 말씀 없이 눈물을 흘리셔서 (　　　　　)을 졸였다.

☑ 개념 확인

**13~15** 다음 설명이 맞으면 ○에, 그렇지 않으면 ✕에 표시하시오.

**13** 영탄법은 감탄의 형태로 기쁨, 놀라움 등의 감정을 강하게 나타내는 표현 방법이다. ( ○ , ✕ )

**14** 반복법은 같거나 비슷한 단어나 문장 등을 되풀이하여 나타내는 표현 방법으로, 시에서 운율을 형성하는 효과가 있다. ( ○ , ✕ )

**15** 크고 강하고 높은 것에서부터 점차 작고 약하고 낮은 것으로 끌어내려 표현함으로써 강조의 효과를 얻으려는 수사법을 점층법이라고 한다. ( ○ , ✕ )

**16~17** 다음 어휘를 활용하여 문장을 만드시오.

**16** 면하다: 어떤 상태나 처지에서 벗어나다.

_____

**17** 애지중지: 매우 사랑하고 소중히 여기는 모양.

_____

| ▣ 맞힌 개수 | (　　　　　) / 17문항 |
|---|---|
| ☑ 복습할 어휘 | |

**01** 〈보기〉의 ㉠~㉣ 어디에도 들어갈 수 없는 것은?

> 〈보기〉
> • 그는 권세가 (    ㉠    )하다고 생각하며 관직을 떠났다.
> • 콩쥐는 고을 잔치에 가기 위해 물을 긷고, 밭을 매는 등 (    ㉡    )하게 움직였다.
> • 놀부는 부자였지만 어렵게 살고 있는 동생 흥부를 도와주기는커녕 (    ㉢    )했다.
> • 추위와 배고픔을 참을 수 없었던 베짱이는 (    ㉣    ) 불구하고 개미를 찾아가기로 했다.

① 깜냥        ② 무상        ③ 염치        ④ 박대        ⑤ 부산

**02** 〈보기〉의 상황에 공통으로 적용할 수 있는 한자 성어로 적절한 것은?

> 〈보기〉
> • 철수는 마음이 불안할 때 누군가에게 의지하고 싶은 생각이 든다.
> • 영희는 어려움에 처한 사람을 보았을 때 그냥 지나치지 않고 도우려고 한다.

① 고립무원        ② 물아일체        ③ 안분지족
④ 인지상정        ⑤ 임기응변

**03** 〈보기〉의 ㉠~㉤에 해당하는 예문으로 적절하지 않은 것은?

> 〈보기〉
> **기색**
> 「1」 마음의 작용으로 얼굴에 드러나는 빛. ·········································· ㉠
> 「2」 어떠한 행동이나 현상 따위가 일어나는 것을 짐작할 수 있게 하여 주는 눈치나 낌새. ·········· ㉡
> **세속**
> 「1」 사람이 살고 있는 모든 사회를 통틀어 이르는 말.
> 「2」 세상의 일반적인 풍속. ·········································· ㉢
> **전율**
> 「1」 몹시 무섭거나 두려워 몸이 벌벌 떨림. ·········································· ㉣
> 「2」 몸이 떨릴 정도로 감격스러움을 비유적으로 이르는 말.
> **표본**
> 「1」 본보기로 삼을 만한 것. ·········································· ㉤
> 「2」 생물의 몸 전체나 그 일부에 적당한 처리를 가하여 보존할 수 있게 한 것.

① ㉠: 그는 두려운 기색 없이 경찰의 질문에 차분하게 대답했다.

② ㉡: 이번 봄 가뭄은 작년과 달리 좀처럼 물러날 기색이 아니었다.

③ ㉢: 그 사람은 권력이나 명예 같은 세속적인 가치에 관심을 두지 않는다.

④ ㉣: 우리는 무용수의 몸짓을 보며 육체와 영혼이 하나로 합쳐지는 듯한 전율을 느꼈다.

⑤ ㉤: 이곳은 외관이 훌륭할 뿐 아니라 주변 환경을 배려한 건물의 표본으로 인정받았다.

**04** 〈보기〉를 참고할 때, 밑줄 친 '공-'의 의미가 <u>다른</u> 것은?

> ─ 보기 ─
>
> 접사 '공-'은 일부 명사 앞에 붙어 '힘이나 돈이 들지 않은'의 뜻을 더하기도 하고, '빈' 또는 '효과가 없는'의 뜻을 더하기도 한다.

① <u>공</u>돈       ② <u>공</u>수표       ③ <u>공</u>염불       ④ <u>공</u>치사       ⑤ <u>공</u>테이프

**05** 밑줄 친 관용구의 뜻을 풀이한 내용으로 적절하지 <u>않은</u> 것은?

① 꿈을 포기하기에는 너는 아직 <u>갈 길이 멀다</u>. → 살아갈 생애가 많이 남다

② 네가 정말 <u>뜨거운 맛을 봐야</u> 정신을 차리겠구나. → 호된 고통을 겪다

③ 계속되는 폭염으로 농작물이 말라 죽어 농민들이 <u>속을 태우고</u> 있다. → 마음을 졸이다

④ 버팀목이 되어 주셨던 그분을 다시 뵙지 못한다니 <u>억장이 무너집니다</u>. → 위험에 직면하다

⑤ 며칠 전에 여기에 있던 가게가 흔적도 없이 사라지다니 <u>어안이 벙벙하다</u>. → 어리둥절하다

**2019 수능 기출 응용**

**06** 문맥상 ⓐ∼ⓔ과 바꿔 쓰기에 적절하지 <u>않은</u> 것은?

> 내가 간 곳은 ⓐ<u>예스러운</u> 기와집을 개조하여 만든 찻집이었다. 찻집에 들어서자 잊고 지냈던 추억과 함께 쓸쓸함이 ⓑ<u>몰려왔다</u>. 그녀와 함께 이 찻집에 왔을 때는 봄기운이 ⓒ<u>뚜렷했었다</u>. 웃음이 많던 그녀, 이따금 ⓓ<u>터무니없는</u> 이야기로 나를 당황하게 했던 그녀. 그녀와의 추억이 깃든 이곳에서 나의 ⓔ<u>좋은 때</u>를 떠올려본다.

① ⓐ: 고풍스러운       ② ⓑ: 엄습했다       ③ ⓒ: 만연했었다

④ ⓓ: 가당찮은       ⑤ ⓔ: 호시절

**07** ㉠∼㉤에 들어갈 어휘로 적절하지 <u>않은</u> 것은?

> B국가를 뒤덮은 경제난으로 국민의 일상생활이 변하고 있다. 식품과 기초 생필품, 의약품 부족으로 많은 국민의 형편이 (  ㉠  )해졌다. 자고 나면 (  ㉡  )로 치솟는 물가로 인해 식당에서 음식을 사 먹으려면 돈뭉치를 들고 다녀야 한다. 상점은 거리에 (  ㉢  )하지만, 대부분 텅텅 비어 있어 식료품을 구입하는 것조차 쉽지 않다. 식량난이 악화되면서 약탈과 폭동이 수시로 일어나고 있다. 이에 주변 국가들은 국경을 넘어오는 불법 이민자를 막기 위해 B국가의 상황을 (  ㉣  )하는 한편, 새로운 이민법의 (  ㉤  )을 위해 다각도로 노력하고 있다.

① ㉠: 곤궁       ② ㉡: 천정부지       ③ ㉢: 즐비

④ ㉣: 응시       ⑤ ㉤: 관철

# 쉼터 만화로 보는 고사성어

**삼고초려**

석 三 | 돌아볼 顧 | 풀 草 | 오두막 廬

인재를 맞아들이기 위해서 참을성 있게 노력함을 이르는 말. 촉한의 유비가 난양(南陽)에 은거하고 있던 제갈량의 초가집으로 세 번이나 찾아갔다는 데서 유래한다. '초려삼고(草廬三顧)'라고도 한다.

유비는 관우와 장비 같은 용감한 장수를 곁에 두고도 지혜로운 참모가 없어 조조에게 질 때가 많았다.

지혜로운 참모를 빨리 영입해야겠어.

어디 지혜로운 참모 없나?

학식이 풍부하고 재능이 뛰어난 제갈량이 적임자일 듯하옵니다.

나, 제갈량! 복잡한 세상일은 잊고, 자연을 벗 삼아 살아야지.

제갈량 선생을 만나러 찾아왔소. 선생은 어디 계시오?

지금 댁에 안 계십니다.

얼마 후, 유비는 또다시 제갈량을 찾아갔다.

선생을 뵙기가 힘들구려.

선생님은 지금 집에 안 계십니다.

또 얼마 후…

이번에는 제갈량을 꼭 만나야 할텐데.

형님, 이게 벌써 세 번째요.

날 세 번이나 찾아오다니…

이보게, 손님을 안으로 모시게

자신을 세 번이나 찾아온 유비의 정성에 감복한 제갈량은 유비의 제안을 받아들였다.

제갈량, 나의 책사가 되어 주지 않겠소?

예, 그리 하겠습니다.

**삼고초려의 사례로는 무엇이 있을까?**

가상의 세계를 어떻게 이렇게 실감 나게 표현했을까? 정말 멋있었어.

감독이 그 분야에서 가장 실력 있는 사람을 섭외하려고 몇 번이고 그 사람을 찾아갔대. 감독이 삼고초려한 보람이 있네.

## ▌ 필수 어휘

| | |
|---|---|
| **가히** | 「1」 '능히', '넉넉히'의 뜻을 나타낸다.<br>예 이 과일은 가히 먹음직하다.<br>「2」 (부정어와 함께 쓰여) '과연', '전혀', '결코', '마땅히'의 뜻을 나타낸다.<br>예 부모에게 불효하면서 가히 선비라 할 수 있나? |

| | | |
|---|---|---|
| **곡절**<br>굽을 曲 \| 꺾을 折 | 순조롭지 아니하게 얽힌 이런저런 복잡한 사정이나 까닭.<br>예 할아버지는 일제 강점기와 분단, 6·25 전쟁으로 이어지는 곡절 많은 우리 현대사를 온몸으로 겪으셨다. | 🟩 우여곡절(迂餘曲折): 뒤얽혀 복잡하여진 사정. |
| **번연히** | 어떤 일의 결과나 상태 따위가 훤하게 들여다보이듯이 분명하게. '번히'의 본말.<br>예 그의 말이 농담인 줄 번연히 알면서도 화가 났다. | ➕ 번연(幡然)히: 깨달음이 갑작스럽게. |
| **엄포** | 실속 없이 호령이나 위협으로 으르는 짓.<br>예 아버지께서는 저녁 8시까지 집에 돌아오라고 엄포를 놓으셨다. | ➕ 호령(號令): ① 부하나 동물 따위를 지휘하여 명령함. 또는 그 명령. ② 큰 소리로 꾸짖음. |
| **예기하다**<br>미리 豫 \| 기약할 期 | 앞으로 닥쳐올 일에 대하여 미리 생각하고 기다리다.<br>예 그는 전혀 예기치 못한 일이 발생하자 몹시 당황하는 기색이었다. | ⭐ **2018 수능** 예기치 못한 외환 손실에 대비한 환율 변동 보험을 수출 주력 중소기업에 제공한다. |
| **옥신각신** | 서로 옳으니 그르니 하며 다툼. 또는 그런 행위.<br>예 우리는 사소한 일로 옥신각신 말다툼을 했다. | |
| **의례적**<br>법식 儀 \| 예도 禮 \| 과녁 的 | 「1」 의례에 맞는. 또는 그런 것.<br>예 양국 정상 간의 의례적인 만찬.<br>「2」 형식이나 격식만을 갖춘. 또는 그런 것.<br>예 그들은 서로 의례적인 인사조차 건네지 않았다. | ➕ 의례(儀禮): 행사를 치르는 일정한 법식. |
| **하직**<br>아래 下 \| 곧을 直 \| | 먼 길을 떠날 때 웃어른께 작별을 고하는 것.<br>예 그는 비장한 심정으로 아버지께 하직을 고하고 집을 떠났다. | ⭐ **2017 수능** 드디어 하직을 하고 여동의 인도를 받아 내려오는데, 걷었던 주렴을 내리는 소리가 요란하였다.<br>➕ 하사(下賜): 임금이 신하에게, 또는 윗사람이 아랫사람에게 물건을 줌. |
| **헤살** | 일을 짓궂게 훼방함. 또는 그런 짓.<br>예 심술궂은 동생은 내가 하는 일마다 헤살을 놓았다. | |

| **설의법**<br>베풀 設 \| 의심할 疑 \| 법도 法 | 쉽게 판단할 수 있는 사실을 의문의 형식으로 표현하여 상대편이 스스로 판단하게 하는 표현 방법.<br>예 가난하다고 해서 사랑을 모르겠는가(신경림, 「가난한 사랑 노래」) | 더알기 설의법은 답을 기대하면서 질문하는 것이 아니고, 독자로 하여금 스스로 생각하게 하면서 의미를 강조한다. |
|---|---|---|
| **도치법**<br>거꾸로 倒 \| 둘 置 \| 법도 法 | 문장 또는 단어를 정상적인 순서와는 다르게 배열하는 표현 방법.<br>예 아아 누구던가 / 이렇게 슬프고도 애달픈 마음을 / 맨 처음 공중에 달 줄 안 그는, (유치환, 「깃발」) | 더알기 도치법은 단조로움을 피하고 변화를 주는 표현 방법이다. |
| **대구법**<br>대할 對 \| 글귀 句 \| 법도 法 | 어조 또는 내용이 비슷한 어구를 나란히 짝을 맞추어 배치하는 표현 방법.<br>예 가노라 삼각산아 다시 보자 한강수야.(김상헌, 「가노라 삼각산아」) | 더알기 대구법은 유사한 내용의 어구를 반복한다는 점은 반복법과 같으나 어구가 나란히 짝을 이룬다는 점에서 반복법과 다르다. |

📕 **한자 성어 \| 관용구 \| 속담** '뒤바뀜, 이중성'과 관련이 있는 한자 성어

| **동상이몽**<br>한가지 同 \| 평상 牀 \| 다를 異 \| 꿈 夢 | 같은 자리에 자면서 다른 꿈을 꾼다는 뜻으로, 겉으로는 같이 행동하면서도 속으로는 각각 딴생각을 하고 있음을 이르는 말.<br>예 저들이 지금은 함께 고생하고 있지만 각자 꿍꿍이속이 있어 <u>동상이몽</u>하고 있다. | |
|---|---|---|
| **본말전도**<br>근본 本 \| 끝 末 \| 뒤집힐 顚 \| 거꾸로 倒 | 사물의 순서나 위치 또는 이치가 거꾸로 된 것.<br>예 지역을 개발한다는 명분으로 환경을 파괴하는 일은 <u>본말전도</u>인 셈이다. | |
| **애이불비**<br>슬플 哀 \| 말 이을 而 \| 아니 不 \| 슬플 悲 | 슬프지만 겉으로는 슬픔을 나타내지 아니함.<br>예 김소월의 시 「진달래꽃」은 <u>애이불비</u>의 정서를 잘 나타내고 있다. | |
| **적반하장**<br>도둑 賊 \| 돌이킬 反 \| 멜 荷 \| 지팡이 杖 | 도둑이 도리어 매를 든다는 뜻으로, 잘못한 사람이 아무 잘못도 없는 사람을 나무람을 이르는 말.<br>예 <u>적반하장</u>도 유분수라고, 본인이 잘못했으면서 어떻게 그런 태도로 말할 수 있나요? | 더알기 의미가 유사한 속담으로 '방귀 뀐 놈이 성낸다'가 있다. 이는 자기가 방귀를 뀌고 오히려 남보고 성낸다는 뜻으로, 잘못을 저지른 쪽에서 오히려 남에게 성냄을 비꼬는 말이다. |
| **주객전도**<br>주인 主 \| 손님 客 \| 뒤집힐 顚 \| 거꾸로 倒 | 주인과 손의 위치가 서로 뒤바뀐다는 뜻으로, 사물의 경중·선후·완급 따위가 서로 뒤바뀜을 이르는 말.<br>예 팝콘을 먹는데 정신이 팔려 영화를 제대로 보지 못했으니 이를 <u>주객전도</u>라 할 수 있다. | |

**제시된 초성과 뜻을 참고하여 빈칸에 들어갈 어휘를 쓰시오.**

**01** ㄱㅎ : '능히', '넉넉히'의 뜻을 나타낸다.

예 화산이 폭발하는 광경은 (                ) 장관이라 할 수 있을 정도로 장엄했다.

**02** ㅇㅍ : 실속 없이 호령이나 위협으로 으르는 짓.

예 선생님은 수업 분위기를 해치는 학생은 청소를 시키겠다고 (            )를 놓으셨다.

**03** ㅎㅈ : 먼 길을 떠날 때 웃어른께 작별을 고하는 것.

예 제자는 스승에게 존경하는 마음을 담아 (            ) 인사를 하고 산을 내려왔다.

**04** ㄱㅈ : 순조롭지 아니하게 얽힌 이런저런 복잡한 사정이나 까닭.

예 그분은 수많은 (            )을 겪으시면서도 자녀들을 훌륭하게 키워 내셨다.

**05** ㅇㄱ 하다: 앞으로 닥쳐올 일에 대하여 미리 생각하고 기다리다.

예 (            )치 못한 태풍으로 인해 휴가 기간 내내 숙소에 머무르게 되었다.

**제시된 초성을 참고하여 빈칸에 들어갈 한자 성어를 쓰시오.**

**06** 홍수를 대비한다는 명분으로 강물의 흐름을 막는 일은 ㅂㅁㅈㄷ 와 같은 일이다.

_____

**07** 도서관에서 크게 떠들다가 주의를 받은 그 사람은 ㅈㅂㅎㅈ 의 태도로 화를 냈다.

_____

**08** 저들은 지금 함께 움직이고 있지만 각자의 상황이 달라 아마 ㄷㅅㅇㅁ 을 하고 있을 것이다.

_____

**09** 우리 문학에는 슬프지만 겉으로는 슬픔을 드러내지 않는 ㅇㅇㅂㅂ 의 태도가 나타나는 작품들이 있다.

_____

**10** ㅈㄱㄷㄷ 라더니 지금 위로를 받아야 할 사람은 당신인데 오히려 제가 당신에게 위로를 받고 있군요.

_____

**11~12** 밑줄 친 어휘의 뜻으로 알맞은 것을 고르시오.

**11**
> 나는 나의 생각이 잘못되었음을 <u>번연히</u> 깨달았다.

① 깨달음이 갑작스럽게.
② 어떤 일의 결과나 상태 따위가 훤하게 들여다보이듯이 분명하게.

**12**
> 졸업식에서는 재학생 대표가 송사를 하고 졸업생 대표가 답사를 하는 것이 <u>의례적</u>이다.

① 의례에 맞는. 또는 그런 것.
② 형식이나 격식만을 갖춘. 또는 그런 것.

✅ **개념 확인**

**13~15** 다음 표현 방법에 해당하는 예를 찾아 바르게 연결하시오.

**13**  대구법 •   • ㉠ 인생은 짧고, 예술은 길다.

**14**  도치법 •   • ㉡ 흔들리지 않고 피는 꽃이 어디 있으랴.

**15**  설의법 •   • ㉢ 나는 아직도 기다리고 있을 테요, 찬란한 슬픔의 봄을.

**16~18** 다음 어휘를 활용하여 문장을 만드시오.

**16**  헤살: 일을 짓궂게 훼방함. 또는 그런 짓.

_____

**17**  의례적: 형식이나 격식만을 갖춘. 또는 그런 것.

_____

**18**  옥신각신: 서로 옳으니 그르니 하며 다툼. 또는 그런 행위.

_____

| 🔲 맞힌 개수 | (          ) / 18문항 |
| --- | --- |
| ☑ 복습할 어휘 | |

## 📕 필수 어휘

| | | |
|---|---|---|
| **고대하다**<br>괴로울 苦 \| 기다릴 待 | 몹시 기다리다.<br>예 아들의 합격 소식을 고대하시던 어머니께서는 전화기 너머로 들려오는 감격에 찬 아들의 목소리를 듣고 그만 눈물을 흘리셨다. | **더알기** '고대하다'에서 '–하다'는 일부 명사 뒤에 붙어서 동사를 만드는 접미사이다.<br>예 공부하다 \| 생각하다 \| 사랑하다 |
| **궁색하다**<br>다할 窮 \| 막힐 塞 | 「1」 아주 가난하다.<br>예 어머니는 아버지가 돌아가신 후 궁색한 살림을 꾸려 나가셨다.<br>「2」 말이나 태도, 행동의 이유나 근거 따위가 부족하다.<br>예 선생님께 거짓말한 사실이 들통나자, 하빈이는 궁색한 변명을 늘어놓았다. | **➕ 곤궁(困窮)하다:** ① 가난하여 살림이 구차하다. ② 처지가 이러지도 저러지도 못하게 난처하고 딱하다. |
| **문책**<br>물을 問 \| 꾸짖을 責 | 잘못을 캐묻고 꾸짖음.<br>예 이번 사건으로 담당자가 문책을 당했다. | **➕ 추궁(追窮):** 잘못한 일에 대하여 엄하게 따져서 밝힘. |
| **옹색하다**<br>막을 壅 \| 막힐 塞 | 「1」 형편이 넉넉하지 못하여 생활에 필요한 것이 없거나 부족하다.<br>예 그는 옹색한 살림을 일으키려고 열심히 일을 했다.<br>「2」 집이나 방 따위의 자리가 비좁고 답답하다.<br>예 방 안은 두 사람이 눕기에도 옹색하였다. | **더알기** '옹색하다'에서 '–하다'는 일부 명사 뒤에 붙어서 형용사를 만드는 접미사이다.<br>예 건강하다 \| 순수하다 \| 정직하다 |
| **완강하다**<br>완고할 頑 \| 강할 强 | 태도가 모질고 의지가 굳세다.<br>예 누구보다 고지식했던 아버지는 큰누나가 유학 가는 것을 완강하게 반대했다. | **★ 2016 수능** 다만 나는 후원의 은행나무들만은 그대로 두기를 완강히 고집했다.<br>**➕ 모질다:** 마음씨가 몹시 매섭고 독하다. |
| **자취** | 어떤 것이 남긴 표시나 자리.<br>예 나는 그가 남긴 글을 읽으며 그가 살아온 삶의 자취를 엿볼 수 있었다. | |
| **재변**<br>재앙 災 \| 변할 變 | 재앙으로 인하여 생긴 갑작스러운 사고.<br>예 그 아이는 불의의 재변으로 부모님을 잃었다. | **유 변고(變故):** 갑작스러운 재앙이나 사고 |
| **지칭**<br>가리킬 指 \| 일컬을 稱 | 어떤 대상을 가리켜 이르는 일. 또는 그런 이름.<br>예 그의 말은 지칭의 대상이 불분명하여 알아듣기 어렵다. | **★ 2018 수능** 새로운 문물을 지칭하는 신어가 표제어로 추가되었군. |
| **함구령**<br>봉할 緘 \| 입 口 \| 명령할 令 | 어떤 일의 내용을 말하지 말라는 명령.<br>예 이번 사건에 대해 내려진 함구령에 따라 우리는 그 어떤 인터뷰에도 응하지 않았다. | |

## ▌필수 개념

| | |
|---|---|
| **서사**<br>늘어설 敍ㅣ일 事 | 사건이 진행되어 가는 과정이나 인물의 행동이 변화되어 가는 과정을 시간의 흐름에 따라 나타내는 서술 방식.<br>예 민석이는 아침에 어머니께서 깨워 주셔서 일어났다. 졸린 눈을 비비며 밥을 먹고 책가방을 챙겨 학교에 갔다. |
| **묘사**<br>그릴 描ㅣ베낄 寫 | 어떤 대상이나 사물, 현상 따위를 그림 그리듯이 구체적으로 표현하는 서술 방식.<br>예 밤중을 지난 무렵인지 죽은 듯이 고요한 속에서 짐승 같은 달의 숨소리가 손에 잡을 듯이 들리며, 콩 포기와 옥수수 잎새가 한층 달에 푸르게 젖었다. 산허리는 온통 메밀밭이어서 피기 시작한 꽃이 소금을 뿌린 듯이 흐붓한 달빛에 숨이 막힐 지경이었다. |
| **편집자적 논평**<br>엮을 編ㅣ모을 輯ㅣ사람 者ㅣ<br>과녁 的ㅣ논의할 論ㅣ평할 評 | 서술자가 작품 속 사건이나 인물의 언행 등에 대하여 자신의 견해를 밝히는 것.<br>예 길동이 다시 절하고 나와 문을 나서니, 구름 낀 먼 산이 첩첩이 늘어섰고, 정처 없이 길을 떠나니 그 모습이 어찌 가련하지 않겠는가. | **[더알기]** 편집자적 논평은 전지적 작가 시점에서 주로 나타나며, 현대 소설보다는 고전 소설에 많이 나타난다. |

## ▌한자 성어 | 관용구 | 속담 '음식'과 관련이 있는 속담

| | |
|---|---|
| **금강산도 식후경** | 아무리 재미있는 일이라도 배가 불러야 흥이 나지 배가 고파서는 아무 일도 할 수 없음을 비유적으로 이르는 말.<br>예 금강산도 식후경이라는데, 우리 밥부터 먹고 합시다. |
| **급히 먹는 밥이 목이 멘다** | 너무 급히 서둘러 일을 하면 잘못하고 실패하게 됨을 비유적으로 이르는 말.<br>예 급히 먹는 밥이 목이 멘다더니, 충분한 준비 없이 서둘러 사업을 시작했다가 손해를 보게 되었다. |
| **남의 고기 한 점이 내 고기 열 점보다 낫다** | 자기 것은 두고 욕심 사납게 남의 것을 공연히 탐냄을 비유적으로 이르는 말.<br>예 형은 늘 자기 것은 남겨 두고 내 과자를 뺏어 먹었는데, 남의 고기 한 점이 내 고기 열 점보다 낫다고 생각하는 사람처럼 여겨졌다. |
| **다 된 죽에 코 풀기** | 거의 다 된 일을 망쳐 버리는 주책없는 행동을 비유적으로 이르는 말.<br>예 다 된 죽에 코 풀기라더니, 청소를 거의 다 마쳤는데 동생이 음료수가 든 컵을 깨트렸다. |
| **울며 겨자 먹기** | 맵다고 울면서도 겨자를 먹는다는 뜻으로, 싫은 일을 억지로 마지못하여 함을 비유적으로 이르는 말.<br>예 태현이는 지각을 하는 바람에 울며 겨자 먹는 심정으로 화장실 청소를 하였다. |

**01~04** 빈칸에 들어갈 어휘에 ∨표 하시오.

**01** 어머니께서는 오빠가 하루빨리 돌아오기를 (　　　　　)하셨다.
　□ 고대　　　　　　　□ 고민　　　　　　　□ 고통　　　　　　　□ 고생

**02** 이번 일은 그의 잘못에서 비롯되었으므로 그에 대한 (　　　　　)은/는 타당하다.
　□ 문명　　　　　　　□ 문화　　　　　　　□ 문책　　　　　　　□ 문물

**03** 아버지께서 매우 (　　　　　)하게 주장을 하셔서 아무도 그 의견을 거스를 수 없었다.
　□ 완력　　　　　　　□ 완강　　　　　　　□ 완충　　　　　　　□ 완화

**04** 이번에 내린 폭우로 해변에 만들어 놓았던 모래 조각품이 (　　　　　)도 없이 사라지고 말았다.
　□ 자필　　　　　　　□ 자수　　　　　　　□ 자력　　　　　　　□ 자취

**05~09** 다음 상황과 의미가 통하는 속담을 〈보기〉에서 찾아 번호를 쓰시오.

〈보기〉

① 울며 겨자 먹기　　　　　　　　② 금강산도 식후경
③ 다 된 죽에 코 풀기　　　　　　　④ 급히 먹는 밥이 목이 멘다
⑤ 남의 고기 한 점이 내 고기 열 점보다 낫다

**05** 서둘러 요리를 하다가 엉망이 되어 결국 처음부터 다시 하게 되었다.　　　　　(　　　　)

**06** 야경을 보러 남산에 올랐는데 배가 고파서 멋진 풍경이 눈에 들어오지 않았다.　　　(　　　　)

**07** 동생은 자기도 장난감을 가지고 있으면서 꼭 내 장난감을 탐내어 몰래 내 것을 가져가기 일쑤였다.
　　　　　　　　　　　　　　　　　　　　　　　　　　　　　　　　　　　　(　　　　)

**08** 윤서는 숙제를 끝마쳐야 컴퓨터 게임을 할 수 있다는 아버지의 말에 하는 수 없이 숙제를 하였다.
　　　　　　　　　　　　　　　　　　　　　　　　　　　　　　　　　　　　(　　　　)

**09** 친구들 몇몇이 장기 자랑에서 선보일 춤을 며칠간 함께 연습하며 호흡을 맞췄는데, 갑자기 그중 한 친구가 춤을 추지 않겠다고 하였다.
　　　　　　　　　　　　　　　　　　　　　　　　　　　　　　　　　　　　(　　　　)

**10~14** 다음 뜻에 해당하는 어휘를 〈보기〉에서 찾아 쓰시오.

〈보기〉

재변  지칭  함구령  궁색하다  옹색하다

**10** 아주 가난하다. _____

**11** 어떤 일의 내용을 말하지 말라는 명령. _____

**12** 재앙으로 인하여 생긴 갑작스러운 사고. _____

**13** 어떤 대상을 가리켜 이르는 일. 또는 그런 이름. _____

**14** 형편이 넉넉하지 못하여 생활에 필요한 것이 없거나 부족하다. _____

✔ 개념 확인

**15~17** 다음 빈칸에 들어갈 말을 〈보기〉에서 찾아 쓰시오.

〈보기〉

논평  묘사  서사  편집자

**15** 서술자가 작품 속 사건이나 인물의 언행 등에 대하여 자신의 견해를 밝히는 것을 ☐☐적 ☐☐이라고 한다.

**16** '하늘은 구름 한 점 없이 맑아서 푸르고 잔잔한 바다와 같았다. 그 위로 단정학 두 마리가 유유히 날아가고 있었다.'에는 ☐☐의 서술 방식이 사용되었다.

**17** '명호는 부산으로 향하는 기차를 탔다. 기차 안에서 책을 읽다 깜짝 잠이 들었다. 잠시 뒤에 눈을 떴을 때 기차는 대구역에 도착해 있었다.'에는 ☐☐의 서술 방식이 사용되었다.

| 맞힌 개수 | (        ) / 17문항 |
|---|---|
| 복습할 어휘 | |

## 필수 어휘

| 경황<br>경치 景 \| 상황 況 | 정신적 · 시간적인 **여유**나 형편.<br>예 오늘은 일이 너무 많아서 점심 챙겨 먹을 <u>경황</u>도 없었다. | ● **겨를**: 어떤 일을 하다가 생각 따위를 다른 데로 돌릴 수 있는 시간적인 여유. |
|---|---|---|
| 노독<br>길 路 \| 독 毒 | 먼 길에 지치고 시달려서 **생긴 피로나 병**.<br>예 할머니는 시골에서 서울까지 오시느라 <u>노독</u>이 심하셨는지 저녁도 잡수시지 못하고 잠자리에 드셨다. | |
| 달포 | 한 달이 조금 넘는 기간.<br>예 아들이 군대에 간 지 <u>달포</u>가 지났어도 어머니는 저녁마다 아들이 돌아올 것 같아서 문밖을 서성이셨다. | ● **해포**: 한 해가 조금 넘는 동안. |
| 보편성<br>널리 普 \| 두루 遍 \| 성질 性 | 모든 것에 두루 미치거나 통하는 성질.<br>예 그의 교육 철학은 <u>보편성</u>을 띠고 있지 않아서 받아들이기 어렵다. | 반 **특수성(特殊性)**: 일반적이고 보편적인 것과 다른 성질. |
| 삽짝 | 나뭇가지를 엮어서 만든 문짝. '사립짝'의 준말.<br>예 시골 할아버지 댁 <u>삽짝</u> 안으로 너른 마당이 펼쳐져 있었다. | |
| 지청구 | 「1」 아랫사람의 잘못을 꾸짖는 말.<br>예 나는 깜빡하는 버릇 때문에 어머니에게 자주 <u>지청구</u>를 듣는다.<br>「2」 까닭 없이 남을 탓하고 원망함.<br>예 할머니가 할아버지에게 <u>지청구</u>를 퍼붓는 것은 습관인 듯했다. | ● **책망(責望)**: 잘못을 꾸짖거나 나무라며 못마땅하게 여김. |
| 텃세 | 먼저 자리를 잡은 사람이 뒤에 들어오는 사람에 대하여 가지는 특권의식. 또는 뒷사람을 업신여기는 행동.<br>예 우리 반 친구들은 새로 온 전학생에게 <u>텃세</u>를 전혀 부리지 않았다. | 더알기 '텃세'는 '자리'를 뜻하는 '터'와 '세력'을 뜻하는 '세'가 합쳐진 합성어이다. |
| 툇돌 | 집채의 낙숫물이 떨어지는 곳 안쪽으로 돌려 가며 놓은 돌. = 댓돌.<br>예 시골집 <u>툇돌</u> 아래에는 명절에 모인 친척들의 신발이 가지런히 놓여 있었다. | |
| 피란민<br>피할 避 \| 어지러울 亂 \| 백성 民 | 난리를 피하여 가는 백성.<br>예 전쟁이 터지고 사흘 만에 서울은 <u>피란민</u>으로 어수선했다. | ● **피난민(避難民)**: 재난을 피하여 가는 백성. |

## ▌필수 개념 문학

| 배경<br>등 背 \| 경치 景 | 사건이 발생하거나 인물이 행동하는 시간적·공간적, 시대적·사회적 환경. |
|---|---|

> **배경의 기능**
> • 사건이나 인물의 행동을 사실적으로 보이게 함.
> • 작품의 전반적인 분위기를 조성하여 주제를 암시하기도 함.
> • 인물의 심리를 드러내거나 앞으로 전개될 사건의 방향을 알 수 있게 함.

| 복선<br>엎드릴 伏 \| 선 線 | 소설이나 희곡에서, 앞으로 일어날 사건을 미리 독자에게 암시하는 것.<br>예 황순원의 「소나기」에서 꽃묶음이 망그러지는 장면은 소녀의 죽음을 암시하는 복선 역할을 한다. | 더알기 복선은 앞으로 일어날 일에 대한 추측을 가능하게 한다. 그래서 독자들은 사건이 우연적이거나 우발적인 것이 아니라고 생각하게 된다. |
|---|---|---|

## ▌한자 성어 | 관용구 | 속담 '세태'와 관련이 있는 한자 성어

| 감탄고토<br>달 甘 \| 삼킬 呑 \| 괴로울 苦 \|<br>토할 吐 | 달면 삼키고 쓰면 뱉는다는 뜻으로, 자신의 비위에 따라서 사리의 옳고 그름을 판단함을 이르는 말.<br>예 경기가 좋을 때는 노동자에게 야근을 강요하고, 경기가 안 좋을 때는 노동자의 임금부터 줄이는 감탄고토의 행위는 없어져야 한다. | 더알기 '비위'는 '어떤 것을 좋아하거나 싫어하는 성미. 또는 그러한 기분.'을 의미한다. |
|---|---|---|
| 부화뇌동<br>붙을 附 \| 화목할 和 \| 우뢰 雷<br>\| 같을 同 | 줏대 없이 남의 의견에 따라 움직임.<br>예 그는 자기 줏대가 없고 귀가 얇아서 쉽게 부화뇌동하는 사람이었다. | 더알기 '줏대'는 자기의 처지나 생각을 꿋꿋이 지키고 내세우는 기질이나 기풍을 의미한다. |
| 아전인수<br>나 我 \| 밭 田 \| 끌 引 \| 물 水 | 자기 논에 물 대기라는 뜻으로, 자기에게만 이롭게 되도록 생각하거나 행동함을 이르는 말.<br>예 다른 사람은 생각하지도 않고 너 자신에게만 유리하게 결정하면 그게 아전인수가 아니고 무엇이니? | 더알기 같은 의미의 속담으로 '제 논에 물 대기'가 있다. |
| 염량세태<br>불탈 炎 \| 서늘할 涼 \| 세상 世<br>\| 모양 態 | 세력이 있을 때는 아첨하여 따르고 세력이 없어지면 푸대접하는 세상인심을 비유적으로 이르는 말.<br>예 관직에 있을 때는 모두가 내게 굽실대더니 관직에서 물러나고 나니 새해 인사도 없는 것이 염량세태를 느끼게 하는군. | |
| 침소봉대<br>바늘 針 \| 작을 小 \| 몽둥이 棒<br>\| 큰 大 | 작은 일을 크게 불리어 떠벌림.<br>예 그는 상대를 곤경에 빠뜨리기 위해 상대의 잘못을 침소봉대하면서 소문을 냈다. | |
| 토사구팽<br>토끼 兎 \| 죽을 死 \| 개 狗 \| 삶<br>을 烹 | 토끼가 죽으면 토끼를 잡던 사냥개도 필요 없게 되어 주인에게 삶아 먹힌다는 뜻으로, 필요할 때는 쓰고 필요 없을 때는 야박하게 버리는 경우를 이르는 말.<br>예 그는 자신을 위해 헌신적으로 일했던 사람을 토사구팽하듯 내쳤다. | |

# 09회 확인 문제

**01~04** 다음 문장에 어울리는 어휘를 고르시오.

**01** 작년 여름에는 폭염이 ( 달포 | 해포 ) 넘게 이어져 온열병에 걸리는 사람이 속출했다.

**02** 한동안 손님이 뜸하던 가게에 손님이 갑자기 밀려들자 주인은 ( 경기 | 경황 )이/가 없는 듯 했다.

**03** 긴 여행을 마치고 돌아오신 아버지는 ( 노독 | 노상 ) 때문이었는지 사흘 낮 사흘 밤을 내리 주무셨다.

**04** 우리나라의 문학 작품은 삶에서 얻은 정서와 생각을 언어로 형상화한다는 점에서 세계 여러 나라의 문학에서 나타나는 ( 보편성 | 특수성 )을 가지고 있다고 할 수 있다.

**05~10** 제시된 초성을 참고하여 빈칸에 들어갈 한자 성어를 쓰시오.

**05** 자기 주관 없이 남의 의견에 따라 ㅂㅎㄴㄷ 하면 결국 일을 그르칠 가능성이 높다.

_____

**06** 달면 삼키고 쓰면 뱉는 ㄱㅌㄱㅌ의 태도는 인간의 자기중심적 속성에서 비롯된 것이다.

_____

**07** 그는 자신의 실적을 ㅊㅅㅂㄷ하는 식으로 부풀려 보고해 다른 사람들에게 눈총을 받았다.

_____

**08** 운동 경기를 하면서 자기에게만 유리하게 경기 규칙을 적용하자고 하는 건 ㅇㅈㅇㅅ라 할 수 있다.

_____

**09** 그는 젊은 시절부터 열정을 바쳐 가며 헌신적으로 일했던 회사로부터 ㅌㅅㄱㅍ당하고 말았다.

_____

**10** 내가 벼슬길에 나가지 못하고 있을 때는 나를 찾는 이가 없었는데, 높은 벼슬에 오르자 내게 인사하려는 사람들로 붐비니 이것이 바로 ㅇㄹㅅㅌ로구나.

_____

**11~16** 다음 뜻에 해당하는 어휘를 〈보기〉에서 찾아 쓰시오.

┌─────────────────────── 보기 ───────────────────────┐

겨를     삽짝     지청구     텃세     툇돌     피란민

└──────────────────────────────────────────────────┘

**11**  난리를 피하여 가는 백성.  _____

**12**  아랫사람의 잘못을 꾸짖는 말.  _____

**13**  나뭇가지를 엮어서 만든 문짝.  _____

**14**  집채의 낙숫물이 떨어지는 곳 안쪽으로 돌려 가며 놓은 돌.  _____

**15**  어떤 일을 하다가 생각 따위를 다른 데로 돌릴 수 있는 시간적인 여유.  _____

**16**  먼저 자리를 잡은 사람이 뒤에 들어오는 사람에 대하여 가지는 특권 의식. 또는 뒷사람을 업신여기는 행동.  _____

**✔ 개념 확인**
**17~18** 밑줄 친 '이것'에 해당하는 문학 개념을 쓰시오.

**17**  <u>이것</u>은 사건이 발생하거나 인물이 행동하는 시간적·공간적, 시대적·사회적 환경을 의미한다. 이것은 작품의 전체적인 분위기를 조성하며, 인물의 심리 상태를 암시하기도 한다.

_____

**18**  <u>이것</u>은 소설이나 희곡에서, 앞으로 일어날 사건을 미리 독자에게 암시하는 것을 의미한다. 이것은 앞으로 일어날 사건이 결코 우연이 아님을 보여 주어 이야기에 필연성을 부여한다.

_____

| 🔘 맞힌 개수 | (          ) / 18문항 |
|---|---|
| ☑ 복습할 어휘 | |

## 필수 어휘

| 대면<br>대할 對 \| 낯 面 | 서로 얼굴을 마주 보고 대함.<br>예 그는 첫 대면에서 내게 강렬한 인상을 주었다. | |
|---|---|---|
| 뚝심 | 굳세게 버티거나 감당하여 내는 힘.<br>예 대근이는 머리는 좋지 않았으나 뚝심 하나는 마을에서 둘째가라<br>면 서러울 정도였다. | |
| 우심하다<br>더욱 尤 \| 심할 甚 | 더욱 심하다.<br>예 한 달이 넘도록 이어지는 장마에 이재민의 생활고는 우심해졌<br>다. | ➕ 극심(極甚)하다: 매우 심하다. |
| 위신<br>위엄 威 \| 믿을 信 | 위엄과 신망을 아울러 이르는 말.<br>예 대통령은 임기가 거의 끝나 가는 시기에도 국민들에게 위신을<br>잃지 않으려고 노력했다. | ➕ 위엄(威嚴): 존경할 만한 위<br>세가 있어 점잖고 엄숙함. 또는<br>그런 태도나 기세.<br>➕ 신망(信望): 믿고 기대함. 또<br>는 그런 믿음과 덕망. |
| 정갈하다 | 깨끗하고 깔끔하다.<br>예 할머니는 비록 늙으셨지만 행색만큼은 언제나 정갈하셨다. | |
| 정색<br>바를 正 \| 빛 色 | 얼굴에 엄정한 빛을 나타냄. 또는 그런 얼굴빛.<br>예 그는 갑자기 얼굴에서 웃음기를 지우더니 정색을 하며 말하기<br>시작했다. | ➕ 엄정(嚴正)하다: 엄격하고 바<br>르다. |
| 진득하다 | 성질이나 행동이 검질기게 끈기가 있다.<br>예 이번 문제는 조바심 낸다고 해결될 일이 아니니 모두 진득하게<br>기다리는 것이 좋겠구나. | ➕ 검질기다: 성질이나 행동이<br>몹시 끈덕지고 질기다. |
| 추렴 | 모임이나 놀이 또는 잔치 따위의 비용으로 여럿이 각각 얼마씩의 돈<br>을 내어 거둠.<br>예 힘든 일과를 마친 뒤, 우리는 추렴을 해서 저녁을 함께 먹었다. | |
| 포용<br>감쌀 包 \| 얼굴 容 | 남을 너그럽게 감싸 주거나 받아들임.<br>예 그가 보여 준 포용의 태도가 사람들의 닫힌 마음을 열게 하였다. | ⭐ 2016 수능 이 시에서는 '어둠'<br>의 포용력을 앞세워 '어둠'이 밝<br>음에 순응하는 모습을 부각하고<br>있다.<br>➕ 포옹(抱擁): ① 사람을 또는<br>사람끼리 품에 껴안음. ② 남을<br>아량으로 너그럽게 품어 줌. |

| | |
|---|---|
| **순행적 구성**<br>순할 順 \| 다닐 行 \| 과녁 的 \| 얽을 構 \| 이룰 成 | 시간의 흐름에 따라 사건이 전개되는 구성. '평면적 구성'이라고도 함.<br>예 박완서의 「자전거 도둑」은 수남이가 겪은 사건을 시간의 흐름에 따라 전개하였다. |

| | | |
|---|---|---|
| **역순행적 구성**<br>거스를 逆 \| 순할 順 \| 다닐 行 \| 과녁 的 \| 얽을 構 \| 이룰 成 | 시간의 흐름에 따라 사건이 전개되지 않고, 시간의 역전이 일어나는 구성. '입체적 구성'이라고도 함.<br>예 성석제의 「내가 그린 히말라야시다 그림」은 서술자가 자신의 이야기를 '현재-과거-현재'의 순서로 전개하였다. | **더알기** 등장인물이 단순히 과거의 일에 대해 언급하는 것은 역순행적 구성이 아니다. 시간적 배경이 과거로 돌아가 과거의 사건이 서술되어야 시간의 역전이 일어났다고 본다. |

| | |
|---|---|
| **액자식 구성**<br>이마 額 \| 아들 子 \| 법식 式 \| 얽을 構 \| 이룰 成 | 이야기 속에 하나 또는 그 이상의 이야기가 담겨 있는 구성. 마치 그 구조가 액자 모양과 같다고 하여 붙은 이름임.<br>예 이청준의 「병신과 머저리」는 의사인 형과 화가인 동생의 이야기가 외부 이야기를 이루고 있으며 형이 쓰는 소설이 내부 이야기로 담겨 있다. |

| | | |
|---|---|---|
| **나사가 풀리다** | 정신 상태가 해이하다.<br>예 영수는 시험이 끝나자 마치 나사가 풀린 사람처럼 행동했다. | |
| **시간 가는 줄 모르다** | 몹시 바삐 진행되거나 어떤 일에 몰두하여 시간이 어떻게 지났는지 알지 못하다.<br>예 이 소설은 너무 재미있어서 읽는 내내 시간 가는 줄 몰랐다. | |
| **업어 가도 모르다** | 잠이 깊이 들어 웬만한 소리나 일에는 깨어나지 않는 상태이다.<br>예 내 동생은 한번 잠들면 누가 업어 가도 모를 정도로 깊이 잔다. | |
| **자리 잡히다** | 「1」 규율이나 질서 따위가 받아들여져서 제대로 이루어지다.<br>예 이제 교통질서가 자리 잡혔다.<br>「2」 서투르던 것이 익숙해지다.<br>예 오빠의 말투와 행동은 어느새 군인의 그것으로 자리 잡혀 가고 있었다.<br>「3」 생활이 제대로 꾸려지며 안정되다.<br>예 그는 자리가 잡힐 때까지 고향에 내려가지 않겠다고 했다. | **더알기** '자리 잡다'는 '일정한 지위나 공간을 차지하다.', '생각이 마음속에 뿌리를 박은 듯 계속 남아 있다.'라는 의미의 관용구이다. |
| **좀이 쑤시다** | 마음이 들뜨거나 초조하여 가만히 있지 못하다.<br>예 딸아이는 친구들과 밖에서 뛰어놀고 싶어 좀이 쑤시는 것 같았다. | |

**01~06** 밑줄 친 어휘의 뜻을 〈보기〉에서 찾아 번호를 쓰시오.

〈보기〉

① 서로 얼굴을 마주 보고 대함.
② 위엄과 신망을 아울러 이르는 말.
③ 굳세게 버티거나 감당하여 내는 힘.
④ 남을 너그럽게 감싸 주거나 받아들임.
⑤ 얼굴에 엄정한 빛을 나타냄. 또는 그런 얼굴빛.
⑥ 모임이나 놀이 또는 잔치 따위의 비용으로 여럿이 각각 얼마씩의 돈을 내어 거둠.

**01** 할머니의 칠순 잔치를 위해 가족들이 추렴을 하여 돈을 마련했다.
(          )

**02** 난민들을 포용하기 위해서는 제도적인 보완이 필요하다는 지적이 있다.
(          )

**03** 시골에서 올라오신 아버지는 오로지 뚝심 하나로 힘겨운 서울 생활을 버텨 내셨다.
(          )

**04** 자신의 잘못을 덮기 위해 한 거짓말이 들통나면서 그의 위신이 크게 떨어졌다.
(          )

**05** 사업 실패로 가족들에게 피해를 주게 된 진수는 어머니를 대면할 자신이 없었다.
(          )

**06** 선생님은 학생들이 안전 수칙을 귀담아듣지 않자 정색을 하시며 주의를 주셨다.
(          )

**07~09** 다음 뜻에 해당하는 어휘를 〈보기〉에서 찾아 쓰시오.

〈보기〉

우심하다       정갈하다       진득하다

**07** 더욱 심하다.
_____

**08** 깨끗하고 깔끔하다.
_____

**09** 성질이나 행동이 검질기게 끈기가 있다.
_____

**10~14** 다음 상황과 의미가 통하는 관용구를 〈보기〉에서 찾아 번호를 쓰시오.

┌─ 보기 ─┐

① 자리 잡히다                    ② 좀이 쑤시다
③ 나사가 풀리다                  ④ 업어 가도 모르다
⑤ 시간 가는 줄 모르다

└────┘

**10** 언니는 휴대 전화가 계속해서 울리는 데도 잠에서 깨어나지 않았다.　　　　(　　　　)

**11** 처음에는 주방에서 쩔쩔매던 그가 이제는 요리사답게 음식을 만들어 낸다.　　(　　　　)

**12** 동생은 요즘 들어 수업 시간에 필요한 준비물을 자꾸만 빠뜨리고 다닌다.　　(　　　　)

**13** 소설책 읽기에 몰두하다 보니 어느덧 시간이 밤 11시를 향해 가고 있었다.　　(　　　　)

**14** 윤수는 발목을 다쳐 치료를 받고 있으면서도 친구들이 축구를 하는 모습을 보면 같이 뛰고 싶어 어쩔 줄 몰라 했다.　　　　(　　　　)

✔ **개념 확인**

**15~17** 다음 설명이 맞으면 ○에, 그렇지 않으면 ×에 표시하시오.

**15** 액자식 구성은 이야기 안에 다른 이야기가 들어가 있는 구성 방식을 의미한다.　(○ , ×)

**16** 순행식 구성은 시간의 흐름에 따라 사건이 전개되는 것으로, 입체적 구성이라고도 한다. (○ , ×)

**17** 자연적인 시간의 흐름과는 달리 현재에서 과거로 거슬러 가거나, 과거로 갔다가 다시 현재로 돌아오는 등 시간의 역전이 일어나는 구성을 역순행적 구성이라고 한다.　(○ , ×)

| ▣ 맞힌 개수 | (　　　　) / 17문항 |
| --- | --- |
| ☑ 복습할 어휘 | |

## 📖 필수 어휘

| | | |
|---|---|---|
| **규명**<br>얽힐 糾 \| 밝을 明 | 어떤 사실을 자세히 따져서 바로 밝힘.<br>예 사건에 대한 진실 <u>규명</u>이 우선이다. | ★ 2018 수능 생명체의 존재 원리와 이유를 정확히 <u>규명</u>하는 과제는 아직 진행 중이다. |
| **문외한**<br>문 門 \| 바깥 外 \| 한나라 漢 | 어떤 일에 전문적인 지식이 없는 사람.<br>예 나는 그 방면에 대해서는 <u>문외한</u>이라 질문에 아무런 대답도 할 수 없었다. | 더알기 '문외한'에서 '-한'은 그와 관련된 사람의 뜻을 더하는 접미사이다.<br>예 무뢰한 \| 파렴치한 \| 호색한 |
| **소신**<br>바 所 \| 믿을 信 | 굳게 믿고 있는 바. 또는 생각하는 바.<br>예 그는 평생 <u>소신</u>을 지키며 살아왔노라고 자부했다. | |
| **술수**<br>꾀 術 \| 셀 數 | 어떤 일을 꾸미는 꾀나 방법. = 술책.<br>예 그는 목적을 달성하기 위해서 별의별 <u>술수</u>를 다 썼다. | ⊕ 노림수: 기회를 노리고 쓰는 꾀나 방법. |
| **싹수** | 어떤 일이나 사람이 앞으로 잘될 것 같은 낌새나 징조.<br>예 재현이는 어릴 때부터 이야기를 짓는 재주가 있어서 소설가로 성공할 <u>싹수</u>가 엿보였다. | ⊕ 낌새: 어떤 일을 알아차릴 수 있는 눈치. 또는 일이 되어 가는 야릇한 분위기. |
| **집약**<br>모을 集 \| 맺을 約 | 한데 모아서 요약함.<br>예 회의에 참여한 사람들의 생각이 매우 다양하여 의견 <u>집약</u>이 어려웠다. | |
| **통찰**<br>꿰뚫을 洞 \| 살필 察 | 예리한 관찰력으로 사물을 꿰뚫어 봄.<br>예 그의 작품에서는 물질 중심의 현대 사회에 대한 진지한 <u>통찰</u>을 엿볼 수 있다. | ★ 2019 수능 가능 세계의 개념은 철학에서 갖가지 흥미로운 질문과 <u>통찰</u>을 이끌어 내고 있다. |
| **피력**<br>펼 披 \| 쏟을 瀝 | 생각하는 것을 털어놓고 말함.<br>예 주민들의 강력한 의견 <u>피력</u>으로 그 사안은 재검토하게 되었다. | |
| **항거**<br>겨룰 抗 \| 막을 拒 | 순종하지 아니하고 맞서서 반항함.<br>예 우리 민족은 일제에 대한 <u>항거</u>를 계속하여 결국 독립을 이뤄 내기에 이르렀다. | ⊕ 저항(抵抗): 어떤 힘이나 조건에 굽히지 아니하고 거역하거나 버팀.<br>⊕ 의거(義擧): 정의를 위하여 개인이나 집단이 의로운 일을 도모함. |

## 비평문
비평할 批 | 품평 評 | 글월 文

문학 작품의 내용을 분석하고 의미를 해석하여 그 작품이 지닌 가치를 평가하는 글.

**더 알기** 비평문에는 글쓴이의 의견이나 관점이 논리적으로 드러나고, 의견이나 관점을 뒷받침하는 근거가 제시된다.

### 비평문을 읽는 방법

- 작품 해석의 근거가 타당한지 판단함.
- 근거와 결론의 관계가 논리적인지 검토함.
- 작품에 대한 해석을 자신의 생각과 비교함.

## 내재적 관점
안 内 | 있을 在 | 과녁 的 | 볼 觀 | 점찍을 點

작품의 내적 요소를 중심으로 해석하는 관점.

예 시를 내재적 관점으로 해석할 때에는 시의 구조나 시어의 의미, 운율, 표현 방법 등을 중심으로 살핀다.

## 외재적 관점
바깥 外 | 있을 在 | 과녁 的 | 볼 觀 | 점찍을 點

작가, 현실, 독자와 같은 작품 외적인 요소를 중심으로 해석하는 관점.

### 외재적 관점의 종류

- 표현론적 관점 작가의 경험이나 생각, 작품 경향, 창작 의도 등에 주목하여 해석함.
- 반영론적 관점 작품을 둘러싸고 있는 현실 세계와 시대적 상황을 반영하여 해석함.
- 효용론적 관점 작품이 독자에게 주는 감동과 교훈 등을 중심으로 해석함.

■ 한자 성어 | 관용구 | 속담 '긍정적 태도'와 관련이 있는 한자 성어

## 독야청청
홀로 獨 | 어조사 也 | 푸를 青 | 푸를 青

남들이 모두 절개를 꺾는 상황 속에서도 홀로 절개를 굳세게 지키고 있음을 비유적으로 이르는 말.

예 고려가 망해 가는 상황에서도 그는 독야청청 고려에 대한 충절을 지켰다.

## 솔선수범
거느릴 率 | 먼저 先 | 드리울 垂 | 법 範

남보다 앞장서서 행동해서 몸소 다른 사람의 본보기가 됨.

예 윗사람이 솔선수범의 태도를 보이면 아랫사람은 자연스레 따라오기 마련이다.

## 십시일반
열 十 | 숟가락 匙 | 하나 一 | 밥 飯

밥 열 술이 한 그릇이 된다는 뜻으로, 여러 사람이 조금씩 힘을 합하면 한 사람을 돕기 쉬움을 이르는 말.

예 국민들이 십시일반으로 성금을 모아 수해를 입은 주민들을 도왔다.

## 유비무환
있을 有 | 갖출 備 | 없을 無 | 근심 患

미리 준비가 되어 있으면 걱정할 것이 없음.

예 젊을 때부터 유비무환의 자세로 노년을 대비하는 것이 좋다.

## 호연지기
넓을 浩 | 그럴 然 | 어조사 之 | 기운 氣

거침없이 넓고 큰 기개.

예 그는 호연지기를 기르려고 깊은 산속으로 들어갔다.

01~06 다음 뜻에 해당하는 어휘를 〈보기〉에서 찾아 쓰시오.

─ 보기 ─

규명    술수    집약    피력    독야청청    십시일반

**01** 한데 모아서 요약함.

**02** 생각하는 것을 터놓고 말함.

**03** 어떤 일을 꾸미는 꾀나 방법.

**04** 어떤 사실을 자세히 따져서 바로 밝힘.

**05** 여러 사람이 조금씩 힘을 합하면 한 사람을 돕기 쉬움을 이르는 말.

**06** 남들이 모두 절개를 꺾는 상황 속에서도 홀로 절개를 굳세게 지키고 있음을 비유적으로 이르는 말.

07~09 밑줄 친 부분과 의미가 통하는 한자 성어를 〈보기〉에서 찾아 쓰시오.

─ 보기 ─

솔선수범    유비무환    호연지기

**07** 주전 선수 중 한 명이 부상을 당해 이번 결승전에서 오래 뛸 수 없는 상황이었다. 그러나 김 감독은 일어날 수 있는 여러 상황을 대비하여 준비를 해 두었으므로 걱정하지 않아도 된다고 하였다.

**08** 특히 나이가 많은 선배 선수들이 어려운 상황에서 몸을 사리지 않고 본보기를 보였다.

**09** 김 감독은 경기 이후 승리의 원인이 뭐라고 생각하냐는 기자의 질문에 상대의 강한 공격에 굴하지 않고 거침없는 기개를 드러낸 선수들의 공이라고 대답하였다.

**10~14** 빈칸에 들어갈 어휘를 〈보기〉의 글자를 조합하여 쓰시오.

〈보기〉

| 거 | 문 | 소 | 찰 | 싹 | 외 |

| 한 | 통 | 신 | 항 | 수 |

**10** 그는 냉철한 분석을 바탕으로 문제를 깊이 (          )하였다.

**11** (          )가 보이지 않는 일을 왜 계속하겠다고 하는지 이해하기 어렵다.

**12** 그녀는 어려움에 처한 사람을 도와야 한다는 평소 (          )에 따라 그를 도왔다.

**13** 3·1 운동은 우리 민족이 일본의 억압적 지배에 대해 (          )한 기념비적 사건이다.

**14** 그는 자신을 정보 처리 분야의 전문가라고 소개했지만 실제로는 그 분야의 (          )이었다.

✅ **개념 확인**

**15~17** 다음 설명이 맞으면 ○에, 그렇지 않으면 ×에 표시하시오.

**15** 비평문을 감상할 때는 글쓴이의 해석을 무조건 수용하며 읽는다. ( ○ , × )

**16** 문학 작품은 작품 내적인 부분에 주목하여 감상할 수도 있고, 작품 외적인 부분과 관련을 지으며 감상할 수도 있다. ( ○ , × )

**17** 작품의 창작 시기가 일제 강점기라는 사실에 근거하여 한용운의 「임의 침묵」을 감상하는 것은 외재적 관점에 따른 감상이다. ( ○ , × )

| 🔲 맞힌 개수 | (          ) / 17문항 |
| 🔽 복습할 어휘 | |

**12**회

## 📕 필수 어휘

| | | |
|---|---|---|
| **가설**<br>거짓 假 \| 말씀 說 | 어떤 사실을 설명하거나 어떤 이론 체계를 연역하기 위하여 **설정한 가정.**<br>예 가설을 검증하기 위해 실험을 하였다. | ★ 2016 수능 이 문제는 관찰 증거만으로는 여러 가설 중에 어느 하나를 더 나은 것으로 결정할 수 없다는 것이다. |
| **결핍**<br>이지러질 缺 \| 가난할 乏 | **있어야 할 것이 없어지거나 모자람.**<br>예 새로 부임한 소대장의 가장 큰 단점은 지도력 결핍이었다. | ➕ 결손(缺損): 어느 부분이 없거나 잘못되어서 불완전함.<br>➕ 궁핍(窮乏): 매우 가난함. |
| **논거**<br>논의할 論 \| 의거할 據 | **어떤 이론이나 논리, 논설 따위의 근거.**<br>예 주장에 설득력이 있으려면 명백한 논거를 제시해야 한다. | |
| **논지**<br>논의할 論 \| 뜻 旨 | **논하는 말이나 글의 취지.**<br>예 우리는 그의 논지에 적극 공감하였다. | |
| **명료하다**<br>밝을 明 \| 뚜렷할 瞭 | **뚜렷하고 분명하다.**<br>예 선생님은 어려운 개념을 명료하게 설명해 주셨다. | ➕ 명백(明白)하다: 의심할 바 없이 아주 뚜렷하다. |
| **전략**<br>싸울 戰 \| 다스릴 略 | 「1」 **전쟁을 전반적으로 이끌어 가는 방법이나 책략. 전술보다 상위의 개념이다.**<br>예 이순신 장군은 바다에서 놀라운 전략으로 수군을 지휘해 전쟁을 승리로 이끌었다.<br>「2」 **정치, 경제 따위의 사회적 활동을 하는 데 필요한 책략.**<br>예 판매 전략을 세우다. | ★ 2017 수능 보험사의 보험 상품 판매 전략에 내재된 경제학적 원리와 법적 규제의 필요성을 강조하고 있다.<br>➕ 전술(戰術): 전쟁 또는 전투 상황에 대처하기 위한 기술과 방법. 전략의 하위 개념. |
| **추론**<br>추측할 推 \| 논의할 論 | 「1」 **미루어 생각하여 논함.**<br>예 그가 이룬 업적을 생각할 때 그의 공로상 수상은 추론 가능한 것이었다.<br>「2」 **어떠한 판단을 근거로 삼아 다른 판단을 이끌어 냄. = 추리.**<br>예 두 대상 사이의 유사성을 근거로 미루어 생각하는 방법을 유비 추론이라고 한다. | ★ 2016 수능 귀납은 현대 논리학에서 연역이 아닌 모든 추론, 즉 전제가 결론을 개연적으로 뒷받침하는 모든 추론을 가리킨다. |
| **탄핵**<br>탄알 彈 \| 캐물을 劾 | **고위 공무원이 저지른 위법 행위에 대하여 국회에서 처벌하거나 파면함. 또는 그 제도.**<br>예 국민들은 국정을 책임지지 못한 대통령에 대한 탄핵을 국회에 강력히 요구했다. | ➕ 파면(罷免): 잘못을 저지른 사람에게 직무나 직업을 그만두게 함. |
| **함량**<br>머금을 含 \| 헤아릴 量 | **물질이 어떤 성분을 포함하고 있는 분량.**<br>예 멸치는 칼슘 함량이 많은 식품이다. | ★ 2017 수능 △△샘물은 미네랄의 함량이 국내 최장수 마을의 물과 유사한 것으로 나타났다. |

| | |
|---|---|
| **논증**<br>논의할 論 \| 증거 證 | 근거를 들어 주장의 옳고 그름을 논리적으로 증명하는 것.<br><br>**논증 방법 파악하며 읽기의 효과**<br>• 주장과 근거의 타당성, 주장을 뒷받침하는 근거의 논리성을 판단할 수 있음.<br>• 논지 전개 방식, 구조 등을 체계적으로 이해하며 글을 읽는 능력을 기를 수 있음. |
| **연역**<br>펼 演 \| 끌어낼 繹 | 일반적인 원리나 진리를 전제로 하여 특수한 사실을 결론으로 이끌어 내는 논증 방법.<br>예 사람은 죽는다. 소크라테스는 사람이다. 그러므로 소크라테스는 죽는다. |
| **귀납**<br>돌아올 歸 \| 들일 納 | 특수한 사례들을 검토한 뒤 그 결론으로 일반적인 사실이나 진리를 이끌어 내는 논증 방법.<br>예 참새는 알을 깨고 나온다. 비둘기도 알을 깨고 나온다. 타조도 알을 깨고 나온다. 그러므로 모든 새는 알을 깨고 나온다. |
| **유추**<br>무리 類 \| 추측할 推 | 둘 이상의 대상이나 현상이 여러 면에서 비슷하다는 점을 근거로 다른 속성도 유사할 것이라고 추론하는 논증 방법.<br>예 마라톤에서는 어려움을 견디며 끝까지 포기하지 않을 때 비로소 결승점에 도달할 수 있다. 우리의 인생에서도 어렵고 힘든 상황을 이겨 내고 끝까지 노력하면 삶의 목표를 이룰 수 있다. |

**더알기** 전제는 대전제와 소전제로 나뉜다. 옆의 예에서 '사람은 죽는다.'는 대전제이며, '소크라테스는 사람이다.'는 소전제이다.

■ **한자 성어 | 관용구 | 속담** '이치'와 관련이 있는 속담

| | |
|---|---|
| **달도 차면 기운다** | 세상의 온갖 것이 한번 번성하면 다시 쇠하기 마련이라는 말.<br>예 달도 차면 기울듯이, 사람의 일도 잘될 때가 있으면 안 될 때도 있는 법이야. |
| **비 온 뒤에 땅이 굳어진다** | 비에 젖어 질척거리던 흙도 마르면서 단단하게 굳어진다는 뜻으로, 어떤 시련을 겪은 뒤에 더 강해짐을 비유적으로 이르는 말.<br>예 비 온 뒤에 땅이 굳어진다고 했으니 이번 실패를 거울삼아 다음에는 반드시 성공할 수 있을 거야. |
| **소금 먹은 놈이 물켠다** | 무슨 일이든 거기에는 반드시 그렇게 된 까닭이 있음을 비유적으로 이르는 말.<br>예 소금 먹은 놈이 물켠다더니 네가 요즘 단 음식을 많이 먹고 양치를 게을리해서 충치가 생긴 모양이구나. |
| **콩 심은 데 콩 나고 팥 심은 데 팥 난다** | 모든 일은 근본에 따라 거기에 걸맞은 결과가 나타나는 것임을 비유적으로 이르는 말.<br>예 콩 심은 데 콩 나고 팥 심은 데 팥 나는 법이니 요행을 바라지 말고 최선의 노력을 기울여야 좋은 성과를 얻을 수 있을 거야. |

**더알기** 비슷한 의미의 한자 성어로 '화무십일홍(花無十日紅)'이 있다.

**01~06** 빈칸에 들어갈 어휘를 〈보기〉에서 찾아 쓰시오.

보기

| 가설 | 논지 | 명료 | 전략 | 추론 | 함량 |

**01** 여러 번의 실험과 관찰을 통해 (　　　　　)을 검증하였다.

**02** 말을 길게 하기보다는 (　　　　　)하게 하는 것이 전달력이 높다.

**03** 여름 신상품의 판매율을 높일 (　　　　　)을 짜기 위해 회의를 열었다.

**04** 나는 카페인 (　　　　　)이 높은 음료수를 가급적 먹지 않으려고 한다.

**05** 글의 (　　　　　)가 분명하지 않아서 글쓴이가 말하고자 하는 바가 무엇인지 모르겠다.

**06** 그 현상의 원인을 면밀하게 분석하기 위해서는 논리적으로 (　　　　　)하는 능력이 필요했다.

**07~08** 빈칸에 들어갈 속담을 〈보기〉에서 찾아 번호를 쓰시오.

보기

① 달도 차면 기운다　　　　② 소금 먹은 놈이 물켠다
③ 비 온 뒤에 땅이 굳어진다　　④ 콩 심은 데 콩 나고 팥 심은 데 팥 난다

**09~12** 다음 뜻에 해당하는 어휘를 고르시오.

**09** 있어야 할 것이 없어지거나 모자람. ( 결손 | 결핍 )

**10** 어떤 이론이나 논리, 논설 따위의 근거. ( 논거 | 논점 )

**11** 전쟁을 전반적으로 이끌어 가는 방법이나 책략. ( 전략 | 전술 )

**12** 고위 공무원이 저지른 위법 행위에 대하여 국회에서 처벌하거나 파면함. 또는 그 제도.
( 지탄 | 탄핵 )

✅ 개념 확인
**13~14** 다음 설명이 맞으면 ○에, 그렇지 않으면 ×에 표시하시오.

**13** 근거를 들어 주장의 옳고 그름을 논리적으로 증명하는 것을 논증이라고 한다. ( ○ , × )

**14** "사람은 죽는다. 임금은 사람이다. 그러므로 임금은 죽는다."에서 '사람은 죽는다.'는 소전제에 해당
한다. ( ○ , × )

**15~17** 다음 문장에 해당하는 논증 방법을 〈보기〉에서 찾아 쓰시오.

보기
귀납    연역    유추

**15** 모든 포유동물은 심장을 가지고 있다. 말은 포유동물이다. 그러므로 말은 심장을 가지고 있다.

_____

**16** 펭귄은 알을 낳는다. 닭도 알을 낳는다. 펭귄과 닭은 조류이다. 따라서 모든 조류는 알을 낳는다.

_____

**17** 인간과 흰쥐는 장기 구조가 유사하다. 이 약은 흰쥐의 장기를 치료하는 데 효과가 있었으므로 인간
의 장기를 치료하는 데에 효과가 있을 것이다. _____

| 🔲 맞힌 개수 | ( ) / 17문항 |
|---|---|
| ☑ 복습할 어휘 | |

## 01 어휘의 사전적 의미로 바르지 <u>않은</u> 것은?

① 우심하다: 더욱 심하다.

② 고대하다: 몹시 기다리다.

③ 완강하다: 태도가 모질고 의지가 굳세다.

④ 옹색하다: 형편이 넉넉하지 못하여 생활에 필요한 것이 없거나 부족하다.

⑤ 예기하다: 어떤 사물이나 사실, 현상에 대하여 일정한 줄거리를 가지고 말을 하거나 글로 쓰다.

## 02 〈보기〉는 '궁색하다'의 두 가지 의미이다. 각 의미에 해당하는 예문으로 적절하지 <u>않은</u> 것은?

> 보기
> ㉠ 아주 가난하다.
> ㉡ 말이나 태도, 행동의 이유나 근거 따위가 부족하다.

① ㉠: 그는 <u>궁색한</u> 형편에도 불구하고 손이 커서 씀씀이가 헤픈 편이었다.

② ㉠: 어릴 적 우리 집은 살림이 <u>궁색해서</u> 어머니는 늘 끼니 걱정을 하셨다.

③ ㉠: 오늘도 학교에 지각한 정규는 선생님 앞에서 <u>궁색한</u> 변명을 늘어놓았다.

④ ㉡: 그 사람의 주장에는 어딘가 <u>궁색한</u> 부분이 있었다.

⑤ ㉡: 법정에 선 증인은 검사의 질문에 <u>궁색한</u> 답변을 하고 있었다.

## 03 〈보기〉의 밑줄 친 어휘의 의미로 가장 적절한 것은?

> 보기
> 양국 정상은 오랜만에 공식 석상에서 만났지만 <u>의례적인</u> 인사만 했을 뿐 눈도 마주치지 않았다.

① 형식만 갖춘          ② 격식이 없는          ③ 예의를 갖춘

④ 정성을 다한          ⑤ 마음을 여는

## 04 밑줄 친 한자 성어의 쓰임이 적절하지 <u>않은</u> 것은?

① 그는 주체성이 부족해서 남의 말에 잘 넘어가는, <u>부화뇌동</u>하기 쉬운 사람이었다.

② <u>동상이몽</u>도 정도가 있지, 잘못한 사람이 오히려 큰소리치니 어머니는 어이없어 하셨다.

③ 그는 젊은 날 <u>호연지기</u>를 기르려고 높은 산에 오르고 넓은 바다에 뛰어들기를 자주 하였다.

④ 우리 반은 청소 시간에 담임 선생님이 <u>솔선수범</u>하시니 누구 하나 도망가지 않고 모든 친구들이 청소를 열심히 한다.

⑤ 높은 자리에 있을 때는 사람들이 명절 때마다 찾아와 인사하더니 한직으로 물러나자 인사하러 오는 발길이 뚝 끊긴 것을 보면서 <u>염량세태</u>를 느끼지 않을 수 없다.

**05** 〈보기〉의 ㉠, ㉡에 들어갈 어휘가 바르게 짝지어진 것은?

> 보기
>
> 그는 도보 여행으로 국토 순례를 떠났다. 그가 ( ㉠ ) 넘게 여행을 하고 오자 계절은 가을에서 겨울로 바뀌어 있었다. 그는 ( ㉡ )을/를 풀기 위해 휴식을 취하면서 여행에서의 추억을 곱씹었다.

| | ㉠ | ㉡ | | ㉠ | ㉡ |
|---|---|---|---|---|---|
| ① | 하루 | 노숙 | ② | 달포 | 노독 |
| ③ | 보름 | 노상 | ④ | 반나절 | 노기 |
| ⑤ | 한나절 | 노여움 | | | |

**06** 〈보기〉의 밑줄 친 어휘와 바꿔 쓰기에 가장 적절한 것은?

> 보기
>
> 학교에서 청소 시간에 도망친 민구는 다음날 선생님께 지청구를 들었다.

① 꾸중    ② 칭찬    ③ 험담    ④ 비판    ⑤ 주장

**2015 수능 기출 응용**

**07** ⓐ~ⓔ의 문맥적 의미로 적절하지 <u>않은</u> 것은?

> 전쟁이 터지고 며칠 지나지 않아, 우리 마을은 ⓐ피란민으로 넘쳐 나기 시작했다. 우리 마을 사람들은 그들에게 ⓑ텃세를 부리지 않고 먹을 것도 나눠 주고 잠자리도 마련해 주었다. 예상치 못하게 벌어진 전쟁은 이 나라 사람 모두에게 ⓒ재변이었으니, 힘들수록 서로에게 의지하지 않을 수 없었기 때문이다. ⓓ가히 지옥이라 할 수 있는 전쟁터에서 살아남으려면 모두 똘똘 뭉쳐야 했다. 우리 군대가 수적 열세를 극복하고 훌륭한 ⓔ전략을 구사해 적군을 물리치길 바라며 하루하루를 보냈다.

① ⓐ: 난리를 피하여 가는 백성.
② ⓑ: 먼저 자리를 잡은 사람이 뒷사람을 업신여기는 행동.
③ ⓒ: 재앙으로 인하여 생긴 갑작스러운 사고.
④ ⓓ: 능히, 넉넉히.
⑤ ⓔ: 정치, 경제 따위의 사회적 활동을 하는 데 필요한 책략.

**08** 〈보기〉의 ㉠~㉤ 어디에도 들어갈 수 <u>없는</u> 것은?

> 보기
>
> ㉠ 일반적으로 개화기 이후에 창작된 시조를 현대 시조라고 (          )한다.
> ㉡ 지휘관은 지금 상황이 위기임을 인식시키기 위해 (          )을/를 하고 명령하였다.
> ㉢ 이번에 새로 발견한 지하수에는 미네랄과 철분의 (          )이/가 풍부한 것으로 조사됐다.
> ㉣ 일제 강점기에는 생명의 위험을 무릅쓰고 일본에 (          )했던 독립운동가가 많았다.
> ㉤ 할아버지께서 살아온 이야기를 들어 보면 삶의 고비마다 (          ) 많은 사연이 담겨 있었다.

① 곡절    ② 지칭    ③ 자취    ④ 항거    ⑤ 함량

# 쉼터 만화로 보는 고사성어

**백아절현**

맏 伯 | 어금니 牙 | 끊을 絕 | 악기 줄 絃

자기를 알아주는 참다운 벗의 죽음을 슬퍼함을 이르는 말. 중국 춘추 시대, 거문고를 매우 잘 탔던 백아가 자신의 거문고 소리를 잘 들어 주었던 벗인 종자기가 죽은 것에 절망하여 거문고 줄을 끊어 버리고 다시는 거문고를 타지 않았다는 데서 유래한다.

그런데 종자기가 병을 얻어 갑자기 세상을 등지게 되었다.

백아는 그토록 애지중지하던 거문고의 줄을 스스로 끊고 죽을 때까지 거문고를 타지 않았다고 한다.

백아절현의 사례로는 무엇이 있을까?

## 필수 어휘

| | | |
|---|---|---|
| **경박**<br>가벼울 輕 \| 얇을 薄 | 언행이 신중하지 못하고 **가벼움.**<br>예 그는 낯선 사람을 쉽게 믿은 자신의 경박을 후회했다. | ⊞ **경솔(輕率):** 말이나 행동이<br>조심성 없이 가벼움. |
| **모호하다**<br>모호할 模 \| 풀 糊 | 말이나 태도가 **흐리터분하여 분명하지 않다.**<br>예 문장이 모호하여 정확한 의미를 알기 어렵다. | ★ **2018 수능** '사 씨'가 꿈에서 보<br>았던 곳과 같은 장소로, 비현실<br>적 상황과 현실적 상황의 경계<br>를 모호하게 만드는 공간이다. |
| **부지**<br>펼 敷 \| 땅 地 | 건물을 세우거나 도로를 만들기 위하여 **마련한 땅.**<br>예 그 공터는 학교 부지로 결정되었다. | |
| **수장**<br>거둘 收 \| 감출 藏 | 거두어서 깊이 간직함.<br>예 그는 골동품 수장을 취미로 삼았다. | ⊕ **수장(首長):** 위에서 중심이<br>되어 집단이나 단체를 지배·통<br>솔하는 사람. |
| **실용적**<br>열매 實 \| 쓸 用 \| 과녁 的 | 실제로 쓰기에 알맞은. 또는 그런 것.<br>예 이 가구는 실용적이어서 인기가 좋다. | ★ **2016 수능** 고가의 철거 결정<br>에는 '남편'의 실용적인 가치관<br>이 작용하고 있다.<br><br>**더알기** '실용적'의 '-적'은 '그<br>성격을 띠는', '그에 관계된', '그<br>상태로 된'의 뜻을 더하는 접미<br>사이다.<br>예 가급적 \| 국가적 \| 기술적 |
| **유해**<br>있을 有 \| 해로울 害 | 해로움이 있음.<br>예 청소년들에게 유해 식품을 판매하는 것을 규제해야 한다. | ⊟ **무해(無害):** 해로움이 없음. |
| **저하**<br>낮을 低 \| 아래 下 | 정도, 수준, 능률 따위가 떨어져 낮아짐.<br>예 그는 체력 저하가 심해져 병원을 찾았다. | ⊕ **능률(能率):** 일정한 시간에<br>할 수 있는 일의 비율. |
| **책정**<br>꾀 策 \| 정할 定 | 계획이나 방책을 세워 결정함.<br>예 친구의 생일 선물 비용은 미리 책정을 해 두었다. | ★ **2017 수능** 보험사는 보험 가<br>입자 개개인이 가진 위험의 정<br>도를 정확히 파악하여 거기에<br>상응하는 보험료를 책정하기 어<br>렵다.<br><br>⊕ **방책(方策):** 방법과 꾀를 아<br>울러 이르는 말. |
| **황망하다**<br>어리둥절할 慌 \| 바쁠 忙 | 마음이 몹시 급하여 **당황하고 허둥지둥하는 면이 있다.**<br>예 그는 벌여 놓았던 일을 곧 정리하고 황망하게 떠나 버렸다. | ⊕ **당황(唐慌):** 놀라거나 다급하<br>여 어찌할 바를 모름. |

# 📗 필수 개념 문법

### 음운
소리 音 | 운 韻

말의 뜻을 구별해 주는 소리의 가장 작은 단위.

예 '물'과 '불'에서 'ㅁ'과 'ㅂ'은 말의 뜻을 다르게 만드는 음운이다.

> **더알기** 소리의 길이에 따라서도 말의 뜻이 구별된다. [눈:]은 '하늘에서 내리는 눈'을, [눈]은 '사람의 눈'을 뜻한다.

---

### 자음
아들 子 | 소리 音

발음할 때 공기가 목 안이나 입안에서 장애를 받으면서 나는 소리.

**소리 나는 위치에 따른 자음의 분류**

- **입술소리** 두 입술 사이에서 나는 소리(ㅁ, ㅂ, ㅃ, ㅍ)
- **잇몸소리** 혀끝이 윗잇몸에 닿아서 나는 소리(ㄴ, ㄷ, ㄸ, ㄹ, ㅅ, ㅆ, ㅌ)
- **센입천장소리** 혓바닥과 센입천장 사이에서 나는 소리(ㅈ, ㅉ, ㅊ)
- **여린입천장소리** 혀의 뒷부분과 여린입천장 사이에서 나는 소리(ㄱ, ㄲ, ㅇ, ㅋ)
- **목청소리** 목청 사이에서 나는 소리(ㅎ)

> **더알기** 자음은 소리 내는 방법에 따라 나눌 수도 있다.

---

### 모음
어머니 母 | 소리 音

발음할 때 공기가 목 안이나 입안에서 별다른 장애를 받지 않고 나는 소리.

**단모음과 이중 모음**

- **단모음** 발음하는 도중에 입술 모양이나 혀의 위치가 달라지지 않는 모음
  (ㅏ, ㅐ, ㅓ, ㅔ, ㅗ, ㅚ, ㅜ, ㅟ, ㅡ, ㅣ)
- **이중 모음** 발음하는 도중에 입술 모양이나 혀의 위치가 달라지는 모음
  (ㅑ, ㅒ, ㅕ, ㅖ, ㅘ, ㅙ, ㅛ, ㅞ, ㅠ, ㅢ)

> **더알기** 단모음은 입술 모양, 혀의 최고점의 위치, 혀의 높낮이에 따라 분류할 수 있다.

---

# 📗 한자 성어 | 관용구 | 속담 '노력'과 관련이 있는 한자 성어

### 분골쇄신
가루 粉 | 뼈 骨 | 부술 碎 | 몸 身

뼈를 가루로 만들고 몸을 부순다는 뜻으로, 정성으로 노력함을 이르는 말.

예 모든 부대원은 분골쇄신의 자세로 참전해 결국 승리했다.

---

### 불철주야
아닐 不 | 거둘 撤 | 낮 晝 | 밤 夜

어떤 일에 몰두하여 조금도 쉴 사이 없이 밤낮을 가리지 아니함.

예 그녀는 불철주야 연구에 몰두하여 세계적인 학자가 되었다.

---

### 십벌지목
열 十 | 칠 伐 | 어조사 之 | 나무 木

열 번 찍어 베는 나무라는 뜻으로, 열 번 찍어 안 넘어가는 나무가 없음을 이르는 말.

예 십벌지목이라고, 계속 도전하면 언젠가는 목표를 이룰 것이다.

---

### 우공이산
어리석을 愚 | 공평할 公 | 옮길 移 | 산 山

우공이 산을 옮긴다는 뜻으로, 어떤 일이든 끊임없이 노력하면 반드시 이루어짐을 이르는 말.

예 그는 우공이산을 좌우명으로 삼아 늘 묵묵히 일한다.

> **더알기** '우공'이라는 노인이 집을 가로막은 산을 옮기려고 흙을 파서 날랐는데, 그의 끈기에 감동한 하늘의 왕이 산을 옮겨 주었다는 데서 유래한다.

---

### 주마가편
달릴 走 | 말 馬 | 더할 加 | 채찍 鞭

달리는 말에 채찍질한다는 뜻으로, 잘하는 사람을 더욱 장려함을 이르는 말.

예 주마가편이라고, 성적이 오르자 형이 더 열심히 공부하라고 했다.

**01~06** 제시된 초성과 뜻을 참고하여 빈칸에 들어갈 어휘를 쓰시오.

**01** ㅇㅎ : 해로움이 있음.

예 모기는 사람에게 (　　　　　)한 곤충이다.

**02** ㅅㅈ : 거두어서 깊이 간직함.

예 그가 (　　　　　)한 고서와 골동품은 문화적 가치가 높다.

**03** ㅊㅈ : 계획이나 방책을 세워 결정함.

예 정부는 내년도 예산을 올해 수준으로 (　　　　　)하였다.

**04** ㄱㅂ : 언행이 신중하지 못하고 가벼움.

예 그의 (　　　　　)한 태도 때문에 더 이상 함께 지내기가 어렵다.

**05** ㅈㅎ : 정도, 수준, 능률 따위가 떨어져 낮아짐.

예 우리나라는 출산율 (　　　　　)를 막기 위해 여러 정책을 시행하고 있다.

**06** ㅂㅈ : 건물을 세우거나 도로를 만들기 위하여 마련한 땅.

예 공장을 이전하려 했으나 (　　　　　)를 확보하지 못해 어려움을 겪었다.

✔ **개념 확인**

**07~09** 다음 개념에 알맞은 설명을 찾아 바르게 연결하시오.

**07** 음운 •

• ㉠ 말의 뜻을 구별해 주는 소리의 가장 작은 단위.

**08** 모음 •

• ㉡ 발음할 때 공기가 목 안이나 입안에서 장애를 받으면서 나는 소리.

**09** 자음 •

• ㉢ 발음할 때 공기가 목 안이나 입안에서 별다른 장애를 받지 않고 나는 소리.

**10~14** 빈칸에 들어갈 한자 성어를 〈보기〉에서 찾아 쓰시오.

┌─────────────── 보기 ───────────────┐
분골쇄신      불철주야      십벌지목      우공이산      주마가편
└────────────────────────────────┘

10  그들은 사고 현장에서 몸을 사리지 않고 (              )로 구조 작업을 했다.

11  일이 잘 풀릴 때일수록 (              )의 자세로 더욱 정진해 나아가야 한다.

12  (              )이라더니, 심지가 굳은 그도 여러 번 권하니 결국 마음을 바꾸었다.

13  결승전에서 (              )의 자세로 뛴 선수들은 모두의 예상을 뒤엎고 승리를 거두었다.

14  외국인처럼 능숙하게 영어를 하려면 (              )의 마음으로 매일 꾸준히 공부해야 한다.

**15~17** 다음 어휘를 활용하여 문장을 만드시오.

15  실용적: 실제로 쓰기에 알맞은. 또는 그런 것.

_____

16  모호하다: 말이나 태도가 흐리터분하여 분명하지 않다.

_____

17  황망하다: 마음이 몹시 급하여 당황하고 허둥지둥하는 면이 있다.

_____

┌─────────────────────────────────────┐
│ ☑ 맞힌 개수      (          ) / 17문항             │
├─────────────────────────────────────┤
│ ☑ 복습할 어휘                                      │
└─────────────────────────────────────┘

## 📙 필수 어휘

| 멸균하다<br>멸망할 滅 \| 세균 菌 | 세균 따위의 미생물을 죽이다. 약품에 의한 화학적 방법과 열을 이용한 물리적 방법으로 없앤다. = 살균(殺菌)하다<br>예 원유를 멸균하여 진공 포장하면 보관 기간을 늘릴 수 있다. | ➕ 미생물(微生物): 눈으로는 볼 수 없는 아주 작은 생물. |
|---|---|---|
| 번뇌<br>괴로워할 煩 \| 괴로워할 惱 | 마음이 시달려서 괴로워함. 또는 그런 괴로움.<br>예 그는 마음을 다스려 번뇌에서 벗어나고자 했다. | 🔁 고뇌(苦惱): 괴로워하고 번뇌함. |
| 불문가지<br>아닐 不 \| 물을 問 \| 옳을 可 \|<br>알 知 | 묻지 아니하여도 알 수 있음.<br>예 이산화 탄소가 지구 온난화를 가속화한다는 것은 불문가지이다. | |
| 서화<br>글 書 \| 그림 畫 | 글씨와 그림을 아울러 이르는 말.<br>예 조선 시대에는 서화에 뛰어난 선비들이 많았다. | ⭐ 2018 수능 고서도 없고, 난도 없이 되잖은 서화나 붙여 놓은 방은, 비록 화려 광활하다 하더라도 그건 한 요릿집에 불과하다. |
| 안목<br>눈 眼 \| 눈 目 | 사물을 보고 분별하는 견문과 학식.<br>예 그림을 보는 그의 안목이 듣던 대로 탁월했다. | ⭐ 2017 수능 매체 이용자들은 필요한 정보와 광고를 구별할 수 있는 비판적 안목을 기를 필요가 있다.<br>➕ 견문(見聞): 보거나 듣거나 하여 깨달아 얻은 지식. |
| 오롯하다 | 모자람이 없이 온전하다.<br>예 편지를 보니 부모님의 사랑이 오롯하게 느껴졌다. | ➕ 온전(穩全)하다: ① 본바탕 그대로 고스란하다. ② 잘못된 것이 없이 바르거나 옳다. |
| 입증<br>설 立 \| 증거 證 | 어떤 증거 따위를 내세워 증명함.<br>예 그 사고는 목격자가 없어서 입증이 불가능했다. | ➕ 증명(證明): 어떤 사항이나 판단 따위에 대하여 그것이 진실인지 아닌지 증거를 들어서 밝힘. |
| 정보화<br>뜻 情 \| 알릴 報 \| 될 化 | 지식과 자료 따위를 정보의 형태로 가공하여 가치를 높임.<br>예 서울은 세계의 도시들 중에서 정보화의 정도가 높은 지역이다. | |
| 함양하다<br>젖을 涵 \| 기를 養 | 능력이나 품성 따위를 길러 쌓거나 갖추다.<br>예 인격을 함양하는 것이야말로 진정으로 중요한 일이다. | |

## 필수 개념 문법

### 파열음
깨뜨릴 破 | 찢을 裂 | 소리 音

허파에서 나오는 공기의 흐름을 막았다가 터뜨리면서 내는 소리.

**파열음의 분류**

| 소리 나는 방법 \ 소리 나는 위치 | 입술소리 | 잇몸소리 | 여린입천장소리 |
|---|---|---|---|
| 파열음 | ㅂ, ㅃ, ㅍ | ㄷ, ㄸ, ㅌ | ㄱ, ㄲ, ㅋ |

**[더 알기]** 자음은 소리 내는 방법에 따라 파열음, 마찰음, 파찰음, 비음, 유음으로 나눌 수 있다.

| 비음 | 입안의 통로를 막고 코로 공기를 내보내면서 내는 소리로 'ㄴ, ㅁ, ㅇ'이 있다. |
|---|---|
| 유음 | 혀끝을 잇몸에 가볍게 대었다가 떼거나 혀끝을 윗잇몸에 댄 채 공기를 그 양옆으로 흘려 내보내면서 내는 소리로 'ㄹ'이 있다. |

### 마찰음
문지를 摩 | 문지를 擦 | 소리 音

입안이나 목청 사이를 좁혀서 공기를 좁은 틈 사이로 내보내어 마찰을 일으키면서 내는 소리.

**마찰음의 분류**

| 소리 나는 방법 \ 소리 나는 위치 | 잇몸소리 | 목청소리 |
|---|---|---|
| 마찰음 | ㅅ, ㅆ | ㅎ |

### 파찰음
깨뜨릴 破 | 문지를 擦 | 소리 音

허파에서 나오는 공기의 흐름을 막았다가 서서히 터뜨리면서 마찰을 일으켜 내는 소리.

**파찰음의 분류**

| 소리 나는 방법 \ 소리 나는 위치 | 센입천장소리 |
|---|---|
| 파찰음 | ㅈ, ㅉ, ㅊ |

## 한자 성어 | 관용구 | 속담 '신체'와 관련이 있는 관용구

### 간도 쓸개도 없다
용기나 줏대 없이 남에게 굽히다.
**예** 넌 간도 쓸개도 없니, 우리를 아주 괴롭혔던 그 아이 편을 들게?

### 등을 떠밀다
일을 억지로 시키거나 부추기다.
**예** 상훈이는 이번 학생회장 선거에 친구들이 등을 떠밀어서 어쩔 수 없이 출마했다.

**[더 알기]** '부추기다'는 남을 이리저리 들쑤셔서 어떤 일을 하게 만든다는 의미이다.

### 뼈와 살이 되다
정신적으로 도움이 되다.
**예** 이번 강연회는 나에게 뼈와 살이 되는 교훈을 주었다.

### 어깨를 나란히 하다
서로 비슷한 지위나 힘을 가지다.
**예** 훈련에 열심히 참여한 신입생은 선배들과 어깨를 나란히 할 정도로 축구 실력이 좋아졌다.

### 오금을 펴다
마음을 놓고 여유 있게 지내다.
**예** 그는 원하던 학교에 합격했다는 소식을 듣고 나서야 오금을 펴고 편하게 잠들 수 있었다.

**[더 알기]** '오금'은 무릎의 구부러지는 오목한 안쪽 부분을 의미한다.

**01~04** 빈칸에 들어갈 어휘에 ∨표 하시오.

**01** 예술품을 좋아하는 그는 한쪽 벽면에 다양한 (              )을/를 걸어 두었다.
　　□ 서가　　　　　　　□ 서명　　　　　　　□ 서문　　　　　　　□ 서화

**02** 김 감독은 미래에 크게 성장할 선수를 가려내는 (            )을 지니고 있다.
　　□ 안락　　　　　　　□ 안면　　　　　　　□ 안목　　　　　　　□ 안전

**03** 우리의 고민과 (            )은/는 대부분 지나친 욕심에서 비롯되는 것이다.
　　□ 번뇌　　　　　　　□ 번성　　　　　　　□ 번영　　　　　　　□ 번잡

**04** 형사는 용의자가 사건 당일 그 장소에 있었다는 사실을 (              )하려고 증거를 수집했다.
　　□ 입궐　　　　　　　□ 입장　　　　　　　□ 입증　　　　　　　□ 입질

**05~09** 다음 뜻에 해당하는 어휘를 〈보기〉에서 찾아 쓰시오.

〈보기〉
| 멸균하다 | 불문가지 | 오롯하다 | 정보화 | 함양하다 |

**05** 모자람이 없이 온전하다. ＿＿＿＿＿＿＿＿

**06** 묻지 아니하여도 알 수 있음. ＿＿＿＿＿＿＿＿

**07** 능력이나 품성 따위를 길러 쌓거나 갖추다. ＿＿＿＿＿＿＿＿

**08** 지식과 자료 따위를 정보의 형태로 가공하여 가치를 높임. ＿＿＿＿＿＿＿＿

**09** 세균 따위의 미생물을 죽이다. 약품에 의한 화학적 방법과 열을 이용한 물리적 방법으로 없앤다.
＿＿＿＿＿＿＿＿

● 정답과 해설 58쪽

**10~14** 빈칸에 들어갈 관용구를 〈보기〉에서 찾아 문맥에 맞게 쓰시오.

〈보기〉

| 간도 쓸개도 없다 | 등을 떠밀다 | 뼈와 살이 되다 | 어깨를 나란히 하다 | 오금을 펴다 |

**10** 성실한 김 씨는 이웃 주민들이 (                    ) 이장 선거에 나가게 되었다.

**11** 어릴 적 할머니께 들었던 옛날이야기에는 (                    ) 삶의 지혜가 담겨 있었다.

**12** 해외 무대에 진출한 그는 세계 최고의 선수들과 (                    ) 선수로 성장했다.

**13** 그는 친구가 무사히 수술을 마쳤다는 소식을 듣고 나서야 (                    ) 편히 쉴 수 있었다.

**14** 형준이는 (                    ) 녀석인지, 자기에게 못되게 굴었던 친구에게 박물관에 함께 가자고 사정했다.

✅ **개념 확인**

**15~17** 다음 개념에 알맞은 설명을 찾아 바르게 연결하시오.

**15** 마찰음 •

• ㉠ 허파에서 나오는 공기의 흐름을 막았다가 터뜨리면서 내는 소리.

**16** 파열음 •

• ㉡ 입안이나 목청 사이를 좁혀서 공기를 좁은 틈 사이로 내보내어 마찰을 일으키면서 내는 소리.

**17** 파찰음 •

• ㉢ 허파에서 나오는 공기의 흐름을 막았다가 서서히 터뜨리면서 마찰을 일으켜 내는 소리.

| 🎯 맞힌 개수 | (        ) / 17문항 |
|---|---|
| ✅ 복습할 어휘 | |

# 15회

## 📙 필수 어휘

| | | |
|---|---|---|
| **격조**<br>격식 格 \| 고를 調 | 사람의 품격과 취향.<br>예 그녀는 항상 <u>격조</u> 있는 어투로 말을 했다. | ➕ **품격(品格):** ① 사람 된 바탕과 타고난 성품. ② 사물 따위에서 느껴지는 품위. |
| **분신**<br>나눌 分 \| 몸 身 | 하나의 주체에서 갈라져 나온 것.<br>예 그 친구는 내 <u>분신</u>과 같은 존재였다. | ➕ **분신(焚身):** 자기 몸을 스스로 불사름. |
| **선친**<br>먼저 先 \| 친할 親 | 남에게 돌아가신 자기 아버지를 이르는 말.<br>예 제 <u>선친</u>께서는 생전에 타인을 먼저 배려하라고 하셨습니다. | 🔄 **선비(先妣):** 남에게 돌아가신 자기 어머니를 이르는 말. |
| **세파**<br>세상 世 \| 물결 波 | 모질고 거센 세상의 어려움.<br>예 그는 온갖 <u>세파</u>를 다 겪고 나서야 삶의 안정을 얻었다. | |
| **완곡하다**<br>순할 婉 \| 굽을 曲 | 말하는 투가, 듣는 사람의 감정이 상하지 않도록 모나지 않고 부드럽다.<br>예 사정이 여의치 않아 그의 부탁을 <u>완곡하게</u> 거절했다. | ➕ **모나다:** 말이나 짓 따위가 둥글지 못하고 까다롭다.<br>➕ **완곡(緩曲)하다:** 느릿느릿하면서도 정성스럽다. |
| **일괄**<br>하나 一 \| 묶을 括 | 개별적인 여러 가지 것을 한데 묶음.<br>예 학교 축제와 관련된 협상이 <u>일괄</u> 타결됐다. | |
| **절감**<br>마디 節 \| 덜 減 | 아끼어 줄임.<br>예 기업들은 원가 <u>절감</u>을 위해 자동 설비를 도입했다. | ⭐ **2015 수능** 정부가 직접 공공 서비스를 제공할 때보다 서비스의 생산 비용이 <u>절감</u>될 수 있다. |
| **편협**<br>치우칠 偏 \| 좁을 狹 | 한쪽으로 치우쳐 도량이 좁고 너그럽지 못함.<br>예 큰일을 하려면 사고의 <u>편협</u>에서 벗어나야 한다. | ➕ **도량(度量):** 사물을 너그럽게 용납하여 처리할 수 있는 넓은 마음과 깊은 생각. |
| **회의론**<br>품을 懷 \| 의심할 疑 \| 논의할 論 | 인간의 인식은 주관적·상대적이라고 보아서 진리의 절대성을 의심하고 궁극적인 판단을 하지 않으려는 태도.<br>예 지방 자치 단체들이 세금을 확보하지 못해 중앙 정부의 도움을 받으면서 지방 자치 제도에 대한 <u>회의론</u>이 제기되었다. | 📘 **더 알기** '회의론'의 '-론'은 '주장' 또는 '이론'의 뜻을 더하는 접미사이다.<br>예 방법론 \| 운명론 \| 유물론 |

| 예사소리 | 발음 기관의 긴장도가 낮아 숨이 약하게 터지는 소리.<br>예 'ㄱ, ㄷ, ㅂ, ㅅ, ㅈ'은 예사소리이다. | 더알기 파열음, 마찰음, 파찰음은 '소리의 세기'에 따라 예사소리, 된소리, 거센소리로 나눌 수 있는데, 'ㅎ'은 소리의 세기를 구분할 수 없다. |
| --- | --- | --- |
| 된소리 | 성대 근육이 긴장하면서 숨이 거의 없이 나오는 소리.<br>예 'ㄲ, ㄸ, ㅃ, ㅆ, ㅉ'은 된소리이다. | 더알기 된소리는 예사소리에 비해 더 강하고 단단한 느낌을 준다. |
| 거센소리 | 숨이 거세게 나오는 소리.<br>예 'ㅊ, ㅋ, ㅌ, ㅍ'은 거센소리이다. | 더알기 거센소리는 된소리보다 더 크고 거친 느낌을 준다. |

■ 한자 성어 | 관용구 | 속담  '오만함, 무모함'과 관련이 있는 한자 성어

| 기고만장<br>기운 氣 | 높을 高 | 일만 萬 | 어른 丈 | 일이 뜻대로 잘될 때, 우쭐하여 뽐내는 기세가 대단함.<br>예 형은 도대체 뭘 믿고 저렇게 기고만장일까? | |
| --- | --- | --- |
| 당랑거철<br>사마귀 螳 | 사마귀 螂 | 막을 拒 | 바퀴 자국 轍 | 제 역량을 생각하지 않고, 강한 상대나 되지 않을 일에 덤벼드는 무모한 행동거지를 비유적으로 이르는 말.<br>예 당랑거철도 유분수지, 그런 일에 섣불리 덤벼드는 것은 무모한 행동이야. | 더알기 중국 제나라 장공이 사냥을 나가는데 사마귀가 앞발을 들고 수레바퀴를 멈추려 했다는 데서 유래한다. |
| 득의양양<br>얻을 得 | 뜻 意 | 오를 揚 | 오를 揚 | 뜻한 바를 이루어 우쭐거리며 뽐냄.<br>예 학급 회장으로 뽑힌 친구는 득의양양한 모습으로 당선 소감을 발표했다. | |
| 안하무인<br>눈 眼 | 아래 下 | 없을 無 | 사람 人 | 눈 아래에 사람이 없다는 뜻으로, 방자하고 교만하여 다른 사람을 업신여김을 이르는 말.<br>예 그는 돈을 많이 벌더니 안하무인으로 행동했다. | |
| 오만불손<br>거만할 傲 | 거만할 慢 | 아닐 不 | 겸손할 遜 | 태도나 행동이 거만하고 공손하지 못함.<br>예 예의를 중요하게 생각하는 형은 동생의 오만불손을 용서하지 않았다. | |

**01~05** 다음 문장에 어울리는 어휘를 고르시오.

**01** 그는 내 생각이 너무 ( 편승 | 편협 )하다고 비판했다.

**02** 주말에는 수련회에 필요한 준비물을 ( 개괄 | 일괄 )하여 구입하기로 했다.

**03** 교관은 훈련병에게 총은 군인의 ( 분신 | 처신 )과도 같은 것이라고 설명했다.

**04** 에어컨 사용으로 전력 수요가 늘자 정부는 긴급하게 에너지 ( 마감 | 절감 ) 대책을 마련했다.

**05** 그는 온갖 ( 세월 | 세파 )에 흔들리면서도 꿈을 이룰 수 있다는 희망을 포기하지 않았다.

**06~09** 사다리타기를 하여 빈칸에 들어갈 어휘의 뜻을 〈보기〉에서 찾아 번호를 쓰시오.

보기
① 사람의 품격과 취향.
② 남에게 돌아가신 자기 아버지를 이르는 말.
③ 말하는 투가, 듣는 사람의 감정이 상하지 않도록 모나지 않고 부드럽다.
④ 인간의 인식은 주관적·상대적이라고 보아서 진리의 절대성을 의심하고 궁극적인 판단을 하지 않으려는 태도.

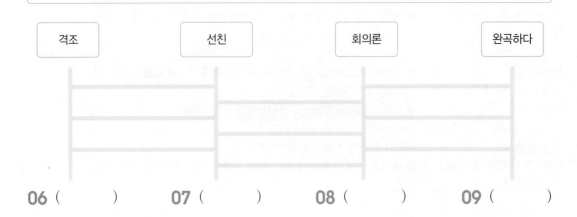

격조          선친          회의론          완곡하다

06 (        )      07 (        )      08 (        )      09 (        )

**10~14** 제시된 초성을 참고하여 빈칸에 들어갈 한자 성어를 쓰시오.

10 그는 사업이 뜻대로 잘 풀리자 아주 ㄱ ㄱ ㅁ ㅈ 해졌다. _____

11 학생이 마을 어르신께 ㅇ ㅁ ㅂ ㅅ 한 태도를 보이자 선생님은 학생을 엄하게 꾸짖으셨다.

_____

12 김 서방은 하루아침에 큰 부자가 되자 누구 앞에서나 거드름을 피우며 ㅇ ㅎ ㅁ ㅇ 격으로 행동했다.

_____

13 그는 오랜 세월 꿈꾸던 노벨 문학상을 받게 되자 ㄷ ㅇ ㅇ ㅇ 한 모습으로 당당하게 수상 소감을 발표했다. _____

14 아무리 기량이 향상됐다고 해도 이제 신인에 불과한 그가 겁 없이 세계 챔피언에게 도전하는 것은 ㄷ ㄹ ㄱ ㅊ 같은 일이다. _____

✔ **개념 확인**

**15~17** 빈칸에 들어갈 개념을 쓰시오.

15 ☐ ☐ ☐ : 'ㄲ, ㄸ, ㅃ, ㅆ, ㅉ'과 같이 성대 근육이 긴장하면서 숨이 거의 없이 나오는 소리.

16 ☐ ☐ ☐ ☐ : 'ㅊ, ㅋ, ㅌ, ㅍ'과 같이 숨이 거세게 나오는 소리.

17 ☐ ☐ ☐ ☐ : 'ㄱ, ㄷ, ㅂ, ㅅ, ㅈ'과 같이 발음 기관의 긴장도가 낮아 숨이 약하게 터지는 소리.

| ◎ 맞힌 개수 | (        ) / 17문항 |
| --- | --- |
| ☑ 복습할 어휘 | |

## 필수 어휘

| | | |
|---|---|---|
| **면책**<br>면할 免 \| 꾸짖을 責 | **책임이나 책망을 면함.**<br>예 이번 사건의 책임자는 <u>면책</u>이 불가능하다. | ⊕ 책망(責望): 잘못을 꾸짖거나 나무라며 못마땅하게 여김. |
| **번복**<br>뒤집힐 翻 \| 엎어질 覆 | **진술이나 주장, 입장 따위를 이리저리 고쳐 뒤집음.**<br>예 그녀의 은퇴 <u>번복</u>으로 연예계가 떠들썩하다. | |
| **불미스럽다**<br>아닐 不 \| 아름다울 美 | **아름답지 못하고 추잡한 데가 있다.**<br>예 그는 <u>불미스러운</u> 사건이 일어난 것에 대해 사과했다. | 더알기 '불미스럽다'의 '-스럽다'는 '그러한 성질이 있음'의 뜻을 더하고 형용사를 만드는 접미사이다.<br>예 복스럽다 \| 걱정스럽다 \| 자랑스럽다 |
| **상책**<br>위 上 \| 꾀 策 | **가장 좋은 대책이나 방책.**<br>예 그는 어려운 일은 처음부터 피해 가는 게 <u>상책</u>이라고 생각했다. | ⊕ 방책(方策): 방법과 꾀를 아울러 이르는 말.<br>⊕ 상계(上計): 일을 풀어 나가는 데 제일 좋은 방법. |
| **조예**<br>지을 造 \| 이를 詣 | **학문이나 예술, 기술 따위의 분야에 대한 지식이나 경험이 깊은 경지에 이른 정도.**<br>예 그는 고전 문학에 <u>조예</u>가 깊다. | |
| **참담**<br>참혹할 慘 \| 참담할 憺 | **끔찍하고 절망적임.**<br>예 전쟁 당시의 <u>참담</u>과 공포는 겪어 본 사람만이 안다. | |
| **축적**<br>쌓을 蓄 \| 쌓을 積 | **지식, 경험, 자금 따위를 모아서 쌓음. 또는 모아서 쌓은 것.**<br>예 그는 부의 <u>축적</u>을 위해 열심히 일했다. | ★ 2015 수능 체내 단백질 분해를 통해 오래되거나 손상된 단백질이 <u>축적</u>되는 것을 막을 수 있다. |
| **판국**<br> | **일이 벌어진 사태의 형편이나 국면.**<br>예 도대체 어떻게 되어 가는 <u>판국</u>인지 알 수가 없다. | ⊕ 국면(局面): 어떤 일이 벌어진 장면이나 형편 |
| **포착**<br>사로잡을 捕 \| 잡을 捉 | **「1」 꼭 붙잡음.**<br>예 인물 사진을 찍을 때에는 자연스러운 표정의 <u>포착</u>이 중요하다.<br>**「2」 어떤 기회나 정세를 알아차림.**<br>예 이 레이더의 성능으로는 적군 비행기의 <u>포착</u>이 불가능하다. | ★ 2019 수능 주변을 관찰하여 일상의 변화를 <u>포착</u>한다. |

## 필수 개념 문법

| 원순 모음<br>둥글 圓 \| 입술 脣 \| 어머니 母<br>\| 소리 音 | 입술을 둥글게 오므려 발음하는 모음.<br>예 'ㅗ, ㅚ, ㅜ, ㅟ'는 원순 모음이다. | 더알기 단모음은 '입술 모양'에<br>따라 원순 모음과 평순 모음으<br>로 나눌 수 있다. |
|---|---|---|
| 평순 모음<br>평평할 平 \| 입술 脣 \| 어머니<br>母 \| 소리 音 | 입술을 둥글게 오므리지 않고 발음하는 모음.<br>예 'ㅏ, ㅐ, ㅓ, ㅔ, ㅡ, ㅣ'는 평순 모음이다. | |
| 전설 모음<br>앞 前 \| 혀 舌 \| 어머니 母 \| 소<br>리 音 | 입천장의 중간점을 기준으로 혀의 최고점이 앞쪽에 있을 때 발음되<br>는 모음.<br>예 'ㅐ, ㅔ, ㅚ, ㅟ, ㅣ'는 전설 모음이다. | 더알기 단모음은 '혀의 최고점<br>의 위치'에 따라 전설 모음과 후<br>설 모음으로 나눌 수 있다. |
| 후설 모음<br>뒤 後 \| 혀 舌 \| 어머니 母 \| 소<br>리 音 | 입천장의 중간점을 기준으로 혀의 최고점이 뒤쪽에 있을 때 발음되<br>는 모음.<br>예 'ㅏ, ㅓ, ㅗ, ㅜ, ㅡ'는 후설 모음이다. | 더알기 단모음은 '혀의 높이'에<br>따라 고모음(ㅜ, ㅟ, ㅡ, ㅣ), 중모<br>음(ㅓ, ㅔ, ㅗ, ㅚ), 저모음(ㅏ, ㅐ)<br>으로 나눌 수 있다. |

## 한자 성어 | 관용구 | 속담   '동물'과 관련이 있는 속담

| 까마귀 날자 배 떨어<br>진다 | 아무 관계없이 한 일이 공교롭게도 때가 같아 어떤 관계가 있는 것<br>처럼 의심을 받게 됨을 비유적으로 이르는 말.<br>예 까마귀 날자 배 떨어진다더니, 내 손이 스치고 나서 장난감이 부<br>서졌다. | |
|---|---|---|
| 마파람에 게 눈 감추<br>듯 | 음식을 매우 빨리 먹어 버리는 모습을 비유적으로 이르는 말.<br>예 그는 음식이 나오자 마파람에 게 눈 감추듯 먹기 시작했다. | 더알기 남쪽에서 불어오는 바<br>람인 '마파람'은 대개 비를 몰고<br>오는데, 마파람이 불면 게가 겁<br>을 먹고 급히 눈을 감는다고 하<br>는 데서 나온 말이다. |
| 물독에 빠진 생쥐 같<br>다 | 물독에 빠진 생쥐처럼 사람의 옷차림이 흠뻑 젖어 초라하게 된 모양<br>을 비유적으로 이르는 말.<br>예 소나기를 맞은 친구는 물독에 빠진 생쥐 같았다. | |
| 지렁이도 밟으면 꿈틀<br>한다 | 아무리 보잘것없는 사람이나 순하고 좋은 사람이라도 너무 업신여기<br>면 가만있지 않는다는 말.<br>예 지렁이도 밟으면 꿈틀한다고, 그 사람을 함부로 대하다가는 언<br>젠가 톡톡히 망신을 당할 거야. | |

## 01~05 빈칸에 들어갈 어휘를 〈보기〉의 글자를 조합하여 쓰시오.

보기

| 축 | 판 | 번 | 상 | 포 |
|---|---|---|---|---|
| 착 | 국 | 책 | 복 | 적 |

**01** 비디오 판독 결과가 나오자 심판은 판정을 ( )했다.

**02** 용돈을 모으기 위해서는 한푼이라도 절약하는 것이 ( )이다.

**03** 철이 없는 동생은 이 어려운 ( )에 여행 계획을 세우고 있었다.

**04** 떠들던 학생들은 선생님의 화난 기운이 ( )되자 갑자기 조용해졌다.

**05** 문자의 발명으로 인류는 지식을 ( )하고 이를 후대에 전승할 수 있게 되었다.

## 06~09 다음 상황과 의미가 통하는 속담을 〈보기〉에서 찾아 번호를 쓰시오.

보기

① 까마귀 날자 배 떨어진다   ② 마파람에 게 눈 감추듯
③ 물독에 빠진 생쥐 같다   ④ 지렁이도 밟으면 꿈틀한다

**06** 철수는 우산이 없어서 비를 흠뻑 맞고 돌아왔다.   ( )

**07** 늘 괴롭힘을 당하던 친구가 하루는 몹시 화를 내었다.   ( )

**08** 군대에서 휴가 나온 아들이 며칠 굶은 사람처럼 밥을 허겁지겁 먹었다.   ( )

**09** 시험 시간에 벽시계를 보려고 고개를 들었는데 선생님과 눈이 마주쳐서 부정행위를 한 것으로 오해를 받았다.   ( )

**10~13** 다음 뜻에 해당하는 어휘를 찾아 바르게 연결하시오.

10 끔찍하고 절망적임.                                                    •                              • ㉠ 면책

11 책임이나 책망을 면함.                                                •                              • ㉡ 조예

12 아름답지 못하고 추잡한 데가 있다.                              •                              • ㉢ 참담

13 학문이나 예술, 기술 따위의 분야에 대한 지식이나 경험
   이 깊은 경지에 이른 정도.                                          •                              • ㉣ 불미스럽다


✅ 개념 확인

**14~17** 다음 설명에 해당하는 모음의 종류를 〈보기〉에서 찾아 쓰시오.

〈보기〉

| 원순 모음 | 전설 모음 | 평순 모음 | 후설 모음 |

14 'ㅗ, ㅚ, ㅜ, ㅟ'와 같이 입술을 둥글게 오므려 발음하는 모음.  _____

15 'ㅏ, ㅐ, ㅓ, ㅔ, ㅡ, ㅣ'와 같이 입술을 둥글게 오므리지 않고 발음하는 모음.  _____

16 'ㅏ, ㅓ, ㅗ, ㅜ, ㅡ'와 같이 입천장의 중간점을 기준으로 혀의 최고점이 뒤쪽에 있을 때 발음되는 모음.

_____

17 'ㅐ, ㅔ, ㅚ, ㅟ, ㅣ'와 같이 입천장의 중간점을 기준으로 혀의 최고점이 앞쪽에 있을 때 발음되는 모음.

_____

| 🔍 맞힌 개수 | (         ) / 17문항 |
| --- | --- |
| ☑ 복습할 어휘 | |

## 📕 필수 어휘

| | |
|---|---|
| **고갈**<br>마를 枯 | 목마를 渴 | 어떤 일의 바탕이 되는 돈이나 물자, 소재, 인력 따위가 다하여 없어<br>짐.<br>예 에너지의 무분별한 사용은 자원 고갈을 앞당긴다. |

| | |
|---|---|
| **굉음**<br>떠들썩할 轟 | 소리 音 | 몹시 요란하게 울리는 소리.<br>예 비행기가 굉음을 내며 허공으로 날아올랐다. |

**궁극적**
다할 窮 | 지극할 極 | 과녁 的

더할 나위 없는 지경에 도달하는. 또는 그런 것.
예 이 여행의 궁극적 목적은 지친 몸과 마음을 치유하는 것이다.

➕ **도달(到達)**: 목적한 곳이나 수준에 다다름.

**우호적**
벗 友 | 좋을 好 | 과녁 的

개인끼리나 나라끼리 서로 사이가 좋은. 또는 그런 것.
예 두 사람은 서로 우호적인 관계를 유지하고 있다.

**인지**
알 認 | 알 知

어떤 사실을 인정하여 앎.
예 그는 사고 상황의 인지 후 가장 먼저 위급한 환자를 찾았다.

**전유물**
오로지 專 | 있을 有 | 물건 物

혼자 독차지하여 가지는 물건.
예 자동차가 부유층의 전유물이라고 여겨지던 때가 있었다.

📘 **더알기** '전유물'의 '-물'은 '물건' 또는 '물질'의 뜻을 더하는 접미사이다.
예 농산물 | 불순물 | 화합물
🔄 **공유물(共有物)**: 두 사람 이상이 공동으로 소유하는 물건.

**제어**
억제할 制 | 거느릴 御

기계나 설비 또는 화학 반응 따위가 목적에 알맞은 작용을 하도록
조절함.
예 자동차가 갑자기 제어가 되지 않는다.

➕ **제동(制動)**: 기계나 자동차 따위의 운동을 멈추게 함.

**창시자**
비롯할 創 | 비로소 始 | 사람 者

어떤 사상이나 학설 따위를 처음으로 시작하거나 내세운 사람.
예 그는 주체적인 국어 연구의 창시자라 할 수 있다.

📘 **더알기** '창시자'의 '-자'는 '사람'의 뜻을 더하는 접미사이다.
예 과학자 | 기술자 | 연기자

**현존**
나타날 現 | 있을 存

「1」 현재 살아 있음.
예 그는 현존 작가 중에서 가장 독창적인 화풍을 지녔다.
「2」 현재에 있음.
예 그의 그림은 현존 작품 중에서 가장 좋은 평가를 받았다.

🔵 **실존(實存)**: 실제로 존재함. 또는 그런 존재.

## 📖 필수 개념 문법

**문장 성분**
글월 文 | 글 章 | 이룰 成 | 나눌 分

문장 안에서 일정한 문법적 기능을 하는 부분.
예 문장 성분은 문장 안에서의 역할에 따라 주성분, 부속 성분, 독립 성분으로 나뉜다.

---

**주성분**
주인 主 | 이룰 成 | 나눌 分

문장의 골격을 이루는 필수적인 성분.

> **문장의 주성분**
> - **주어** 서술어가 나타내는 동작이나 상태의 주체가 되는 말.
> - **서술어** 한 문장에서 주어의 움직임, 상태, 성질 따위를 서술하는 말.
> - **목적어** 타동사가 쓰인 문장에서 동작의 대상이 되는 말.
> - **보어** 서술어 '되다', '아니다' 앞에서 내용을 보충해 주는 말.
>   예 나는 노래를 불렀다. / 물이 얼음이 되었다.
>   　　주어　목적어　서술어　　주어　보어　서술어

> **더알기** 주어는 문장에서 '누가, 무엇이'에 해당하고, 서술어는 '어찌하다, 어떠하다, 무엇이다'에 해당한다. 목적어는 '누구를, 무엇을'에 해당하고, 보어는 '되다'나 '아니다' 앞에 오는 '무엇이'에 해당한다.

---

**부속 성분**
붙을 附 | 무리 屬 | 이룰 成 | 나눌 分

주성분의 내용을 꾸며 뜻을 더하여 주는 문장 성분.

> **문장의 부속 성분**
> - **관형어** 체언(명사, 대명사, 수사)을 꾸며 주는 말.
> - **부사어** 주로 용언(동사, 형용사)을 꾸며 주는 말.
>   예 나는 맛있는 사과를 많이 먹었다.
>   　　　　　관형어　　　　　부사어

> **더알기** 부사어는 주로 용언을 꾸미지만 다른 관형어나 부사어, 문장 전체를 꾸며 주는 역할도 한다.

---

**독립 성분**
홀로 獨 | 설 立 | 이룰 成 | 나눌 分

문장의 주성분이나 부속 성분과 직접적인 관련을 맺지 않고 따로 떨어져 있는 성분.

> **문장의 독립 성분**
> - **독립어** 문장의 어느 성분과도 직접적인 관련 없이 쓰이는 말.
>   예 '아, 닭이 밝다.' / '철수야, 학교 가자.' / '네, 맞아요.'
>   　 독립어　　　　　독립어　　　　　독립어

> **더알기** 문장에서 놀람, 부름, 대답 등을 나타내는 말이 독립어에 해당한다.

---

## 📖 한자 성어 | 관용구 | 속담  '변화'와 관련이 있는 한자 성어

**격세지감**
사이가 뜰 隔 | 세상 世 | 어조사 之 | 느낄 感

오래지 않은 동안에 몰라보게 변하여 아주 다른 세상이 된 것 같은 느낌.
예 그 나라는 격세지감을 느낄 만큼 발전하였다.

---

**백년하청**
일백 百 | 해 年 | 강물 河 | 맑을 淸

중국의 황허강(黃河江)이 늘 흐려 맑을 때가 없다는 뜻으로, 아무리 오랜 시일이 지나도 어떤 일이 이루어지기 어려움을 이르는 말.
예 음치인 그가 가수가 되는 것은 백년하청일 수밖에 없다.

> **더알기** '황허강'은 중국에서 두 번째로 큰 강으로 황토와 뒤섞인 누런 강물로 이루어져 있다.

---

**상전벽해**
뽕나무 桑 | 밭 田 | 푸를 碧 | 바다 海

뽕나무밭이 변하여 푸른 바다가 된다는 뜻으로, 세상일의 변천이 심함을 이르는 말.
예 십 년 만에 돌아온 고향은 상전벽해라는 말처럼 큰 변화가 있었다.

> **더알기** '변천(變遷)'은 세월의 흐름에 따라 바뀌고 변한다는 의미이다.

---

**조변석개**
아침 朝 | 변할 變 | 저녁 夕 | 고칠 改

아침저녁으로 뜯어고친다는 뜻으로, 계획이나 결정 따위를 일관성이 없이 자주 고침을 이르는 말.
예 그는 기분에 따라 조변석개를 일삼았다.

**01~05** 빈칸에 들어갈 어휘를 〈보기〉에서 찾아 쓰시오.

> 보기
> 고갈    굉음    인지    제어    현존

**01** 벌목과 화재로 산림 자원이 점차 ☐☐되고 있다.

**02** 천지를 뒤흔드는 ☐☐ 때문에 모두들 깜짝 놀랐다.

**03** 그분은 ☐☐하는 독립운동가 중에서 가장 연세가 많으시다.

**04** 현대의 첨단 설비들은 컴퓨터에 의해 ☐☐되고 조종된다.

**05** 그는 로봇의 실용화가 머지않았다는 사실을 ☐☐하고 있었다.

**06~09** 제시된 초성을 참고하여 빈칸에 들어갈 한자 성어를 쓰시오.

**06** 이 도시는 지난 십 년 사이에 ㅅㅈㅂㅎ 라는 말을 실감할 정도로 크게 변화했다.

_____

**07** 예산이 부족하다고 그 일을 계속 미루기만 한다면 그 일은 ㅂㄴㅎㅊ 이 될 수밖에 없다.

_____

**08** 중간고사를 앞두고 시험공부 계획을 쉬는 시간마다 바꿔 짜다니 ㅈㅂㅅㄱ 도 이만저만이 아니다.

_____

**09** 할아버지께서는 웃어른에게 거리낌없이 자기주장을 하는 젊은이들을 보며 ㄱㅅㅈㄱ 을 느낀다고 하셨다.

_____

**10~13** 다음 뜻에 해당하는 어휘를 찾아 바르게 연결하시오.

10  혼자 독차지하여 가지는 물건.                                    •                    • ㉠ 궁극적

11  더할 나위 없는 지경에 도달하는. 또는 그런 것.              •                    • ㉡ 우호적

12  개인끼리나 나라끼리 서로 사이가 좋은. 또는 그런 것.      •                    • ㉢ 전유물

13  어떤 사상이나 학설 따위를 처음으로 시작하거나 내세운 사람. •          • ㉣ 창시자

✅ 개념 확인
**14~17** 빈칸에 들어갈 어휘를 쓰시오.

14  문장 성분은 문장 안에서 일정한 [    ] 기능을 하는 부분으로 문장 안에서의 역할에 따라 나눌 수 있다.

15  문장의 주성분은 문장의 골격을 이루는 [    ]인 성분으로 주어, 서술어, 목적어, 보어가 있다.

16  부속 성분은 주성분의 내용을 꾸며 뜻을 더하여 주는 문장 성분으로 [    ], [    ]가 있다.

17  독립 성분은 문장의 주성분이나 부속 성분과 직접적인 관련을 맺지 않고 따로 떨어져 있는 성분으로 [    ]가 있다.

| ▣ 맞힌 개수 | (          ) / 17문항 |
|---|---|
| ☑ 복습할 어휘 | |

## 필수 어휘

**간행**
책 펴낼 刊 | 행할 行

**책 따위를 인쇄하여 발행함.**
예 그는 첫 시집 간행을 눈앞에 두고 있다.

🆠 출판(出版): 서적이나 회화 따위를 인쇄하여 세상에 내놓음.

---

**다반사**
차 茶 | 밥 飯 | 일 事

차를 마시고 밥을 먹는 일이라는 뜻으로, **보통 있는 예사로운 일을 이르는 말.**
예 영철이는 시험 직전에야 벼락치기로 공부하는 게 다반사였다.

---

**대등**
대할 對 | 같을 等

**서로 견주어 높고 낮음이나 낫고 못함이 없이 비슷함.**
예 모든 인간관계는 대등의 관계여야 한다.

🆠 대동소이(大同小異): 큰 차이 없이 거의 같음.

---

**방관**
곁 傍 | 볼 觀

**어떤 일에 직접 나서서 관여하지 않고 곁에서 보기만 함.**
예 책임자가 방관만 하고 있으므로 문제는 해결될 기미가 보이지 않았다.

🆠 방치(放置): 내버려 둠.

---

**불가결**
아닐 不 | 옳을 可 | 이지러질 缺

**없어서는 아니 됨.**
예 물은 모든 생명체에게 필수 불가결의 요소이다.

[더알기] '불가결'의 '불-'은 '아님, 아니함, 어긋남'의 뜻을 더하는 접두사이다.
예 불가능 | 불경기 | 불공정

---

**심취**
마음 心 | 취할 醉

**어떤 일이나 사람에 깊이 빠져 마음을 빼앗김.**
예 중학교 시절 음악에의 심취는 내 진로를 바꾸었다.

---

**인위적**
사람 人 | 할 爲 | 과녁 的

자연의 힘이 아닌 **사람의 힘으로 이루어지는. 또는 그런 것.**
예 산 너머 저쪽에는 인위적으로 만들어진 호수가 있다.

🆫 자연적(自然的): 사람의 손길이 가지 아니한 자연 그대로의 모습을 지닌. 또는 그런 것.

---

**종속적**
좇을 從 | 무리 屬 | 과녁 的

**어떤 것에 딸려 붙어 있는. 또는 그런 것.**
예 봉건 시대에는 임금과 신하가 종속적인 관계에 있었다.

🆠 예속적(隸屬的): 남의 지배나 지휘 아래 매인. 또는 그런 것.

---

**함의**
머금을 含 | 뜻 意

**말이나 글 속에 어떠한 뜻이 들어 있음. 또는 그 뜻.**
예 시를 잘 이해하려면 시어에 담긴 함의를 잘 파악해야 한다.

## ▌필수 개념 문법

**홀문장**

주어와 서술어의 관계가 한 번만 나타나는 문장.

예 꽃이 매우 예쁘다.
　　주어　　　서술어

**겹문장**

주어와 서술어의 관계가 두 번 이상 나타나는 문장.

| 겹문장의 종류 | |
| --- | --- |
| 이어진문장 | 둘 이상의 홀문장이 '-고, -(으)며, -지만, -(아/어)서, -(으)면, -(으)려고' 등과 같은 연결 어미를 통해 나란히 이어진 문장.<br>예 비가 오고, 바람이 분다. (대등하게 이어진 문장)<br>　　봄이 오면 꽃이 핀다. (종속적으로 이어진 문장) |
| 안은문장 | 홀문장을 하나의 문장 성분처럼 안고 있는 문장.<br>예 나는 할머니께서 돌아가셨다는 소식을 들었다.<br>　　　　　　　　관형절 |

**더알기** 안은문장에서 다른 문장 속에 들어가 하나의 문장 성분처럼 쓰이는 홀문장을 '안긴문장'이라고 한다. 안긴문장은 문장에서 어떤 역할을 하는지에 따라 명사절, 관형절, 부사절, 서술절, 인용절로 나뉜다.

## ▌한자 성어 | 관용구 | 속담 　'신체'와 관련이 있는 관용구

**피가 뜨겁다**

의지나 의욕 따위가 매우 강하다.

예 그는 피가 뜨거운 사람이라 모든 일에 적극적이다.

**피가 마르다**

몹시 괴롭거나 애가 타다.

예 남편은 피가 마르는 심정으로 아내의 수술이 무사히 끝나기를 기다리고 있었다.

**더알기** '애'는 초조한 마음속을 의미하는 말이다.

**피땀을 흘리다**

온갖 힘과 정성을 쏟아 노력하다.

예 그는 가수가 되기 위해 피땀을 흘리며 밤낮으로 연습했다.

**피도 눈물도 없다**

조금도 인정이 없다.

예 그는 도움을 청하는 사람들에게 피도 눈물도 없이 차갑고 모질게 대했다.

**핏대를 세우다**

목의 핏대에 피가 몰려 얼굴이 붉어지도록 화를 내거나 흥분하다.

예 동생은 형이 놀리자 화를 참지 못하고 핏대를 세우며 형에게 대들기 시작했다.

**혈안이 되다**

어떠한 일에 광분하다.

예 나는 나비를 잡는 일에 혈안이 되어 있었다.

**더알기** '혈안(血眼)'은 붉게 충혈된 눈, 기를 쓰며 달려들어 독이 오른 눈을 의미한다.

01~05  빈칸에 들어갈 어휘를 쓰시오.

> 보기
>
> 간행    대등    방관    심취    함의

**01**  철수는 어머니의 말 속에 담긴 ☐☐를 좀처럼 이해하지 못했다.

**02**  오래전 등단한 작가 박 씨는 무려 십 년 만에 첫 번째 소설집을 ☐☐했다.

**03**  그는 이번 사건에는 직접 개입하지 않고 곁에서 ☐☐하는 자세로 지켜보고만 있었다.

**04**  영수는 자신이 좋아하는 분야에 ☐☐하면 다른 일은 전혀 신경 쓰지 못하는 성향이다.

**05**  제자는 무예를 열심히 갈고 닦은 덕분에 스승과 ☐☐하게 겨룰 정도의 실력을 갖추게 되었다.

06~09  다음 뜻에 해당하는 어휘를 〈보기〉에서 찾아 쓰시오.

> 보기
>
> 다반사    불가결    인위적    종속적

**06**  없어서는 아니 됨.                                                    _____

**07**  어떤 것에 딸려 붙어 있는. 또는 그런 것.                              _____

**08**  자연의 힘이 아닌 사람의 힘으로 이루어지는. 또는 그런 것.            _____

**09**  차를 마시고 밥을 먹는 일이라는 뜻으로, 보통 있는 예사로운 일을 이르는 말.  _____

**10~15** 빈칸에 들어갈 관용구를 〈보기〉에서 찾아 문맥에 맞게 쓰시오.

〈보기〉

| | | |
|---|---|---|
| 피가 뜨겁다 | 피가 마르다 | 피땀을 흘리다 |
| 피도 눈물도 없다 | 핏대를 세우다 | 혈안이 되다 |

**10** 그는 사정이 딱한 친구를 보고도 (               ) 매몰차게 굴었다.

**11** 그는 평생 (           ) 모은 재산을 선뜻 장학금으로 내놓았다.

**12** 그녀는 어떤 일을 맡겨도 해낼 수 있는 (            ) 사람이었다.

**13** 감독은 심판의 부당한 판정에 대해 (           ) 거세게 항의했다.

**14** 그는 범인을 쫓는 것에 (            ) 정작 중요한 증거물을 놓치고 말았다.

**15** 나는 터무니없는 거짓말을 한 후로 그것이 탄로 날까 봐 (          ) 지경이었다.

✅ **개념 확인**

**16~17** 다음 개념의 뜻을 쓰고, 〈보기〉의 문장을 홑문장과 겹문장으로 구분하시오.

〈보기〉

① 나는 학교에 갔다.
② 동생이 야구를 좋아한다.
③ 우리는 인간이 평등하다고 믿는다.
④ 나는 중학생이고, 형은 고등학생이다.

**16** 홑문장: _____

**17** 겹문장: _____

| ☑ 맞힌 개수 | (        ) / 17문항 |
|---|---|
| ☑ 복습할 어휘 | |

**01** 밑줄 친 어휘의 쓰임이 적절하지 <u>않은</u> 것은?

① 그녀의 옷차림과 언행은 언제나 <u>격조</u> 있어 보였다.

② 큰 잘못을 저질러 놓고 <u>상책</u>을 바라는 것은 지나치게 뻔뻔한 일이다.

③ 젊은 시절 서비스업에 종사했던 경험은 사람 보는 <u>안목</u>을 길러 주었다.

④ 그가 사태를 <u>인지</u>했을 때는 이미 수습하기 어려운 상황에 이르고 만 후였다.

⑤ 그는 학식이 풍부했으나 말투가 <u>경박</u>해 주변 사람들에게 신뢰를 주지 못했다.

**02** 다음 글을 읽고 문맥상 어울리는 어휘를 고르시오.

> 어머니는 결혼한 지 얼마 지나지 않아 아버지와 사별하시고 온갖 ( 세파 | 세태 )를 다 겪으며 자식들을 키우셨다. 험난한 삶의 와중에도 살림을 살뜰하게 잘하셨을 뿐만 아니라 항상 책을 가까이 두고 지내셔서 문학에도 ( 조예 | 기예 )가 깊으셨다. 이러한 모습이 자식들에게 좋은 본보기가 되어 우리는 반듯하게 자랄 수 있었다.

**03** 어휘의 사전적 의미와 그 용례의 연결이 적절하지 <u>않은</u> 것은?

> **모호하다** ⋯⋯⋯⋯⋯⋯⋯⋯⋯⋯⋯⋯⋯⋯⋯⋯⋯⋯⋯⋯⋯⋯⋯⋯⋯⋯⋯⋯⋯⋯⋯⋯⋯⋯⋯⋯⋯ ㉠
> 말이나 태도가 흐리터분하여 분명하지 않다.
> ¶ 그는 안건에 대해 모호한 태도를 보였다.
> **오롯하다** ⋯⋯⋯⋯⋯⋯⋯⋯⋯⋯⋯⋯⋯⋯⋯⋯⋯⋯⋯⋯⋯⋯⋯⋯⋯⋯⋯⋯⋯⋯⋯⋯⋯⋯⋯⋯⋯ ㉡
> 모자람이 없이 온전하다.
> ¶ 내가 청소년기를 무사히 보낼 수 있었던 것은 부모님의 오롯한 사랑 덕분이었다.
> **완곡하다** ⋯⋯⋯⋯⋯⋯⋯⋯⋯⋯⋯⋯⋯⋯⋯⋯⋯⋯⋯⋯⋯⋯⋯⋯⋯⋯⋯⋯⋯⋯⋯⋯⋯⋯⋯⋯⋯ ㉢
> 말하는 투가, 듣는 사람의 감정이 상하지 않도록 모나지 않고 부드럽다.
> ¶ 그는 완곡하고 끈기 있게 자신의 목표를 향해 나아가고 있었다.
> **함양하다** ⋯⋯⋯⋯⋯⋯⋯⋯⋯⋯⋯⋯⋯⋯⋯⋯⋯⋯⋯⋯⋯⋯⋯⋯⋯⋯⋯⋯⋯⋯⋯⋯⋯⋯⋯⋯⋯ ㉣
> 능력이나 품성 따위를 길러 쌓거나 갖추다.
> ¶ 학교는 지식을 배우는 곳이자 친구들과 함께 생활하며 공동체 의식을 함양하는 곳이다.
> **황망하다** ⋯⋯⋯⋯⋯⋯⋯⋯⋯⋯⋯⋯⋯⋯⋯⋯⋯⋯⋯⋯⋯⋯⋯⋯⋯⋯⋯⋯⋯⋯⋯⋯⋯⋯⋯⋯⋯ ㉤
> 마음이 몹시 급하여 당황하고 허둥지둥하는 면이 있다.
> ¶ 그는 선생님의 급작스러운 방문에 황망해하며 어색한 인사를 하였다.

① ㉠          ② ㉡          ③ ㉢          ④ ㉣          ⑤ ㉤

**04** 밑줄 친 관용구의 쓰임이 적절하지 <u>않은</u> 것은?

① 철수는 공동 과제를 전혀 돕지 않는 친구에게 <u>피땀을 흘리며</u> 따지기 시작했다.

② 중학교 때 담임 선생님께서 들려주신 훈화는 어린 나에게 <u>뼈와 살이 되는</u> 교훈을 주었다.

③ 김강민 선수는 프로에 입단한 지 1년 만에 선배들과 <u>어깨를 나란히 하는</u> 선수로 성장했다.

④ 삼촌은 며칠을 굶었는지 집에 오자마자 <u>마파람에 게 눈 감추듯</u> 밥 한 그릇을 뚝딱 먹었다.

⑤ 갑자기 내린 소나기를 흠뻑 맞고 집에 돌아와 거울을 보니 <u>물독에 빠진 생쥐</u>가 따로 없었다.

**05** 〈보기〉의 밑줄 친 어휘와 바꿔 쓰기에 적절한 것은?

> ┌─ 보기 ─┐
>
> 우리는 살면서 작은 욕심만 내려놓아도 삶의 <u>괴로움</u>에서 벗어날 수 있다.

① 입증       ② 번뇌       ③ 편협       ④ 판국       ⑤ 제어

**06** 밑줄 친 한자 성어의 쓰임이 적절하지 <u>않은</u> 것은?

① 그는 변덕이 하도 심해서 계획을 <u>조변석개</u>하는 일이 많다.

② 성품이 겸손하지 못한 그는 권세 높은 자리에 오르더니 <u>안하무인</u>으로 행동했다.

③ 그 소설가는 마감이 임박했기 때문에 <u>주마가편</u>으로 원고를 쓰지 않을 수 없었다.

④ <u>십벌지목</u>의 정신으로 실패를 거듭해도 포기하지 않고 도전하면 목표를 이룰 수 있다.

⑤ 저녁마다 야식을 먹고 바로 잠자리에 들면서 날씬해지기를 바라는 것은 <u>백년하청</u>이다.

**어법+**

**07** 우리말의 자음을 다음과 같이 분류할 때, 그 예가 바르게 연결되지 <u>않은</u> 것은?

> 자음은 소리 나는 위치와 소리 내는 방법에 따라 나눌 수 있다. 먼저 자음을 소리 나는 위치에 따라 나누면 다음과 같다.

| 종류 | 소리 나는 위치 | 예 | |
|---|---|---|---|
| 입술소리 | 두 입술 | ㅁ, ㅂ, ㅃ | ㉠ |
| 잇몸소리 | 윗잇몸과 혀끝 | ㄴ, ㄷ, ㄸ | ㉡ |
| 센입천장소리 | 센입천장과 혓바닥 | ㄹ, ㅅ, ㅆ | ㉢ |
| 여린입천장소리 | 여린입천장과 혀의 뒷 | ㄱ, ㄲ, ㅋ | ㉣ |
| 목청소리 | 목청 | ㅎ | ㉤ |

① ㉠       ② ㉡       ③ ㉢       ④ ㉣       ⑤ ㉤

## 쉼터 만화로 보는 고사성어

### 계록
닭 鷄 | 갈비 肋

닭의 갈비라는 뜻으로, 그다지 큰 쓸모는 없으나 버리기에는 아까운 것을 이르는 말. 중국 삼국 시대에 촉나라의 유비와 위나라의 조조가 한중 지역을 놓고 전쟁을 벌일 때 조조가 마음속으로 진퇴를 놓고 고민하다가 암호를 내려 달라는 부하에게 '계록'이라고 말한 데서 유래한다.

유비와 조조가 한중 땅을 차지하기 위해 싸움을 벌일 때의 일이다.

대체 계록이라는 말이 무슨 뜻인지 아시오?

글쎄요~

그걸 내가 어찌 알겠소.

이때 암호의 의미를 파악한 양수 등장!

계록이라면 닭갈비 아니오? 닭갈비는 먹을 만한 것도 없지만 버리기도 아까운 것이오.

아하! 닭갈비!

한중 지역을 계록으로 여기신 것이니 아마 철수를 결정하실 것이오.

암호 하나로 그런 명령을 알 수 있다고요?

얼마 후, 조조는 양수의 말대로 군대에 철수 명령을 내렸다.

정말 양수 말이 맞았군. 쑥덕쑥덕~

계록의 사례로는 무엇이 있을까?

친구야, 너 새 샤프 산 이후에 이거는 안 쓰던데 내가 쓰면 안 될까?

안 쓰기는 하지만 그래도 가지고 있고 싶은데 어떻게 말하지?

계록
계록

## 📕 필수 어휘

| 각성<br>깨달을 覺 \| 깰 醒 | 깨달아 앎.<br>예 모두의 <u>각성</u> 없이는 공해 문제를 해결할 수 없다. | |
|---|---|---|
| 녹록하다<br>무능한 모양 碌 \| 무능한 모양 碌 | 만만하고 상대하기 쉽다.<br>예 그는 보기와 달리 <u>녹록하지</u> 않은 사람이었다. | 더알기 '녹록하다'는 흔히 뒤에 부정어와 함께 쓰인다. |
| 단서<br>처음 端 \| 실마리 緖 | 어떤 문제를 해결하는 방향으로 이끌어 가는 일의 첫 부분.<br>예 김 형사는 사건을 해결할 <u>단서</u>를 찾기 위해 현장을 샅샅이 조사했다. | ★ 2016 수능 각 수 초장의 전반부에는 계절적 배경을 제시하며 시상의 <u>단서</u>를 드러내야겠군.<br>유 실마리: ① 감겨 있거나 헝클어진 실의 첫머리. ② 일이나 사건을 풀어 나갈 수 있는 첫머리. |
| 동질성<br>같을 同 \| 바탕 質 \| 성질 性 | 사람이나 사물의 바탕이 같은 성질이나 특성.<br>예 두 나라의 문화에서는 <u>동질성</u>을 발견할 수 있다. | 반 이질성(異質性): 서로 바탕이 다른 성질이나 특성. |
| 둔화<br>무딜 鈍 \| 될 化 | 느리고 무디어짐.<br>예 출산율의 저하로 인구 증가율의 <u>둔화</u>가 예상된다. | ⊕ 무디다: ① 칼이나 송곳 따위의 끝이나 날이 날카롭지 못하다. ② 느끼고 깨닫는 힘이나 표현하는 힘이 부족하고 둔하다. |
| 봉쇄<br>봉할 封 \| 쇠사슬 鎖 | 굳게 막아 버리거나 잠금.<br>예 학교 측의 후문 <u>봉쇄</u> 방침 때문에 학생들이 불편을 겪었다. | |
| 재화<br>재물 財 \| 재화 貨 | 사람이 바라는 바를 충족시켜 주는 모든 물건.<br>예 인간의 생활에 필요한 것 중에서 쌀, 옷, 책처럼 만질 수 있는 것을 <u>재화</u>라고 한다. | ★ 2017 수능 보험은 조건의 실현 여부에 따라 받을 수 있는 재화나 서비스가 달라지는 조건부 상품이다. |
| 전락<br>구를 轉 \| 떨어질 落 | 나쁜 상태나 타락한 상태에 빠짐.<br>예 그는 하루아침에 천덕꾸러기로 <u>전락</u>을 했다. | ⊕ 타락(墮落): 올바른 길에서 벗어나 잘못된 길로 빠지는 일. |
| 투영<br>던질 投 \| 그림자 影 | 「1」 물체의 그림자를 어떤 물체 위에 비추는 일. 또는 그 비친 그림자.<br>예 연못은 건물 그림자의 <u>투영</u>으로 검푸른 빛을 띠고 있었다.<br>「2」 어떤 일을 다른 일에 반영하여 나타냄을 비유적으로 이르는 말.<br>예 김 화백의 그림에는 우리 사회의 모습이 온전하게 <u>투영</u>이 되어 있다. | ★ 2018 수능 죽음의 상황을 가정하여, 화자에게 닥친 일상적 현실이 절망적인 상황임을 노래에 <u>투영</u>하여 드러내고 있다.<br>⊕ 반영(反映): ① 빛이 반사하여 비침. ② 다른 것에 영향을 받아 어떤 현상이 나타남. 또는 어떤 현상을 나타냄. |

## 로마자 표기법

우리말을 외국인들이 이해할 수 있는 로마자로 바꿔 표기하는 방식을 규정한 것.

**표기의 기본 원칙**

> 국어의 로마자 표기는 국어의 표준 발음법에 따라 적는 것을 원칙으로 한다.
> 예 '남산'은 음운 변동이 없이 [남산]으로 발음하므로 로마자 표기도 'Namsan'이다. 그러나 '종로'는 음운 변동에 따라 [종노]로 발음하므로 로마자 표기도 'Jongno'가 된다.

**더알기** 로마자로 '팔당'을 'Paldang'으로 적는 것처럼 로마자 표기법에서 된소리되기는 표기에 반영하지 않는다. 또 '부산'을 'Busan'으로 적는 것처럼 고유 명사는 첫 글자를 대문자로 적는다.

## 외래어 표기법

외래어를 한글로 표기하는 방식을 규정한 것.

**표기의 기본 원칙**

> • 외래어는 국어의 현용 24자모만으로 적는다.
> • 외래어의 1음운은 원칙적으로 1기호로 적는다.
> • 받침에는 'ㄱ, ㄴ, ㄹ, ㅁ, ㅂ, ㅅ, ㅇ'만을 쓴다.
> • 파열음 표기에는 된소리를 쓰지 않는 것을 원칙으로 한다.
> • 이미 굳어진 외래어는 관용을 존중하되, 그 범위와 용례는 따로 정한다.

**더알기** 외래어 표기법 기본 원칙에 따라 모음 앞에 오는 'f'는 'ㅍ'으로 적는다. 'film'을 '필름'으로 적는 것처럼 'fighting'은 '화이팅'이 아닌 '파이팅'이라고 적는다.

---

■ 한자 성어 | 관용구 | 속담 '위태로움, 경쟁'과 관련이 있는 한자 성어

### 누란지위
묶을 累 | 알 卵 | 어조사 之 | 위태로울 危

층층이 쌓아 놓은 알의 위태로움이라는 뜻으로, **몹시 아슬아슬한 위기**를 비유적으로 이르는 말.
예 구한말 조선은 나라 안팎으로 <u>누란지위</u>의 처지에 놓여 있었다.

### 명재경각
목숨 命 | 있을 在 | 기울 頃 | 새길 刻

거의 죽게 되어 **곧 숨이 끊어질 지경**에 이름.
예 장군은 적이 쏜 화살을 맞고 명재경각의 상태에 이르렀다.

**더알기** '숨이 끊어지다'는 '죽다'라는 의미를 완곡하게 표현하는 관용구이다.

### 일촉즉발
하나 一 | 닿을 觸 | 곧 卽 | 필 發

한 번 건드리기만 해도 폭발할 것같이 **몹시 위급한 상태.**
예 일촉즉발의 위기 상황을 헤쳐 나가기 위해서는 모두의 지혜를 모아야 한다.

### 백중지간
맏 伯 | 버금 仲 | 어조사 之 | 사이 間

서로 우열을 가리기 힘든 형세.
예 두 선수는 모든 면에서 <u>백중지간</u>이어서 쉽게 승부를 예측하기 어렵다.

**더알기** 형제 중 '백'은 맏이, '중'은 둘째를 말한다. 대개 형제는 외모나 품성이 비슷해서 우열을 가릴 수 없기 때문에 '백중지간'이라고 하였다.

### 용호상박
용 龍 | 범 虎 | 서로 相 | 칠 搏

용과 범이 서로 싸운다는 뜻으로, **강자끼리 서로 싸움**을 이르는 말.
예 두 선수의 시합은 <u>용호상박</u>의 대결로 세계적인 관심을 모았다.

### 호각지세
서로 互 | 뿔 角 | 어조사 之 | 기세 勢

역량이 서로 비슷비슷한 위세.
예 월드컵 결승에서 맞붙은 두 나라의 경기력은 <u>호각지세</u>였다.

**더알기** '역량(力量)'은 어떤 일을 해낼 수 있는 힘을 의미한다.

**01~05** 제시된 초성과 뜻을 참고하여 빈칸에 들어갈 어휘를 쓰시오.

**01** ㄱㅅ: 깨달아 앎.

예 그는 자신의 잘못을 (　　　　　)하고 이후부터는 성실한 생활을 하였다.

**02** ㄷㅎ: 느리고 무디어짐.

예 세계 경제의 침체로 우리 경제의 성장도 (　　　　)되고 있다.

**03** ㄷㅈㅅ: 사람이나 사물의 바탕이 같은 성질이나 특성.

예 우리는 민족적 일체감과 (　　　　)을 회복해야 한다.

**04** ㄴㄹ하다: 만만하고 상대하기 쉽다.

예 다른 선수에 비해 연습량이 많은 그를 아무도 (　　　　)하게 여기지 않는다.

**05** ㅎㄱㅈㅅ: 역량이 서로 비슷비슷한 위세.

예 이번 경기에 자존심이 걸린 두 팀은 시종일관 (　　　　)의 경기를 펼쳤다.

**06~10** 다음 뜻에 해당하는 어휘를 찾아 바르게 연결하시오.

**06** 굳게 막아 버리거나 잠금. ・ ・㉠ 단서

**07** 나쁜 상태나 타락한 상태에 빠짐. ・ ・㉡ 봉쇄

**08** 사람이 바라는 바를 충족시켜 주는 모든 물건. ・ ・㉢ 재화

**09** 어떤 문제를 해결하는 방향으로 이끌어 가는 일의 첫 부분. ・ ・㉣ 전락

**10** 어떤 일을 다른 일에 반영하여 나타냄을 비유적으로 이르는 말. ・ ・㉤ 투영

**11~15** 다음 뜻에 해당하는 한자 성어를 〈보기〉에서 찾아 쓰시오.

〈보기〉

누란지위　　명재경각　　일촉즉발　　백중지간　　용호상박

**11** 서로 우열을 가리기 힘든 형세. _____

**12** 거의 죽게 되어 곧 숨이 끊어질 지경에 이름. _____

**13** 한 번 건드리기만 해도 폭발할 것같이 몹시 위급한 상태. _____

**14** 용과 범이 서로 싸운다는 뜻으로, 강자끼리 서로 싸움을 이르는 말. _____

**15** 층층이 쌓아 놓은 알의 위태로움이라는 뜻으로, 몹시 아슬아슬한 위기를 비유적으로 이르는 말.

_____

**✅ 개념 확인**

**16~18** 다음 설명이 맞으면 ○에, 틀리면 ×에 표시하시오.

**16** 국어의 로마자 표기는 국어의 표준 발음법에 따라 적는 것을 원칙으로 한다. ( ○ , × )

**17** 외래어를 표기할 때에는 받침에 'ㄱ, ㄴ, ㄹ, ㅁ, ㅂ, ㅅ, ㅇ'만을 쓴다. ( ○ , × )

**18** '종로'는 로마자로 'Jongno'로 적고, 'fighting'은 한글로 '화이팅'이라고 적는다. ( ○ , × )

| 🔲 맞힌 개수 | ( 　　 ) / 18문항 |
| --- | --- |
| ☑ 복습할 어휘 | |

## 필수 어휘

| | | |
|---|---|---|
| **가속화**<br>더할 加 \| 빠를 速 \| 될 化 | 속도를 더하게 됨. 또는 그렇게 함.<br>예 출산율 감소와 고령화의 <u>가속화</u>가 사회 문제로 떠올랐다. | 더알기 '가속화'의 '-화'는 '그렇게 만들거나 됨'의 뜻을 더하는 접미사이다.<br>예 기계화 \| 대중화 \| 도시화 |
| **균일하다**<br>고를 均 \| 하나 一 | 한결같이 고르다.<br>예 수타로 만든 면은 기계로 뽑은 면처럼 면발이 <u>균일하지</u> 않다. | ⊕ 균등(均等)하다: 고르고 가지런하여 차별이 없다.<br>⊞ 불균일(不均一)하다: 일정하게 고르지 아니하다. |
| **뇌리**<br>뇌 腦 \| 속 裏 | 사람의 의식이나 기억, 생각 따위가 들어 있는 영역.<br>예 친구를 만난 순간, 10년 전 기억이 <u>뇌리</u>를 스치고 지나갔다. | |
| **부각**<br>뜰 浮 \| 새길 刻 | 어떤 사물을 특징지어 두드러지게 함.<br>예 그 가수는 이미지 <u>부각</u>을 위해 여러 가지 방법을 생각했다. | ★ 2019 수능 사연과 관련된 자신의 과거 경력을 소개하고 전문성을 <u>부각</u>하고 있다. |
| **집대성하다**<br>모을 集 \| 큰 大 \| 이룰 成 | 여러 가지를 모아 하나의 체계를 이루어 완성하다.<br>예 이 공연은 전국의 민요를 <u>집대성하여</u> 재구성한 것이다. | |
| **통념**<br>통할 通 \| 생각할 念 | 일반적으로 널리 통하는 개념.<br>예 한번 굳어진 사회적 <u>통념</u>을 바꾸는 일은 결코 쉽지 않다. | ⊕ 통설(通說): 세상에 널리 알려지거나 일반적으로 인정되고 있는 설. |
| **퇴색하다**<br>물러날 退 \| 빛 色 | 「1」 빛이나 색이 바래다.<br>예 한옥을 수리하면서 <u>퇴색한</u> 단청도 새로 단장하였다.<br>「2」 (비유적으로) 무엇이 낡거나 몰락하면서 그 존재가 희미해지거나 볼품없이 되다.<br>예 사람들이 도시로 떠나가자 그곳은 <u>퇴색하고</u> 말았다. | ⊕ 몰락(沒落)하다: ① 재물이나 세력 따위가 쇠하여 보잘것없어지다. ② 멸망하여 모조리 없어지다. |
| **투여하다**<br>던질 投 \| 줄 與 | 「1」 약 따위를 환자에게 복용시키거나 주사하다.<br>예 그 약은 어린이에게 <u>투여하면</u> 안 된다.<br>「2」 돈이나 노력 따위를 어떤 일에 들이다.<br>예 정부는 경제 활성화를 위해 시장에 공적 자금을 <u>투여하기로</u> 결정했다. | |
| **편파**<br>치우칠 偏 \| 비뚤어질 頗 | 공정하지 못하고 어느 한쪽으로 치우쳐 있음.<br>예 방송국의 <u>편파</u> 보도가 문제가 되었다. | ⊕ 편애(偏愛): 어느 한 사람이나 한쪽만을 치우치게 사랑함. |

## 📗 필수 개념 듣기·말하기

| **토론**<br>칠 討 \| 논의할 論 | 어떤 논제에 대해 찬성 측과 반대 측으로 나누어 각각 타당한 근거를 들어 자기 측의 주장이 옳음을 내세우며 논의하는 말하기.<br><br>**토론할 때의 유의점**<br>• 주장이 명확해야 하며, 주장에 대한 근거가 타당해야 함.<br>• 상대방의 주장과 근거를 비판적으로 분석하여 논리적으로 반박해야 함.<br>• 상대방의 의견을 경청하면서 상대방에게 예의를 갖추어야 함. | **더 알기** 토의는 공동의 문제에 관한 해결 방안을 찾는 협력적 말하기이다. |
|---|---|---|
| **논제**<br>논의할 論 \| 제목 題 | 논설이나 논문, 토론 등의 주제나 제목.<br><br>**토론 논제의 조건**<br>• 찬성과 반대의 의견이 분명하게 나뉘는 것이어야 함.<br>• 쟁점이 명확하게 드러나는 것이어야 함. | |
| **쟁점**<br>다툴 爭 \| 점찍을 點 | 토론에서 찬성 측과 반대 측이 서로 다투는 중심이 되는 점.<br>예 동물 실험에 대한 토론에서 '인간의 이익을 위해 동물을 이용할 수 있는가', '동물 실험은 효용성이 있는가'가 쟁점이 될 수 있다. | |

## 📗 한자 성어 | 관용구 | 속담 '부정적 행동'과 관련이 있는 속담

| **개구리 올챙이 적 생각 못 한다** | 형편이나 사정이 전에 비하여 나아진 사람이 지난날의 미천하거나 어렵던 때의 일을 생각지 아니하고 처음부터 잘난 듯이 뽐냄을 비유적으로 이르는 말.<br>예 개구리 올챙이 적 생각 못 한다더니, 너무 잘난 척하지 마라. | **더 알기** '미천(微賤)하다'는 신분이나 지위 따위가 하찮고 천하다는 의미이다. |
|---|---|---|
| **눈 가리고 아웅** | 얕은수로 남을 속이려 한다는 말.<br>예 눈 가리고 아웅도 분수가 있지, 내가 그 사실을 모를 줄 알았니? | |
| **사촌이 땅을 사면 배가 아프다** | 남이 잘되는 것을 기뻐해 주지는 않고 오히려 질투하고 시기하는 경우를 비유적으로 이르는 말.<br>예 철수는 사촌이 땅을 사면 배가 아프다는 속담처럼 친구들이 잘되는 모습을 보면 늘 심술을 부린다. | |
| **언 발에 오줌 누기** | 언 발을 녹이려고 오줌을 누어 봤자 효력이 별로 없다는 뜻으로, 임시변통은 될지 모르나 그 효력이 오래가지 못할 뿐만 아니라 결국에는 사태가 더 나빠짐을 비유적으로 이르는 말.<br>예 그 정책은 언 발에 오줌 누기 격이라 문제 해결에 도움이 안 된다. | **더 알기** '임시변통(臨時變通)'은 갑자기 터진 일을 우선 간단하게 둘러맞추어 처리함을 의미한다. |
| **호미로 막을 것을 가래로 막는다** | 적은 힘으로 충분히 처리할 수 있는 일에 쓸데없이 많은 힘을 들이는 경우를 비유적으로 이르는 말.<br>예 호미로 막을 것을 가래로 막는다더니, 진작에 처리했으면 쉽게 해결할 수 있었을 일을 어렵게 처리하게 되었다. | **더 알기** '호미'는 간단하게 사용할 수 있는 농기구인 반면에, '가래'는 3~5명이 함께 움직이며 사용해야 하는 농기구이다. |

**01~03** 빈칸에 들어갈 어휘에 ∨표 하시오.

**01** 간호사가 여성의 직업이라는 사회적 (　　　　)이 바뀌고 있다.

　□ 통념　　　　　□ 통설　　　　　□ 통감　　　　　□ 통탄

**02** 그날의 기억은 너무나 강렬해서 한동안 나의 (　　　　)에서 떠나지 않았다.

　□ 뇌물　　　　　□ 뇌리　　　　　□ 뇌파　　　　　□ 뇌동

**03** 자신의 장점을 (　　　　)하기 위해 남의 단점을 일부러 드러내서는 안 된다.

　□ 부강　　　　　□ 부각　　　　　□ 부도　　　　　□ 부상

**04~05** 밑줄 친 어휘의 뜻을 고르시오.

**04**
> 어머니는 <u>퇴색한</u> 사진을 보면서 돌아가신 할머니를 그리워했다.

① 빛이나 색이 바래다.
② 무엇이 낡거나 몰락하면서 그 존재가 희미해지거나 볼품없이 되다.

**05**
> 이번 신약 실험에 많은 인력과 자금을 <u>투여한</u> 만큼 좋은 결과가 있을 것이라고 기대한다.

① 약 따위를 환자에게 복용시키거나 주사하다.
② 돈이나 노력 따위를 어떤 일에 들이다.

**06~09** 제시된 초성을 참고하여 다음 뜻에 해당하는 어휘를 쓰시오.

**06** ㅍㅍ : 공정하지 못하고 어느 한쪽으로 치우쳐 있음.　　　　　_____

**07** ㄱㅅㅎ : 속도를 더하게 됨. 또는 그렇게 함.　　　　　_____

**08** ㄱㅇㅎㄷ : 한결같이 고르다.　　　　　_____

**09** ㅈㄷㅅㅎㄷ : 여러 가지를 모아 하나의 체계를 이루어 완성하다.　　　　　_____

**10~14** 다음 상황과 의미가 통하는 속담을 〈보기〉에서 찾아 번호를 쓰시오.

> 보기
> ① 눈 가리고 아웅              ② 언 발에 오줌 누기
> ③ 사촌이 땅을 사면 배가 아프다      ④ 개구리 올챙이 적 생각 못 한다
> ⑤ 호미로 막을 것을 가래로 막는다

**10** 그녀는 친척들에게 좋은 일이 있을 때 축하하지 않고 시샘 어린 말을 하곤 했다.  (      )

**11** 진수는 충치를 대수롭지 않게 여기고 뒤늦게 치과에 갔다가 결국 더 힘들게 치료를 받게 되었다.

(      )

**12** 그 선수는 경기 중 반칙을 했지만 심판이 못 보았을 것이라 생각하고 반칙을 하지 않았다고 우겼다.

(      )

**13** 그는 과거 형편이 어려웠을 때를 기억하지 못하고 지금 경제적으로 넉넉하다고 돈을 흥청망청 쓰면서 가난한 사람을 업신여긴다.                      (      )

**14** 운동화가 뜯어져서 임시방편으로 테이프를 붙였더니, 얼마 못 가서 테이프는 떨어지고 그 자리에 테이프 자국이 선명하게 남아 보기가 안 좋아졌다.             (      )

☑ 개념 확인
**15~18** 다음 설명이 맞으면 ○에, 틀리면 ×에 표시하시오.

**15** 토론은 공동의 문제에 관한 해결 방안을 찾는 협력적 말하기이다.        ( ○ , × )

**16** 토론의 논제는 찬성과 반대의 의견이 분명하게 나뉘는 것이어야 한다.      ( ○ , × )

**17** 토론에서 찬성 측과 반대 측이 서로 다투는 중심이 되는 점을 쟁점이라고 한다.   ( ○ , × )

| ☑ 맞힌 개수 | (        ) / 17문항 |
|---|---|
| ☑ 복습할 어휘 | |

## 📘 필수 어휘

| | | |
|---|---|---|
| **거장**<br>클 巨 \| 장인 匠 | 예술, 과학 따위의 **어느 일정 분야에서 특히 뛰어난 사람.**<br>예 그는 풍자 문학의 거장으로 불리는 소설가이다. | 🔵 **대가(大家):** 전문 분야에서 뛰어나 권위를 인정받는 사람. |
| **고질적**<br>고질 痼 \| 병 疾 \| 과녁 的 | 「1」 **오랫동안 앓고 있어 고치기 어려운. 또는 그런 것.**<br>예 아버지는 고질적인 관절염으로 고생하셨다.<br>「2」 **오래되어 바로잡기 어려운. 또는 그런 것.**<br>예 고질적인 교통 체증으로 시간을 낭비하였다. | |
| **교란**<br>어지러울 攪 \| 어지러울 亂 | 마음이나 상황 따위를 뒤흔들어서 **어지럽고 혼란하게 함.**<br>예 외래종 물고기의 증가로 생태계 교란이 우려된다. | |
| **논박**<br>논의할 論 \| 논박할 駁 | 어떤 주장이나 의견에 대하여 그 **잘못된 점을 조리 있게 공격하여 말함.**<br>예 그는 상대방의 주장에 대해 논박을 했다. | ➕ **논거(論據):** 어떤 이론이나 논리, 논설 따위의 근거. |
| **맹신**<br>눈멀 盲 \| 믿을 信 | **옳고 그름을 가리지 않고 덮어놓고 믿는 일.**<br>예 특정한 사상에 대한 맹신은 사람을 자칫 어리석게 만들 수도 있다. | |
| **우직하다**<br>어리석을 愚 \| 곧을 直 | **어리석고 고지식하다.**<br>예 영석이는 회사에서 우직한 일꾼으로 통하는 사람이다. | ➕ **고지식하다:** 성질이 외곬으로 곧아 융통성이 없다. |
| **주체적**<br>주인 主 \| 몸 體 \| 과녁 的 | 어떤 일을 실천하는 데 **자유롭고 자주적인 성질이 있는. 또는 그런 것.**<br>예 소현이는 어려서부터 부모님에게 의지하지 않고 모든 일을 주체적으로 해결하였다. | ⭐ **2017 수능** 매체 이용자들은 주체적으로 광고를 분별할 수 있는 비판적 태도를 기를 필요가 있다.<br>➕ **자주적(自主的):** 남의 보호나 간섭을 받지 아니하고 자기 일을 스스로 처리하는. 또는 그런 것. |
| **폐단**<br>폐단 弊 \| 바를 端 | 어떤 일이나 행동에서 나타나는 **옳지 못한 경향이나 해로운 현상.**<br>예 매체가 발달하면서 스마트폰 중독의 폐단이 나타났다. | ➕ **폐해(弊害):** 폐단으로 생기는 해. |
| **현저하다**<br>나타날 顯 \| 나타날 著 | **뚜렷이 드러나 있다.**<br>예 오랜만에 우리나라를 방문한 그는 과거에 비해 현저하게 발전한 서울의 모습에 깜짝 놀랐다. | |

# 필수 개념 듣기 · 말하기

## 입론
설 立 | 논의할 論

논제에 대한 입장을 정해 적절한 논거를 제시하여 주장의 타당함을 논리적으로 입증하는 말하기.

### 입론의 준비
- 쟁점과 관련된 다양한 자료를 수집함.
- 주장을 뒷받침하는 근거를 마련함.
- 쟁점별로 주장을 명확히 밝히고 그것을 뒷받침하는 근거를 정리함.

**더알기** 토론에서 입론은 기본적인 주장과 근거를 제시하는 단계이다. 이때 근거는 주장을 뒷받침할 수 있는 것이어야 하며, 구체적인 사례나 통계 등을 근거로 활용할 수 있다.

## 반론
돌이킬 反 | 논의할 論

상대방 주장의 허점이나 오류를 지적하거나 반박하는 말하기.

### 반론의 준비
- 상대방이 입론에서 제시할 주장과 근거를 예상해 보고, 이를 어떻게 반박할지 생각해 봄.
- 우리 측의 입론과 관련된 상대방의 반론을 예상해 보고, 이를 논리적으로 재반박할 수 있게 준비함.

**더알기** 토론에서 반론은 상대방 주장의 허점을 지적하면서 자신의 주장을 강화하는 단계로, 반론에 대한 반박을 재반론이라고 하기도 한다.

# 한자 성어 | 관용구 | 속담 '옳고 그름'과 관련이 있는 한자 성어

## 공명정대
공평할 公 | 밝을 明 | 바를 正 | 큰 大

하는 일이나 태도가 **사사로움이나 그릇됨이 없이 아주 정당하고 떳떳함.**
예 민주주의는 공명정대한 선거에서 시작된다.

## 공평무사
공평할 公 | 평평할 平 | 없을 無 | 사사로울 私

**공평하여 사사로움이 없음.**
예 그는 민원인을 공평무사의 자세로 대하기 위해 노력한다.

## 권선징악
권할 勸 | 착할 善 | 혼날 懲 | 악할 惡

**착한 일을 권장하고 악한 일을 징계함.**
예 고전 소설은 대부분 권선징악을 주제로 한다.

## 명약관화
밝을 明 | 같을 若 | 볼 觀 | 불 火

**불을 보듯 분명하고 뻔함.**
예 이번 학생회장 선거에서 친구들에게 신망이 높은 신원이가 당선되는 것은 명약관화였다.

**더알기** '불을 보듯 뻔하다'는 관용구로, 앞으로 일어날 일이 의심할 여지가 없이 아주 명백하다는 의미이다.

## 시시비비
옳을 是 | 옳을 是 | 그를 非 | 그를 非

**여러 가지의 잘잘못.**
예 나는 그들이 싸우게 된 이야기를 듣고 시시비비를 가려 주었다.

## 일벌백계
하나 一 | 벌줄 罰 | 일백 百 | 경계할 戒

**한 사람을 벌주어 백 사람을 경계한다는 뜻으로, 다른 사람들에게 경각심을 불러일으키기 위하여 본보기로 한 사람에게 엄한 처벌을 하는 일을 이르는 말.**
예 그는 이번 사건에 대해 일벌백계 차원에서 엄중하게 문책하겠다고 밝혔다.

**01~06** 다음 문장에 어울리는 어휘를 고르시오.

**01** 나는 이번 판결이 ( 공평무사 | 무사안일 )하지 않다고 여겨 항소하고자 한다.

**02** 그 지휘자는 음악계의 ( 거장 | 소장 )이라는 칭호에 걸맞은 능력을 지니고 있었다.

**03** 그들은 적진을 ( 교란 | 교만 )하는 전략으로 수적 열세를 극복하고 전쟁에서 승리하였다.

**04** 선우는 신을 지나치게 ( 맹공 | 맹신 )한 나머지 현실의 모든 문제를 대수롭지 않게 여겼다.

**05** 토론에서 맞붙은 상대방은 탄탄한 논리로 나의 어설픈 주장을 ( 논의 | 논박 )하였다.

**06** 이번 사건을 계기로 권력층의 누적된 ( 폐단 | 폐색 )이 만천하에 낱낱이 드러나 국민들이 크게 분노하였다.

**07~10** 사다리타기를 하여 빈칸에 들어갈 어휘의 뜻을 〈보기〉에서 찾아 번호를 쓰시오.

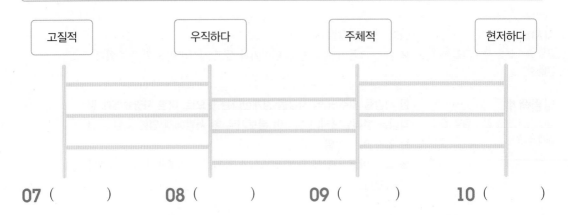

〈보기〉
① 뚜렷이 드러나 있다.
② 어리석고 고지식하다.
③ 오래되어 바로잡기 어려운. 또는 그런 것.
④ 어떤 일을 실천하는 데 자유롭고 자주적인 성질이 있는. 또는 그런 것.

고질적    우직하다    주체적    현저하다

**07** (    )    **08** (    )    **09** (    )    **10** (    )

**11~12** 빈칸에 들어갈 한자 성어를 〈보기〉에서 찾아 쓰시오.

┌─────────────── 보기 ───────────────┐

공명정대       권선징악       명약관화       시시비비       일벌백계

└──────────────────────────────────┘

**11** 이미 지나 버린 일을 가지고 (              )를 밝혀 봐야 아무 소용없다.

**12** 그는 특권을 누리는 지도층 인사를 비판하며 (              )한 사람이 되어야 한다고 강조하였다.

**13** 이 책은 착한 사람은 행복하게 되고 나쁜 사람은 결국 벌을 받게 된다는 (              )적 주제를 현대에 맞게 풀어내었다.

**14** 평소에 공부를 열심히 하지 않은 그가 시험에서 좋은 성적을 거두기 어렵다는 것은 누가 봐도 (              )한 일이었다.

**15** 다른 사람에게 본보기를 보여 주기 위해 (              ) 식의 처분을 내린다면 그 당사자는 처분이 과도하다고 여길 것이다.

✅ **개념 확인**

**16~18** 다음 설명이 맞으면 ○에, 그렇지 않으면 ×에 표시하시오.

**16** 토론에서 입론은 논제에 대한 입장을 정해 적절한 논거를 제시하여 주장의 타당함을 논리적으로 입증하는 말하기이고, 반론은 상대방 주장의 허점이나 오류를 지적하거나 반박하는 말하기이다.

( ○ , × )

**17** 입론이나 반론을 할 때 주장을 뒷받침하는 근거로 구체적인 사례나 통계 자료를 활용하는 것은 적합하지 않다.

( ○ , × )

**18** 토론 전에 반론을 준비할 때에는 우리 측 주장에 대해 상대방이 어떻게 반론을 펼칠지 예상해 보고, 이를 논리적으로 재반박할 수 있게 준비한다.

( ○ , × )

| 🗹 맞힌 개수 | (              ) / 18문항 |
|---|---|
| ☑ 복습할 어휘 | |

## 📖 필수 어휘

| | | |
|---|---|---|
| **광년**<br>빛 光 \| 해 年 | 천체와 천체 사이의 거리를 나타내는 단위. 1광년은 빛이 초속 30만 km의 속도로 1년 동안 나아가는 거리로 9조 4670억 7782만 km이다.<br>예 이 은하는 지구로부터 약 2800만 광년 떨어져 있는 막대 나선 은하이다. | ➕ **천체(天體)**: 우주에 존재하는 모든 물체. 항성. 행성. 위성. 혜성. 인공위성 따위를 통틀어 이르는 말이다. |
| **변이**<br>변할 變 \| 다를 異 | 같은 종에서 성별, 나이와 관계없이 **모양과 성질이 다른 개체가 존재하는 현상.** 외부 요인의 작용에 의한 환경 변이, 유전자의 변화에 의한 돌연변이가 있다.<br>예 생물체는 사는 곳에 따라 변이가 매우 다양하다. | |
| **선동적**<br>부채질할 煽 \| 움직일 動 \| 과녁 的 | 남을 부추겨 어떤 일이나 행동을 하게 하는. 또는 그런 것.<br>예 그는 선동적인 연설가로 유명하다. | ➕ **부추기다**: ① 남을 이리저리 들쑤셔서 어떤 일을 하게 만들다. ② 감정이나 상황 따위가 더 심해지도록 영향을 미치다. |
| **암묵적**<br>어두울 暗 \| 잠잠할 默 \| 과녁 的 | 자기의 의사를 밖으로 나타내지 아니한. 또는 그런 것.<br>예 그들은 서로의 사생활에 대해서 간섭하지 않을 것을 암묵적으로 합의했다. | |
| **역발상**<br>거스를 逆 \| 필 發 \| 생각 想 | 일반적인 생각과 반대가 되는 생각을 해 냄. 또는 그 생각.<br>예 그의 성공 비결은 시내 중심지에 점포를 열지 않는다는 역발상에 있다. | **더 알기** '역발상'의 '역–'은 '반대되는' 또는 '차례나 방법이 뒤바뀐'의 뜻을 더하는 접두사이다.<br>예 역방향 \| 역수출 \| 역이용 |
| **이국적**<br>다를 異 \| 나라 國 \| 과녁 的 | 자기 나라가 아닌 다른 나라에 특징적인. 또는 그런 것.<br>예 그는 이국적인 외모를 지녔다. | |
| **향연**<br>잔치할 饗 \| 잔치 宴 | 특별히 융숭하게 손님을 대접하는 잔치.<br>예 왕은 승리한 장군들을 위해 향연을 베풀었다. | ➕ **융숭(隆崇)하다**: 대우하는 태도가 정중하고 극진하다. |
| **휘황하다**<br>빛날 輝 \| 빛날 煌 | 광채가 나서 **눈부시게 번쩍이다.**<br>예 그곳의 야경은 휘황한 불빛으로 아름답다. | |
| **휴면**<br>쉴 休 \| 잠잘 眠 | 쉬면서 거의 **아무런 활동도 하지 아니함.**<br>예 대부분의 인터넷 이용자들이 휴면 아이디를 가지고 있다. | |

## ▌필수 개념 듣기·말하기

| 연설 | 청중에게 자신의 주장이나 의견을 전달하는 공식적 말하기. | 더알기 연설을 할 때에는 청중 |
|---|---|---|
| 펼 演 \| 말씀 說 | **연설의 절차** | 의 관심, 요구, 규모, 성향, 수준, 태도 등을 분석하여 그에 맞는 |
| | • 청중의 관심과 요구를 분석하여 연설의 목적 및 주제를 설정함.<br>• 연설의 목적을 고려하여 필요한 자료를 수집하고 내용을 선정함.<br>• 개요를 작성한 후 연설문을 작성하고 청중의 반응을 고려하며 연설함. | 내용으로 연설을 준비해야 한다. |
| **설득 전략**<br>말씀 說 \| 얻을 得 \| 싸울 戰 \|<br>다스릴 略 | 설득하는 말하기에서 **상대방을 효과적으로 설득하기 위해** 사용하는 **전략**.<br>**설득 전략의 종류**<br>• **이성적 설득** 논리적이고 이성적인 방법으로 주장을 뒷받침함.<br>• **감성적 설득** 청중의 욕망과 분노, 자긍심, 동정심 등과 같은 감정에 호소하여 청중의 마음을 움직임.<br>• **인성적 설득** 화자의 사람 됨됨이를 바탕으로 청중이 메시지를 신뢰하게 함. | 더알기 연설을 들을 때에는 연설 내용의 신뢰성, 타당성, 공정성을 판단하며 비판적으로 듣는 것이 중요하다. |

## ▌한자 성어 | 관용구 | 속담 '행동'과 관련이 있는 관용구

| 다리를 놓다 | 일이 잘되게 하기 위하여 둘 또는 여럿을 연결하다.<br>예 그가 중간에서 다리를 놓아 물건을 쉽게 팔았다. | |
|---|---|---|
| 뜬구름을 잡다 | 막연하거나 허황된 것을 좇다.<br>예 아버지는 뜬구름을 잡겠다고 젊은 시절부터 바깥으로만 나도는 삼촌을 나무라셨다. | 더알기 '허황(虛荒)되다'는 헛되고 황당하며 미덥지 못하다는 의미이고, '좇다'는 목표, 이상, 행복 따위를 추구한다는 의미이다. |
| 마침표를 찍다 | 어떤 일이 끝장이 나거나 끝장을 내다.<br>예 그가 지난 1년 동안 진행해 온 그 일은 어제로 마침표를 찍었다. | |
| 못을 박다 | 「1」 다른 사람에게 원통한 생각을 마음속 깊이 맺히게 하다.<br>예 그는 부모님 가슴에 못을 박는 불효를 저질렀다.<br>「2」 어떤 사실을 꼭 집어 분명하게 하다.<br>예 선생님은 지각하지 말라고 못을 박아 이야기하셨다. | 더알기 '대못을 박다'는 '못을 박다'를 강조하여 이르는 말이다. |
| 숨을 돌리다 | 「1」 가쁜 숨을 가라앉히다.<br>예 헐레벌떡 뛰어온 그는 바위에 걸터앉아 숨을 돌렸다.<br>「2」 잠시 여유를 얻어 휴식을 취하다.<br>예 시험이 끝나서 잠깐 숨을 돌리게 되었다. | |
| 획을 긋다 | 어떤 범위나 시기를 분명하게 구분 짓다.<br>예 안중근 의사의 의거는 우리 역사에 한 획을 그은 사건이다. | |

**01~05** 제시된 초성과 뜻을 참고하여 빈칸에 들어갈 어휘를 쓰시오.

**01** ㅎㅇ : 특별히 융숭하게 손님을 대접하는 잔치.
　　예 그는 외국 사신들을 위하여 성대한 (　　　　　　)을 준비하였다.

**02** ㅎㅁ : 쉬면서 거의 아무런 활동도 하지 아니함.
　　예 각 은행은 이번 달부터 (　　　　　　) 예금을 예금주에게 찾아 주기로 했다.

**03** ㄱㄴ : 천체와 천체 사이의 거리를 나타내는 단위.
　　예 안드로메다은하와 우리 은하계 사이의 거리는 약 200만 (　　　　　　)이라고 한다.

**04** ㅂㅇ : 같은 종에서 성별, 나이와 관계없이 모양과 성질이 다른 개체가 존재하는 현상.
　　예 생물의 (　　　　　　)는 환경의 변화에 크게 영향을 받는다.

**05** ㅎㅎ하다: 광채가 나서 눈부시게 번쩍이다.
　　예 시골에 살던 그에게 대낮처럼 (　　　　　　)한 도시의 밤은 몹시 인상적이었다.

**06~09** 다음 뜻에 해당하는 어휘를 〈보기〉에서 찾아 쓰시오.

　　　　　　　　　　　　　　　보기
| 선동적 | 암묵적 | 역발상 | 이국적 |

**06** 자기의 의사를 밖으로 나타내지 아니한. 또는 그런 것.　　_____

**07** 자기 나라가 아닌 다른 나라에 특징적인. 또는 그런 것.　　_____

**08** 남을 부추겨 어떤 일이나 행동을 하게 하는. 또는 그런 것.　　_____

**09** 일반적인 생각과 반대가 되는 생각을 해 냄. 또는 그 생각.　　_____

**10~15** 빈칸에 들어갈 관용구를 〈보기〉에서 찾아 문맥에 맞게 쓰시오.

> 보기
>
> 다리를 놓다    뜬구름을 잡다    마침표를 찍다
> 못을 박다    숨을 돌리다    획을 긋다

10  그간 매우 바쁘게 일에 쫓기다가 요즈음에야 잠깐 (                ) 되었다.

11  그는 (                ) 세월을 보냈기 때문에 현재도 마땅한 직업이 없다.

12  서로 좋아하는 두 친구를 위해 나는 둘 사이에 (                ) 주기로 결심했다.

13  나는 친구에게 이 책은 꼭 일주일 안에 돌려주어야 한다고 (                ) 말했다.

14  두 나라는 오랫동안 이어 온 국가적 적대 관계에 (                ) 위해 정상 회담을 개최하기로 했다.

15  그가 세계적인 영화제에서 감독상을 수상한 것은 한국 영화사에 (                ) 사건으로 기록될 것이다.

✔ **개념 확인**

**16~18** 다음 설명이 맞으면 ○에, 틀리면 ×에 표시하시오.

16  연설은 청중에게 자신의 주장이나 의견을 전달하는 공식적 말하기이다.    ( ○ , × )

17  연설을 할 때에는 청중의 관심, 요구, 규모, 성향, 수준, 태도 등을 분석하여 그에 맞는 내용으로 연설을 준비해야 한다.    ( ○ , × )

18  설득 전략 중에서 이성적 설득은 화자의 사람 됨됨이를 바탕으로 청중이 메시지를 신뢰하게 하는 방법이다.    ( ○ , × )

| 🅠 맞힌 개수 | (        ) / 18문항 |
|---|---|
| ☑ 복습할 어휘 |  |

## 필수 어휘

**강구하다**
연구할 講 | 연구할 究

좋은 대책과 방법을 궁리하여 찾아내거나 좋은 대책을 세우다.
예 정부는 물가를 안정시키기 위한 대책을 강구하고 있다.

★ 2017 수능 반박을 피하는 방법을 강구하여 그 가설을 받아들일 수 있다.

➕ 궁리(窮理)하다: ① 사물의 이치를 깊이 연구하다. ② 마음속으로 이리저리 따져 깊이 생각하다.

---

**단행하다**
끊을 斷 | 행할 行

결단하여 실행하다.
예 대통령은 국정 전반에 걸쳐 개혁을 단행했다.

🈺 결행(決行)하다: 어떤 일이 있더라도 변함이 없을 듯한 기세로 결단하여 실행하다.

---

**박해**
핍박할 迫 | 해로울 害

못살게 굴어서 해롭게 함.
예 그는 종교적 박해를 피해 이웃 나라로 망명했다.

---

**복식**
입을 服 | 꾸밀 飾

「1」 옷의 꾸밈새.
예 일반 백성의 복식에도 장식 자수가 많았다.
「2」 옷과 장신구를 아울러 이르는 말.
예 그는 조선 시대 여인들의 복식을 연구하고 있다.

---

**비탄**
슬플 悲 | 탄식할 嘆

몹시 슬퍼하면서 탄식함. 또는 그 탄식.
예 왕이 죽자 나라 안의 온 백성은 비탄에 잠겼다.

➕ 탄식(嘆息): 한탄하여 한숨을 쉼. 또는 그 한숨.

🈺 통탄(痛嘆): 몹시 탄식함. 또는 그런 탄식.

---

**신조**
믿을 信 | 가지 條

굳게 믿어 지키고 있는 생각.
예 그는 신용을 지키는 것을 사업의 신조로 삼고 있다.

---

**자명하다**
스스로 自 | 밝을 明

설명하거나 증명하지 아니하여도 저절로 알 만큼 명백하다.
예 공부를 안 한 그가 시험에 떨어지는 것은 자명한 일이었다.

➕ 명백(明白)하다: 의심할 바 없이 아주 뚜렷하다.

---

**찬탈**
빼앗을 篡 | 빼앗을 奪

왕위, 국가 주권 따위를 억지로 빼앗음.
예 그들은 정권 찬탈을 위해 음모를 꾸미고 있었다.

---

**퇴락하다**
무너질 頹 | 떨어질 落

낡아서 무너지고 떨어지다.
예 사람들이 일자리를 찾아 도시로 떠나가면서 골목은 퇴락하기 시작했다.

| | | |
|---|---|---|
| **준언어적 표현**<br>법도 準 \| 말씀 言 \| 말씀 語 \| 과녁 的 \| 겉 表 \| 나타날 現 | 언어적 요소에 덧붙여 의미를 전달하는 것으로 **어조, 억양, 강세, 말의 빠르기, 목소리의 크기** 등이 이에 속함.<br>예 친구는 <u>큰 목소리로 빠르게</u> "조심해!"라고 소리쳤다.<br>준언어적 표현 | 더알기 '억양'은 음의 상대적인 높이를 변하게 하는 것이고, '강세'는 연속된 말에서 어떤 부분을 강하게 발음하는 것을 말한다. |
| **비언어적 표현**<br>아닐 非 \| 말씀 言 \| 말씀 語 \| 과녁 的 \| 겉 表 \| 나타날 現 | 언어적 · 준언어적 표현 이외의 방법으로 의미를 전달하는 것으로 **시선, 표정, 몸짓, 손짓** 등이 이에 속함.<br>예 나는 친구가 떠들자 <u>집게손가락을 세워서 입에 댔다.</u><br>조용히 하라는 뜻의 비언어적 표현 | 더알기 상황에 맞게 준언어적 · 비언어적 표현을 활용하면 의미를 효과적으로 전달할 수 있다. |

📕 **한자 성어 \| 관용구 \| 속담**  '출중함'과 관련이 있는 한자 성어

| | | |
|---|---|---|
| **군계일학**<br>무리 群 \| 닭 鷄 \| 하나 一 \| 학 鶴 | 닭의 무리 가운데에서 한 마리의 학이란 뜻으로, **많은 사람 가운데서 뛰어난 인물을 이르는 말.**<br>예 그는 실력으로 보나 인품으로 보나 <u>군계일학</u>이라 불릴 만하다. | |
| **낭중지추**<br>주머니 囊 \| 가운데 中 \| 어조사 之 \| 송곳 錐 | 주머니 속의 송곳이라는 뜻으로, **재능이 뛰어난 사람은 숨어 있어도 저절로 사람들에게 알려짐을 이르는 말.**<br>예 무예 실력이 출중한 그는 어느 곳에 가더라도 <u>낭중지추</u>로구나! | |
| **백미**<br>흰 白 \| 눈썹 眉 | 흰 눈썹이라는 뜻으로, **여럿 가운데에서 가장 뛰어난 사람이나 훌륭한 물건을 비유적으로 이르는 말.**<br>예 「춘향전」은 한국 고전 문학의 <u>백미</u>로 꼽히는 작품이다. | 더알기 중국 촉한 때 마씨 다섯 형제가 모두 재주가 있었는데 그중에서도 눈썹 속에 흰 털이 난 마량이 가장 뛰어났다는 데서 유래한다. |
| **재자가인**<br>재주 才 \| 아들 子 \| 아름다울 佳 \| 사람 人 | **재주 있는 남자와 아름다운 여자를 아울러 이르는 말.**<br>예 중국의 옛날이야기에는 <u>재자가인</u>과 영웅호걸이 많이 등장한다. | |
| **청출어람**<br>푸를 靑 \| 날 出 \| 어조사 於 \| 쪽 藍 | 쪽에서 뽑아낸 푸른 물감이 쪽보다 더 푸르다는 뜻으로, **제자나 후배가 스승이나 선배보다 나음을 비유적으로 이르는 말.**<br>예 <u>청출어람</u>이라더니, 그는 스승보다 글솜씨가 더 뛰어났다. | 더알기 '쪽'은 마디풀과의 한해살이풀로, 잎을 염료로 쓴다. |
| **팔방미인**<br>여덟 八 \| 모 方 \| 아름다울 美 \| 사람 人 | **여러 방면에 능통한 사람을 비유적으로 이르는 말.**<br>예 공부면 공부, 노래면 노래, 운동이면 운동, 그는 정말 못하는 게 없는 <u>팔방미인</u>이었다. | |

제시된 초성과 뜻을 참고하여 빈칸에 들어갈 어휘를 쓰시오.

**01** ㅂㅎ : 못살게 굴어서 해롭게 함.
예 그들은 모진 (　　　　　　) 속에서도 자기 신념을 꺾지 않았다.

**02** ㅅㅈ : 굳게 믿어 지키고 있는 생각.
예 많은 사람들이 성실, 근면, 정직, 절약 등을 삶의 (　　　　)로 삼고 있다.

**03** ㅂㅌ : 몹시 슬퍼하면서 탄식함. 또는 그 탄식.
예 그는 자신이 좋아하는 친구의 사고 소식에 (　　　　)에 잠겨 눈물만 흘릴 뿐이었다.

**04** ㅊㅌ : 왕위, 국가 주권 따위를 억지로 빼앗음.
예 그는 왕위를 (　　　　)한 반역자를 섬길 수 없다며 벼슬길에서 물러났다.

**05** ㅂㅅ : 옷의 꾸밈새. 옷과 장신구를 아울러 이르는 말.
예 백제 시대 귀족들의 (　　　　)은 우아하고 아름다웠으나 실생활에서 입고 지내기에는 불편해 보였다.

빈칸에 들어갈 한자 성어를 〈보기〉에서 찾아 쓰시오.

> ───── 보기 ─────
> 군계일학　　　낭중지추　　　백미　　　재자가인　　　청출어람　　　팔방미인

**06** 그는 자신이 가르친 제자의 실력을 두고 (　　　　)이라며 기뻐하였다.

**07** 그는 노래, 춤, 연기 등 모든 방면에서 능통해 (　　　　)으로 불린다.

**08** 이번에 개봉한 영화의 남녀 주인공은 누가 보아도 (　　　　)이라 할 만하다.

**09** 뽀얀 사골 국물로 끓여 낸 떡국은 누가 뭐래도 설날 음식의 (　　　　)이다.

**10** 여러 축구 선수들 틈에서 발군의 실력을 발휘하는 그는 단연 (　　　　)이었다.

**11** 그에게는 (　　　　)라는 말이 어울려. 그의 음악적 재능은 아무리 숨기려 해도 빛이 나거든.

**12~15** 다음 뜻에 해당하는 어휘를 찾아 바르게 연결하시오.

**12** 결단하여 실행하다. • • ㉠ 강구하다

**13** 낡아서 무너지고 떨어지다. • • ㉡ 단행하다

**14** 설명하거나 증명하지 아니하여도 저절로 알 만큼 명백하다. • • ㉢ 자명하다

**15** 좋은 대책과 방법을 궁리하여 찾아내거나 좋은 대책을 세우다. • • ㉣ 퇴락하다

✅ **개념 확인**

**16~18** 다음 설명이 맞으면 ○에, 틀리면 ×에 표시하시오.

**16** 준언어적 표현은 언어적 요소에 덧붙여 의미를 전달하는 것으로 어조, 억양, 강세, 말의 빠르기, 목소리의 크기 등이 이에 속한다. ( ○ , × )

**17** 비언어적 표현은 언어적·준언어적 표현 이외의 방법으로 의미를 전달하는 것으로 시선, 표정, 몸짓, 손짓 등이 이에 속한다. ( ○ , × )

**18** 준언어적 표현과 비언어적 표현은 상황과 관계없이 되도록 자주 활용하는 것이 의미의 전달에 도움이 된다. ( ○ , × )

| 🗹 맞힌 개수 | ( ) / 18문항 |
|---|---|
| 🗹 복습할 어휘 | |

**24회**

공부한 날짜        월        일

## 📖 필수 어휘

| | | |
|---|---|---|
| **감지하다**<br>느낄 感 \| 알 知 | 느끼어 알다.<br>예 그는 사태의 중대성을 <u>감지하고</u> 있었다. | |
| **감퇴**<br>덜 減 \| 물러날 退 | 기운이나 세력 따위가 줄어 쇠퇴함.<br>예 지독한 감기 몸살은 식욕의 <u>감퇴</u>를 불러왔다. | 벤 증진(增進): 기운이나 세력 따위가 점점 더 늘어 가고 나아 감. |
| **관행**<br>버릇 慣 \| 행할 行 | 오래전부터 해 오는 대로 함. 또는 관례에 따라서 함.<br>예 어느 조직이나 오랜 <u>관행</u>을 바꾸기는 쉽지 않다. | ➕ 관례(慣例): 전부터 해 내려오던 전례(前例)가 관습으로 굳어진 것. |
| **도용**<br>도둑 盜 \| 쓸 用 | 남의 물건이나 명의를 몰래 씀.<br>예 타인의 명의 <u>도용</u>은 일종의 범죄이다. | ➕ 명의(名義): ① 어떤 일이나 행동의 주체로서 공식적으로 알리는 개인 또는 기관의 이름. ② 문서상의 권한과 책임이 있는 이름. |
| **미온적**<br>작을 微 \| 따뜻할 溫 \| 과녁 的 | 태도가 미적지근한. 또는 그런 것.<br>예 그는 주말에 등산을 가자는 제의를 받고 <u>미온적</u>으로 반응했다. | ➕ 미적지근하다: ① 더운 기운이 약간 있는 듯하다. ② 성격이나 행동, 태도 따위가 맺고 끊는 데가 없이 흐리멍덩하다. |
| **연명하다**<br>끌 延 \| 목숨 命 | 목숨을 겨우 이어 살아가다.<br>예 그는 보리죽으로 근근이 <u>연명했다</u>. | |
| **왜곡하다**<br>비뚤 歪 \| 굽을 曲 | 사실과 다르게 해석하거나 그릇되게 하다.<br>예 요즘 사실을 <u>왜곡하는</u> 가짜 뉴스들이 보도되고 있다. | ⭐ 2018 수능 스피노자는 목적론이 자연에 대한 이해를 <u>왜곡한</u>다고 비판한다. |
| **익명성**<br>숨길 匿 \| 이름 名 \| 성질 性 | 어떤 행위를 한 사람이 누구인지 드러나지 않는 특성.<br>예 일부 네티즌은 인터넷의 <u>익명성</u>을 이용하여 악성 댓글을 달기도 한다. | 더알기 '익명성'의 '-성'은 '성질'의 뜻을 더하는 접미사이다.<br>예 순수성 \| 신축성 \| 양면성 |
| **인습**<br>인할 因 \| 익힐 習 | 이전부터 전하여 내려오는 습관.<br>예 <u>인습</u>에 얽매인 사고방식으로는 창의성을 발휘하기 어렵다. | |

| 보고서<br>알릴 報 \| 고할 告 \| 글 書 | 어떤 목적을 가지고 실시한 관찰 · 조사 · 실험 등의 절차와 결과를 정리하여, 보고하는 형식으로 쓴 글. | **더알기** 보고서에는 특정한 대상을 관찰하여 정리한 '관찰 보고서', 대상의 실태를 조사하여 정리한 '조사 보고서', 실험을 하고 실험의 절차와 결과를 정리한 '실험 보고서'가 있다. |
|---|---|---|

> **보고서를 쓸 때의 유의점**
> - 목적, 기간, 대상 및 방법, 결과 및 분석 등 구성 요소를 갖추어야 함.
> - 절차와 결과가 잘 드러나도록 작성해야 함.
> - 간결하고 명확한 표현을 사용하고, 시각적 자료를 적절히 활용해야 함.
> - 보고 내용을 왜곡하지 않고 사실에 근거하여 기술해야 함.
> - 다른 사람의 자료나 정보를 인용할 때에는 반드시 출처를 밝혀야 함.

| 쓰기 윤리 | 글쓴이가 글을 쓰는 과정에서 준수해야 할 윤리적 규범. | **더알기** 인터넷에 허위 내용을 유포하지 않거나 악성 댓글을 달지 않는 것도 쓰기 윤리를 지키는 것이다. |
|---|---|---|

> **쓰기 윤리의 실천 방법**
> - 다른 사람이 생산한 아이디어나 자료, 글의 출처를 밝혀 올바르게 인용해야 함.
> - 조사 결과나 연구 결과를 과장, 축소, 변형, 왜곡하지 않고 사실대로 제시해야 함.

| 저작권<br>나타날 著 \| 지을 作 \| 권세 權 | 문학, 예술, 학술에 속하는 창작물에 대하여 **저작자나 그 권리 승계인이 행사하는 배타적 · 독점적 권리**. | **더알기** 저작권은 저작자의 생존 기간 및 사후 70년간 유지된다. |
|---|---|---|

■ 한자 성어 | 관용구 | 속담   '실행'과 관련이 있는 속담

| 구슬이 서 말이라도 꿰어야 보배 | 아무리 훌륭하고 좋은 것이라도 다듬고 정리하여 쓸모 있게 만들어 놓아야 값어치가 있음을 비유적으로 이르는 말.<br>예 구슬이 서 말이라도 꿰어야 보배래. 쌓아 두지만 말고 책 좀 읽어! | **더알기** '말'은 부피의 단위로, 곡식, 액체, 가루 따위의 부피를 잴 때 쓴다. 한 말은 약 18리터에 해당한다. |
|---|---|---|
| 길고 짧은 것은 대어 보아야 안다 | 크고 작고, 이기고 지고, 잘하고 못하는 것은 실지로 겨루어 보거나 겪어 보아야 알 수 있다는 말.<br>예 길고 짧은 것은 대어 보아야 안다고, 네가 나한테 질 수도 있어! | |
| 부뚜막의 소금도 집어넣어야 짜다 | 가까운 부뚜막에 있는 소금도 넣지 아니하면 음식이 짠맛이 날 수 없다는 뜻으로, 아무리 손쉬운 일이라도 힘을 들여 행동하지 않으면 소용이 없음을 비유적으로 이르는 말.<br>예 부뚜막의 소금도 집어넣어야 짜다고 했으니, 아무리 문제집이 많아도 풀어야 성적이 오르는 것이다. | **더알기** '부뚜막'은 불을 때는 구멍인 아궁이 위에 솥을 걸어 놓는 언저리를 말한다. 한옥의 부엌에서 일종의 조리대인 셈이다. |
| 시작이 반이다 | 무슨 일이든지 시작하기가 어렵지 일단 시작하면 일을 끝마치기는 그리 어렵지 아니함을 비유적으로 이르는 말.<br>예 시작이 반이라는데 빨리 시작하자. | |
| 천 리 길도 한 걸음부터 | 무슨 일이나 그 일의 시작이 중요하다는 말.<br>예 천 리 길도 한 걸음부터라는 말이 있듯이 영어를 두려워하지 말고 알파벳 공부부터 시작하자. | **더알기** '리(里)'는 거리의 단위로, 천 리는 약 393km에 해당한다. |

01~04 제시된 초성과 뜻을 참고하여 빈칸에 들어갈 어휘를 쓰시오.

**01** ㄷ ㅇ : 남의 물건이나 명의를 몰래 씀.

예 요즈음 인터넷을 이용해 개인 정보를 ( )하는 사례가 늘고 있다.

**02** ㄱ ㅌ : 기운이나 세력 따위가 줄어 쇠퇴함.

예 그는 시험에서 떨어진 뒤에 삶의 의욕마저 ( )하고 말았다.

**03** ㄱ ㅎ : 오래전부터 해 오는 대로 함. 또는 관례에 따라서 함.

예 잘못된 ( )을 뿌리 뽑기 위해서는 지속적인 노력이 필요하다.

**04** ㅁ ㅇ ㅈ : 태도가 미적지근한. 또는 그런 것.

예 그 회사는 동물 실험을 반대하는 캠페인에 ( )인 자세를 취했다.

05~07 다음 뜻에 해당하는 어휘를 찾아 바르게 연결하시오.

**05** 느끼어 알다.     •     • ㉠ 왜곡하다

**06** 목숨을 겨우 이어 살아가다.     •     • ㉡ 연명하다

**07** 사실과 다르게 해석하거나 그릇되게 하다. •     • ㉢ 감지하다

08~09 다음 문장에 어울리는 어휘를 고르시오.

**08** 그들은 과거의 고루한 ( 강습 | 인습 )을 타파하고자 계몽 운동을 시작했다.

**09** 근래에 인터넷의 ( 익명성 | 체계성 )을 이용하여 타인에게 상처를 주는 사례가 늘고 있다.

**10~14** 제시된 초성을 참고하여 다음 뜻에 해당하는 속담을 쓰시오.

**10** ㅊㄹ 길도 ㅎㄱㅇ부터: 무슨 일이나 그 일의 시작이 중요하다는 말.

_____

**11** ㅅㅈ이 ㅂ이다: 무슨 일이든지 시작하기가 어렵지 일단 시작하면 일을 끝마치기는 그리 어렵지 아니함을 비유적으로 이르는 말.

_____

**12** ㅂㄸㅁ의 ㅅㄱ도 집어넣어야 짜다: 아무리 손쉬운 일이라도 힘을 들여 행동하지 않으면 소용이 없음을 비유적으로 이르는 말.

_____

**13** ㄱㄱ ㅉㅇㄱ은 대어 보아야 안다: 크고 작고, 이기고 지고, 잘하고 못하는 것은 실지로 겨루어 보거나 겪어 보아야 알 수 있다는 말.

_____

**14** ㄱㅅ이 서 말이라도 꿰어야 ㅂㅂ: 아무리 훌륭하고 좋은 것이라도 다듬고 정리하여 쓸모 있게 만들어 놓아야 값어치가 있음을 비유적으로 이르는 말.

_____

✅ **개념 확인**

**15~17** 다음 설명이 맞으면 ○에, 틀리면 ×에 표시하시오.

**15** 보고서는 어떤 목적을 가지고 실시한 관찰·조사·실험 등의 절차와 결과를 정리하여, 보고하는 형식으로 쓴 글이다. ( ○ , × )

**16** 쓰기 윤리는 글을 쓸 때 지켜야 할 윤리적 규범으로, 이를 실천하려면 다른 사람이 생산한 아이디어나 자료, 글의 출처를 밝혀 올바르게 인용해야 한다. ( ○ , × )

**17** 저작권은 문학, 예술, 학술에 속하는 창작물에 대하여 저작자나 그 권리 승계인이 행사하는 배타적·독점적 권리로, 저작자의 생존 기간 및 사후 50년간 유지된다. ( ○ , × )

| ⊙ 맞힌 개수 | ( ) / 17문항 |
|---|---|
| ☑ 복습할 어휘 | |

**01** 밑줄 친 어휘의 쓰임이 적절하지 <u>않은</u> 것은?

① 문화 강국이 되려면 <u>인습</u>을 계승하여 새로운 문화를 창조해야 한다.

② 해커들의 침입으로 기상청의 전산망이 <u>교란</u>되자 시민들의 문의가 빗발쳤다.

③ 석유 파동의 영향을 받아 경제 성장률이 급작스럽게 <u>둔화</u>될 것으로 예상된다.

④ 현재 우리에게는 현실에 대한 <u>각성</u>과 어려움을 헤쳐 나가려는 지혜가 필요하다.

⑤ 야구 해설자는 자신이 응원하는 팀을 <u>편파</u> 중계하여 시청자들에게 강도 높은 비난을 받았다.

**02** 〈보기〉의 ㉠~㉤ 어디에도 들어갈 수 <u>없는</u> 것은?

> 보기
>
> ㉠ 일조량이 많고 비도 적당히 와서 올해 농사가 풍년이 될 것은 (　　　　　)한 일이다.
> ㉡ 양국 사이의 군사적 갈등이 (　　　　　) 직전의 상황에 이르러 국제 사회가 긴장하고 있다.
> ㉢ 선생님은 학급에서 벌어진 작은 사건도 그냥 넘기지 않으시고 (　　　　　)를 분명히 따지는 분이셨다.
> ㉣ 재주가 빼어난 순오는 아무리 숨기려 해도 그 능력이 결국 드러나고 마는 (　　　　　)와 같은 학생이었다.
> ㉤ 올림픽 레슬링 금메달리스트와 민속 씨름 천하장사의 힘겨루기는 (　　　　　)의 대결로 큰 관심을 모았다.

① 공명정대　　　　　② 명약관화　　　　　③ 낭중지추

④ 시시비비　　　　　⑤ 용호상박

**03** 〈보기〉를 참고하여 문장의 맥락에 맞는 어휘에 밑줄 친 것으로 적절하지 <u>않은</u> 것은?

> 보기
>
> **투여하다**
> 「1」 약 따위를 환자에게 복용시키거나 주사하다.
> 「2」 돈이나 노력 따위를 어떤 일에 들이다.
>
> **투영하다**
> 「1」 물체의 그림자를 어떤 물체 위에 비추다.
> 「2」 (비유적으로) 어떤 일을 다른 일에 반영하여 나타내다.

① 이 영화는 젊은이들의 팍팍한 삶의 현실을 (투여 / <u>투영</u>)해 많은 관객을 모았다.

② 그 육상 선수는 금지 약물을 (<u>투여</u> / 투영)한 사실이 밝혀져 메달을 박탈당했다.

③ 그의 소설은 식민지 시대의 사회 상황을 (<u>투여</u> / 투영)한 작품으로 호평을 받았다.

④ 이번 축제는 많은 예산을 (<u>투여</u> / 투영)한 사업인데 시민들의 참여가 매우 저조하였다.

⑤ 그는 어슴푸레하게 달빛이 비친 담장 앞에서 자신의 그림자를 (투여 / <u>투영</u>)하고 있었다.

**04** 〈보기〉의 밑줄 친 속담과 바꿔 쓰기에 가장 적절한 한자 성어는?

┌─ 보기 ─┐

정부는 경제 활성화의 일환으로 카드 수수료를 인하하는 정책을 급하게 내놓았으나 이는 <u>언 발에 오줌 누기</u>에 그칠 우려가 있다.

① 군계일학   ② 임시변통   ③ 일벌백계   ④ 재자가인   ⑤ 청출어람


**05** ㉠, ㉡에 들어갈 어휘가 바르게 짝지어진 것은?

현민이는 말재주가 뛰어나서 학창 시절 웅변대회에 나가면 ( ㉠ )인 연설로 청중을 설득해 상을 휩쓸던 학생이었다. 또한 현민이는 누구나 하는 흔한 생각을 버리고 ( ㉡ )을 통해서 사업적으로도 큰 성공을 거두었다.

|  | ㉠ | ㉡ |  | ㉠ | ㉡ |
|---|---|---|---|---|---|
| ① | 암묵적 | 역차별 | ② | 비판적 | 역방향 |
| ③ | 우호적 | 역이용 | ④ | 선동적 | 역발상 |
| ⑤ | 비관적 | 역마살 |  |  |  |

**2016** 수능 기출 응용

**06** 밑줄 친 어휘를 바꾼 표현으로 적절하지 <u>않은</u> 것은?

① 임금의 급작스러운 승하에 신하들이 <u>비탄</u>(→ 통탄)을 금치 못했다.
② 대통령은 금융 실명제를 <u>단행하여</u>(→ 결행하여) 돈의 부정한 흐름을 막고자 하였다.
③ 농부가 봄과 여름을 게을리 보내면 가을에 거둘 게 없는 것은 <u>자명한</u>(→ 명백한) 사실이다.
④ 정부는 서민 경제의 안정을 위한 최우선 정책으로 안정적 일자리 확보를 <u>강구했다</u>(→ 강권했다).
⑤ 경민이는 어려운 문제를 풀지 못해서 한참을 고민하다가 결국 문제를 풀 수 있는 <u>단서</u>(→ 실마리)를 찾았다.


**07** 〈보기〉의 설명을 참고하여 국어를 로마자로 표기한 것으로 적절하지 <u>않은</u> 것은?

┌─ 보기 ─┐

우리말을 외국인들이 이해할 수 있는 로마자로 바꿔 표기하는 방식을 규정한 것을 로마자 표기법이라고 한다. 예를 들면, '종로'를 'Jongro'라고 적으면 [Jongno]라고 자연스럽게 발음하지 못하므로, 국어의 표준 발음법에 따라 'Jongno'라고 적는다. 국어의 로마자 표기법은 외국인에게 꼭 필요한 규정으로 국어의 표준 발음에 맞추어 표기하며, 음운 변화에 의한 된소리는 표기에 반영하지 않는다. 또한 고유 명사의 첫 글자는 대문자로 적는다.

① 남산 → Namsan   ② 신라 → Silla   ③ 알약 → allyak
④ 대구 → Daegu   ⑤ 낙동강 → Nakddonggang

# 쉼터 만화로 보는 고사성어

> ### 함흥차사
> 다 咸 | 일어날 興 | 어그러질 差 | 부
> 릴 使
>
> 심부름을 가서 오지 않거나 늦게 온 사람을 이르는 말. 조선 태조 이성계가 왕위를 물려주고 함흥에 있을 때에, 태종이 보낸 차사를 혹은 죽이고 혹은 잡아 가두어 돌려보내지 아니하였던 데서 유래한다.

조선 시대 초기, 태조 이성계는 다섯째 아들인 방원이 형제들을 죽이고 임금이 되자, 화가 나서 함흥으로 가 버렸다.

태종에 대한 분이 풀리지 않은 태조 이성계는 차사를 한성으로 돌려보내지 않았다.

함흥차사의 사례로는 무엇이 있을까?

 **부록** 

# 한자 성어 더 보기

ㄱ | 각골통한(刻骨痛恨) | 뼈에 사무칠 만큼 원통하고 한스러움. 또는 그런 일. |
| 거두절미(去頭截尾) | ① 머리와 꼬리를 잘라 버림.<br>② 어떤 일의 요점만 간단히 말함. |
| 견마지로(犬馬之勞) | 개나 말 정도의 하찮은 힘이라는 뜻으로, 윗사람에게 충성을 다하는 자신의 노력을 낮추어 이르는 말. |
| 견문발검(見蚊拔劍) | 모기를 보고 칼을 뺀다는 뜻으로, 사소한 일에 크게 성내어 덤빔을 이르는 말. |
| 견원지간(犬猿之間) | 개와 원숭이의 사이라는 뜻으로, 사이가 매우 나쁜 두 관계를 비유적으로 이르는 말. |
| 경국지색(傾國之色) | 임금이 혹하여 나라가 기울어져도 모를 정도의 미인이라는 뜻으로, 뛰어나게 아름다운 미인을 이르는 말. |
| 고군분투(孤軍奮鬪) | ① 따로 떨어져 도움을 받지 못하게 된 군사가 많은 수의 적군과 용감하게 잘 싸움.<br>② 남의 도움을 받지 아니하고 힘에 벅찬 일을 잘해 나가는 것을 비유적으로 이르는 말. |
| 구상유취(口尙乳臭) | 입에서 아직 젖내가 난다는 뜻으로, 말이나 행동이 유치함을 이르는 말. |
| 권모술책(權謀術策) | 목적 달성을 위하여 수단과 방법을 가리지 아니하는 온갖 모략이나 술책. |
| 권토중래(捲土重來) | ① 땅을 말아 일으킬 것 같은 기세로 다시 온다는 뜻으로, 한 번 실패하였으나 힘을 회복하여 다시 쳐들어옴을 이르는 말.<br>② 어떤 일에 실패한 뒤에 힘을 가다듬어 다시 그 일에 착수함을 비유하여 이르는 말. |
| 금과옥조(金科玉條) | 금이나 옥처럼 귀중히 여겨 꼭 지켜야 할 법칙이나 규정. |
| 금란지교(金蘭之交) | 친구 사이의 매우 두터운 정을 이르는 말. |
| 금상첨화(錦上添花) | 비단 위에 꽃을 더한다는 뜻으로, 좋은 일 위에 또 좋은 일이 더하여짐을 비유적으로 이르는 말. |

ㄴ | 난형난제(難兄難弟) | 누구를 형이라 하고 누구를 아우라 하기 어렵다는 뜻으로, 두 사물이 비슷하여 낫고 못함을 정하기 어려움을 이르는 말. |
| 남가일몽(南柯一夢) | 꿈과 같이 헛된 한때의 부귀영화를 이르는 말. |
| 내우외환(內憂外患) | 나라 안팎의 여러 가지 어려움. |
| 노심초사(勞心焦思) | 몹시 마음을 쓰며 애를 태움. |
| 녹의홍상(綠衣紅裳) | ① 연두저고리와 다홍치마.<br>② 곱게 차려입은 젊은 여자의 옷차림을 이르는 말. |

| | | |
|---|---|---|
| ㄷ | 대기만성(大器晚成) | 큰 그릇을 만드는 데는 시간이 오래 걸린다는 뜻으로, 크게 될 사람은 늦게 이루어짐을 이르는 말. |
| | 대의명분(大義名分) | ① 사람으로서 마땅히 지키고 행하여야 할 도리나 본분.<br>② 어떤 일을 꾀하는 데 내세우는 합당한 구실이나 이유. |
| | 동분서주(東奔西走) | 동쪽으로 뛰고 서쪽으로 뛴다는 뜻으로, 사방으로 이리저리 몹시 바쁘게 돌아다님을 이르는 말. |
| | 두문불출(杜門不出) | ① 집에만 있고 바깥출입을 아니함.<br>② 집에서 은거하면서 관직에 나가지 아니하거나 사회의 일을 하지 아니함을 비유적으로 이르는 말. |
| | 등고자비(登高自卑) | ① 높은 곳에 오르려면 낮은 곳에서부터 오른다는 뜻으로, 일을 순서대로 하여야 함을 이르는 말.<br>② 지위가 높아질수록 자신을 낮춤을 이르는 말. |
| | 등하불명(燈下不明) | 등잔 밑이 어둡다는 뜻으로, 가까이에 있는 물건이나 사람을 잘 찾지 못함을 이르는 말. |
| ㅁ | 망양보뢰(亡羊補牢) | 양을 잃고 우리를 고친다는 뜻으로, 이미 어떤 일을 실패한 뒤에 뉘우쳐도 아무 소용이 없음을 이르는 말. |
| | 멸사봉공(滅私奉公) | 사욕을 버리고 공익을 위하여 힘씀. |
| | 명견만리(明見萬里) | 만 리 앞을 내다본다는 뜻으로, 관찰력이나 판단력이 매우 정확하고 뛰어남을 이르는 말. |
| | 목불인견(目不忍見) | 눈앞에 벌어진 상황 따위를 눈 뜨고는 차마 볼 수 없음. |
| | 무소불위(無所不爲) | 하지 못하는 일이 없음. |
| | 무아지경(無我之境) | 정신이 한곳에 온통 쏠려 스스로를 잊고 있는 경지. |
| | 무위도식(無爲徒食) | 하는 일 없이 놀고먹음. |
| | 미사여구(美辭麗句) | 아름다운 말로 듣기 좋게 꾸민 글귀. |
| ㅂ | 박장대소(拍掌大笑) | 손뼉을 치며 크게 웃음. |
| | 반신반의(半信半疑) | 얼마쯤 믿으면서도 한편으로는 의심함. |
| | 방약무인(傍若無人) | 곁에 사람이 없는 것처럼 아무 거리낌 없이 함부로 말하고 행동하는 태도가 있음. |
| | 배은망덕(背恩忘德) | 남에게 입은 은덕을 저버리고 배신하는 태도가 있음. |
| | 백면서생(白面書生) | 한갓 글만 읽고 세상일에는 전혀 경험이 없는 사람. |
| | 백발백중(百發百中) | ① 백 번 쏘아 백 번 맞힌다는 뜻으로, 총이나 활 따위를 쏠 때마다 겨눈 곳에 다 맞음을 이르는 말.<br>② 무슨 일이나 틀림없이 잘 들어맞음. |
| | 백척간두(百尺竿頭) | 백 자나 되는 높은 장대 위에 올라섰다는 뜻으로, 몹시 어렵고 위태로운 지경을 이르는 말. |

| ㅅ | 산전수전(山戰水戰) | 산에서도 싸우고 물에서도 싸웠다는 뜻으로, 세상의 온갖 고생과 어려움을 다 겪었음을 이르는 말. |
|---|---|---|
| | 살신성인(殺身成仁) | 자기의 몸을 희생하여 인(仁)을 이룸. |
| | 생사고락(生死苦樂) | 삶과 죽음, 괴로움과 즐거움을 통틀어 이르는 말. |
| | 선견지명(先見之明) | 어떤 일이 일어나기 전에 미리 앞을 내다보고 아는 지혜. |
| | 섬섬옥수(纖纖玉手) | 가냘프고 고운 여자의 손을 이르는 말. |
| | 속수무책(束手無策) | 손을 묶은 것처럼 어찌할 도리가 없어 꼼짝 못 함. |
| | 수구초심(首丘初心) | 여우가 죽을 때에 머리를 자기가 살던 굴 쪽으로 둔다는 뜻으로, 고향을 그리워하는 마음을 이르는 말. |
| | 식자우환(識字憂患) | 학식이 있는 것이 오히려 근심을 사게 됨. |

| ㅇ | 아비규환(阿鼻叫喚) | 여러 사람이 비참한 지경에 빠져 울부짖는 참상을 비유적으로 이르는 말. |
|---|---|---|
| | 아연실색(啞然失色) | 뜻밖의 일에 얼굴빛이 변할 정도로 놀람. |
| | 양상군자(梁上君子) | 들보 위의 군자라는 뜻으로, 도둑을 완곡하게 이르는 말. |
| | 어불성설(語不成說) | 말이 조금도 사리에 맞지 아니함. |
| | 연목구어(緣木求魚) | 나무에 올라가서 물고기를 구한다는 뜻으로, 도저히 불가능한 일을 굳이 하려 함을 비유적으로 이르는 말. |
| | 오리무중(五里霧中) | 오 리나 되는 짙은 안개 속에 있다는 뜻으로, 무슨 일에 대하여 방향이나 갈피를 잡을 수 없음을 이르는 말. |
| | 오월동주(吳越同舟) | 서로 적의를 품은 사람들이 한자리에 있게 된 경우나 서로 협력하여야 하는 상황을 비유적으로 이르는 말. |
| | 오합지졸(烏合之卒) | 까마귀가 모인 것처럼 질서가 없이 모인 병졸이라는 뜻으로, 임시로 모여들어서 규율이 없고 무질서한 병졸 또는 군중을 이르는 말. |
| | 와신상담(臥薪嘗膽) | 불편한 섶에 몸을 눕히고 쓸개를 맛본다는 뜻으로, 원수를 갚거나 마음먹은 일을 이루기 위하여 온갖 어려움과 괴로움을 참고 견딤을 비유적으로 이르는 말. |
| | 외유내강(外柔內剛) | 겉으로는 부드럽고 순하게 보이나 속은 곧고 굳셈. |
| | 우후죽순(雨後竹筍) | 비가 온 뒤에 여기저기 솟는 죽순이라는 뜻으로, 어떤 일이 한때에 많이 생겨남을 비유적으로 이르는 말. |
| | 읍참마속(泣斬馬謖) | 큰 목적을 위하여 자기가 아끼는 사람을 버림을 이르는 말. |
| | 인면수심(人面獸心) | 사람의 얼굴을 하고 있으나 마음은 짐승과 같다는 뜻으로, 마음이나 행동이 몹시 흉악함을 이르는 말. |
| | 인산인해(人山人海) | 사람이 산을 이루고 바다를 이루었다는 뜻으로, 사람이 수없이 많이 모인 상태를 이르는 말. |
| | 일장춘몽(一場春夢) | 한바탕의 봄꿈이라는 뜻으로, 헛된 영화나 덧없는 일을 비유적으로 이르는 말. |
| | 일필휘지(一筆揮之) | 글씨를 단숨에 죽 내리 씀. |

| ㅈ | 자격지심(自激之心) | 자기가 한 일에 대하여 스스로 미흡하게 여기는 마음. |
|---|---|---|
| | 자수성가(自手成家) | 물려받은 재산이 없이 자기 혼자의 힘으로 집안을 일으키고 재산을 모음. |
| | 전광석화(電光石火) | 번갯불이나 부싯돌의 불이 번쩍거리는 것과 같이 매우 짧은 시간이나 매우 재빠른 움직임 따위를 비유적으로 이르는 말. |
| | 전도유망(前途有望) | 앞으로 잘될 희망이 있음. |
| | 절치부심(切齒腐心) | 몹시 분하여 이를 갈며 속을 썩임. |
| | 점입가경(漸入佳境) | ① 들어갈수록 점점 재미가 있음.<br>② 시간이 지날수록 하는 짓이나 몰골이 더욱 꼴불견임을 비유적으로 이르는 말. |
| | 좌정관천(坐井觀天) | 우물 속에 앉아서 하늘을 본다는 뜻으로, 사람의 견문(見聞)이 매우 좁음을 이르는 말. |
| | 진퇴양난(進退兩難) | 이러지도 저러지도 못하는 어려운 처지. |

| ㅊ | 천신만고(千辛萬苦) | 천 가지 매운 것과 만 가지 쓴 것이라는 뜻으로, 온갖 어려운 고비를 다 겪으며 심하게 고생함을 이르는 말. |
|---|---|---|
| | 천편일률(千篇一律) | 여럿이 개별적 특성이 없이 모두 엇비슷한 현상을 비유적으로 이르는 말. |
| | 청운만리(靑雲萬里) | 입신출세하려는 큰 꿈을 비유적으로 이르는 말. |
| | 초미지급(焦眉之急) | 눈썹에 불이 붙었다는 뜻으로, 매우 급함을 이르는 말. |
| | 칠전팔기(七顚八起) | 일곱 번 넘어지고 여덟 번 일어난다는 뜻으로, 여러 번 실패하여도 굴하지 아니하고 꾸준히 노력함을 이르는 말. |

| ㅌ | 탁상공론(卓上空論) | 현실성이 없는 허황한 이론이나 논의. |
|---|---|---|
| | 탄탄대로(坦坦大路) | ① 험하거나 가파른 곳이 없이 평평하고 넓은 큰길.<br>② 아무런 어려움이 없이 순탄한 장래를 이르는 말. |
| | 탐관오리(貪官汚吏) | 백성의 재물을 탐내어 빼앗는, 행실이 깨끗하지 못한 관리. |

| ㅍ | 파안대소(破顔大笑) | 매우 즐거운 표정으로 활짝 웃음. |
|---|---|---|
| | 포복절도(抱腹絕倒) | 배를 그러안고 넘어질 정도로 몹시 웃음. |

| ㅎ | 하석상대(下石上臺) | 아랫돌 빼서 윗돌 괴고 윗돌 빼서 아랫돌 괸다는 뜻으로, 임시변통으로 이리저리 둘러맞춤을 이르는 말. |
|---|---|---|
| | 함분축원(含憤蓄怨) | 분한 마음을 품고 원한을 쌓음. |
| | 허장성세(虛張聲勢) | 실속은 없으면서 큰소리치거나 허세를 부림. |
| | 호사다마(好事多魔) | 좋은 일에는 흔히 방해되는 일이 많음. 또는 그런 일이 많이 생김. |
| | 회자정리(會者定離) | 만난 자는 반드시 헤어짐. 모든 것이 무상함을 나타내는 말. |
| | 후안무치(厚顔無恥) | 뻔뻔스러워 부끄러움이 없음. |

# 부록 단위어

| | |
|---|---|
| **근(斤)** | 무게의 단위. 한 근은 고기나 한약재의 무게를 잴 때는 600그램에 해당하고, 과일이나 채소 따위의 무게를 잴 때는 375그램에 해당한다. 예 쇠고기 한 근. |
| **길** | ① 길이의 단위. 한 길은 여덟 자 또는 열 자로 약 2.4미터 또는 3미터에 해당한다. 예 천 길.<br>② 길이의 단위. 한 길은 사람의 키 정도의 길이이다.<br>예 통나무의 굵기는 한 아름이 넘고 길이는 열 길이 넘었다. |
| **꾸러미** | ① 꾸리어 싼 물건을 세는 단위. 예 소포 두 꾸러미.<br>② 달걀 열 개를 묶어 세는 단위. 예 달걀 한 꾸러미. |
| **닢** | 납작한 물건을 세는 단위. 흔히 돈이나 가마니, 멍석 따위를 셀 때 쓴다. 예 동전 한 닢. |
| **단** | 짚, 땔나무, 채소 따위의 묶음을 세는 단위. 예 시금치 두 단. |
| **두름** | ① 조기 따위의 물고기를 짚으로 한 줄에 열 마리씩 두 줄로 엮은 것을 세는 단위.<br>예 청어 한 두름.<br>② 고사리 따위의 산나물을 열 모숨 정도로 엮은 것을 세는 단위. 예 취나물 세 두름. |
| **땀** | 실을 꿴 바늘로 한 번 뜬 자국을 세는 단위.<br>예 바느질을 한 땀 한 땀 정성 들여 하다. |
| **리(里)** | 거리의 단위. 1리는 약 0.393km에 해당한다.<br>예 예전에는 학교까지 오 리쯤 걸어 다녔다. |
| **마리** | 짐승이나 물고기, 벌레 따위를 세는 단위. 예 소 한 마리. |
| **마장** | 거리의 단위. 오 리나 십 리가 못 되는 거리를 이를 때, '리' 대신 쓰인다. 예 일 마장. |
| **마지기** | 논밭 넓이의 단위. 한 마지기는 볍씨 한 말의 모 또는 씨앗을 심을 만한 넓이로, 지방마다 다르나 논은 약 150~300평, 밭은 약 100평 정도이다. 예 논 다섯 마지기. |
| **모** | 두부나 묵 따위를 세는 단위. 예 두부 한 모. |
| **모금** | 액체나 기체를 입 안에 한 번 머금는 분량을 세는 단위. 예 물 한 모금. |
| **발** | 길이의 단위. 한 발은 두 팔을 양옆으로 펴서 벌렸을 때 한쪽 손끝에서 다른 쪽 손끝까지의 길이이다. 예 열두 발 상모. |
| **벌** | ① 옷을 세는 단위. 예 드레스 두 벌.<br>② 옷이나 그릇 따위가 두 개 또는 여러 개 모여 갖추는 덩어리를 세는 단위. 예 바지저고리 한 벌. |
| **사리** | 국수, 새끼, 실 따위의 뭉치를 세는 단위. 예 냉면 두 사리. |
| **섬** | 부피의 단위. 곡식, 가루, 액체 따위의 부피를 잴 때 쓴다. 한 섬은 한 말의 열 배로 약 180리터에 해당한다.<br>예 벼 한 섬을 지게에 지다. |

| | |
|---|---|
| **손** | 한 손에 잡을 만한 분량을 세는 단위. 조기, 고등어, 배추 따위 한 손은 큰 것 하나와 작은 것 하나를 합한 것을 이르고, 미나리나 파 따위 한 손은 한 줌 분량을 이른다.   예 고등어 한 손. |
| **쌈** | 바늘을 묶어 세는 단위. 한 쌈은 바늘 스물네 개를 이른다.   예 바늘 세 쌈. |
| **아름** | ① 둘레의 길이를 나타내는 단위.<br>예 두 아름 가까이 되는 느티나무.<br>② 두 팔을 둥글게 모아 만든 둘레 안에 들 만한 분량을 세는 단위.<br>예 꽃을 한 아름 사 오다. |
| **알** | ① 작고 둥근 모양의 물건을 세는 단위.   예 달걀 한 알.<br>② 작고 둥근 열매나 곡식의 낱개를 세는 단위.   예 옥수수 네 알. |
| **자** | 길이의 단위. 한 자는 한 치의 열 배로 약 30.3cm에 해당한다.<br>예 비단 넉 자를 끊다. |
| **자루** | 기름하게 생긴 필기도구나 연장, 무기 따위를 세는 단위.   예 연필 두 자루. |
| **접** | 채소나 과일 따위를 묶어 세는 단위. 한 접은 채소나 과일 백 개를 이른다.   예 마늘 한 접. |
| **제(劑)** | 한약의 분량을 나타내는 단위. 한 제는 탕약(湯藥) 스무 첩. 또는 그만한 분량으로 지은 환약(丸藥) 따위를 이른다.   예 보약 한 제. |
| **채** | 집, 큰 기구, 가구, 이불 등을 세는 단위.   예 오막살이 한 채. |
| **첩(貼)** | 약봉지에 싼 약의 뭉치를 세는 단위.   예 한약 세 첩. |
| **축** | 오징어를 묶어 세는 단위. 한 축은 오징어 스무 마리를 이른다.   예 오징어 한 축. |
| **치** | 길이의 단위. 한 치는 한 자의 10분의 1 또는 약 3.03cm에 해당한다.<br>예 세 치 혀도 잘못 놀리면 큰 망신을 당한다. |
| **켤레** | 신, 양말, 버선, 방망이 따위의 짝이 되는 두 개를 한 벌로 세는 단위.   예 양말 한 켤레. |
| **칸** | 집의 칸살(일정한 간격으로 어떤 건물이나 물건에 사이를 갈라서 나누는 살)의 수효를 세는 단위.   예 방 한 칸. |
| **코** | 뜨개질할 때 눈마다 생겨나는 매듭을 세는 단위.<br>예 목도리를 한 코 한 코 정성껏 뜨다. |
| **쾌** | 북어를 묶어 세는 단위. 한 쾌는 북어 스무 마리를 이른다.   예 북어 두 쾌. |
| **타래** | 사리어 뭉쳐 놓은 실이나 노끈 따위의 뭉치를 세는 단위.   예 색실 한 타래. |
| **톨** | 밤이나 곡식의 낱알을 세는 단위.   예 밤 한 톨. |
| **톳** | 김을 묶어 세는 단위. 한 톳은 김 100장을 이른다.   예 김 한 톳. |
| **평(坪)** | 땅 넓이의 단위. 한 평은 여섯 자의 제곱으로 3.3058m²에 해당한다.   예 땅 한 평. |
| **필(匹)** | 말이나 소를 세는 단위.   예 말 한 필. |
| **홉** | 부피의 단위. 곡식, 가루, 액체 따위의 부피를 잴 때 쓴다. 한 홉은 한 되의 10분의 1로 약 180mL에 해당한다.   예 수수 서 홉. |

 **빠작**으로 내신과 수능을 한발 앞서 준비하세요.

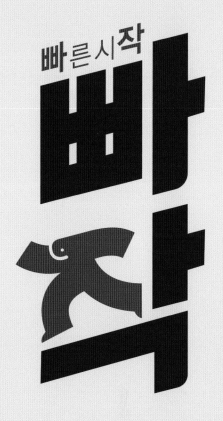

빠른시작
빠작

어휘력 다지기
+ 정답과 해설

중학 국어
어휘

3

동아출판

# 어휘력 다지기

01~04  빈칸에 들어갈 어휘를 〈보기〉에서 찾아 쓰시오.

┌─────────────── 보기 ───────────────┐
│       도량      미물      세속      염치       │
└─────────────────────────────────┘

**01** 그 아이는 ☐☐의 먼지라고는 전혀 묻지 않은 순수한 아이이다.

**02** 한낱 ☐☐에 불과한 개미도 공동체의 구성원으로서 자신의 역할을 한다.

**03** 어머니는 ☐☐이 넓으셔서 우리들의 철없는 행동에도 화를 내지 않으신다.

**04** 쌀이 바닥나자 그는 ☐☐ 불구하고 형님을 찾아가 쌀을 얻어 보기로 했다.

05~10  다음 뜻에 해당하는 어휘를 고르시오.

**05** 익숙하지 못하다.                                                ( 설다 | 섧다 )

**06** 너그럽고 속이 깊은 마음씨.                                    ( 아량 | 아첨 )

**07** 변변치 못한 사람을 낮잡아 이르는 말.                      ( 미물 | 요물 )

**08** 염치를 모르고 뻔뻔스러움.                                    ( 몰지각 | 파렴치 )

**09** 처지가 이러지도 저러지도 못하게 난처하고 딱하다.    ( 곤하다 | 곤궁하다 )

**10** 실천이나 내용이 따르지 않는 주장이나 말을 비유적으로 이르는 말.   ( 공염불 | 공치사 )

**11~16** 빈칸에 들어갈 어휘를 쓰시오.

**11** ☐☐☐: 두 수 이상의 평시조가 하나의 제목으로 엮어져 있는 시조.

**12** ☐☐☐: 초장, 중장이 제한 없이 길며, 종장도 첫 음보를 제외하고 길어진 시조.

**13** ☐☐☐: 가난하지만 남을 원망하지 않음.

**14** ☐☐☐: 가난한 생활을 하면서도 편안한 마음으로 도를 즐겨 지킴.

**15** ☐☐☐: 대나무로 만든 밥그릇에 담은 밥과 표주박에 든 물이라는 뜻으로, 청빈하고 소박한 생활을 이르는 말.

**16** ☐☐☐: 누추한 곳에서 먹는 한 그릇의 밥과 한 바가지의 물이라는 뜻으로, 선비의 청빈한 생활을 이르는 말.

**17~20** 다음 어휘의 뜻을 간략하게 쓰시오.

**17** 호걸: _____

**18** 가타부타: _____

**19** 안분지족: _____

**20** 현대 시조: _____

☑ 맞힌 개수 ( ) / 20문항

☑ 복습할 어휘

▶▶ 본책 10쪽으로 돌아가서 복습할 수 있습니다.

**01~04** 빈칸에 들어갈 어휘를 〈보기〉에서 찾아 쓰시오.

보기

관철        도모        무상        엄습

**01**  적들의 [  ]에 대비하기 위해서는 훈련을 게을리하면 안 된다.

**02**  인생은 [  ]한 것이라지만 그래도 열심히 살아야 후회가 없을 것이다.

**03**  이번 주말에는 직원 간의 화합을 [  ]하기 위해 야유회를 가기로 했다.

**04**  우리는 우리의 주장을 [  ]시키기 위해 여러 사람들을 만나 이야기를 나눴다.

**05~10** 제시된 초성을 참고하여 다음 뜻에 해당하는 관용구를 쓰시오.

**05**  ㅊ ㅌ ㄹ   ㅁ ㄷ : 엄한 처벌을 받다.                        _____

**06**  ㅁ ㄱ ㄴ ㄱ ㄷ : 일의 상황이 끝나 어떠한 조치를 할 수 없다.     _____

**07**  ㄱ ㄱ ㅇ ㅁ ㄷ : 앞으로 살아갈 생애가 많이 남아 있다.          _____

**08**  ㅂ ㄹ ㅇ   ㅁ ㄹ ㄷ : 위험한 상황에 직면하게 되다.              _____

**09**  ㄸ ㄱ ㅇ   ㅁ ㅇ   ㅂ ㄷ : 호된 고통이나 어려움을 겪다.          _____

**10**  ㅁ ㄷ ㅁ ㄹ   ㅈ ㅎ ㄷ : 어떤 약점이나 중요한 곳을 잡히다.        _____

**11~15** 다음 뜻에 해당하는 어휘를 고르시오.

**11** 몹시 우쭐해 있다. ( 득인심하다 | 득의연하다 )

**12** 일정하지 않고 늘 변하는 데가 있다. ( 무상하다 | 무색하다 )

**13** 흥분이나 부끄러움으로 얼굴이 붉어지다. ( 상기되다 | 상반되다 )

**14** 생김새나 성품이 매우 상냥하고 너그럽다. ( 서글서글하다 | 서먹서먹하다 )

**15** 사과나 배 따위를 씹는 것과 같이 매우 부드럽고 연하다. ( 사근사근하다 | 사박사박하다 )

**16~18** 빈칸에 들어갈 어휘를 〈보기〉의 글자를 조합하여 쓰시오.

보기

| 시 | 간 | 공 | 상 |

**16** 시에 나타난 생각, 사상이나 감정을 ( )이라고 한다.

**17** ( )의 이동에 따른 시상 전개 방식은 화자가 공간을 이동하거나, 시선을 이동하며 시상을 전개하는 것이다.

**18** 과거에서 현재로 시상을 전개하거나 계절의 변화에 따라 시상을 전개하는 것을 ( )의 흐름에 따른 시상 전개 방식이라고 하며, 순행적 전개라고도 한다.

**19~20** 다음 어휘의 뜻을 간략하게 쓰시오.

**19** 무마: _____

**20** 천정부지: _____

---

☑ 맞힌 개수 ( ) / 20문항

☑ 복습할 어휘

▶▶ 본책 14쪽으로 돌아가서 복습할 수 있습니다.

**01~05** 빈칸에 들어갈 어휘를 〈보기〉에서 찾아 쓰시오.

보기
박색　　수모　　전율　　지척　　회포

**01** 그는 고향을 [　　]에 두고도 갈 수 없어 눈물을 흘렸다.

**02** 우리는 마주 앉아 살아온 이야기를 하며 그동안의 [　　]를 풀었다.

**03** 화재 현장에 도착하여 사고의 참상을 보자, 내 몸에는 [　　]이 감돌았다.

**04** 그는 사람들로부터 [　　]를 당하면서도 당당한 태도를 잃지 않으려고 노력했다.

**05** 박씨 부인은 [　　]이라고 남편과 시어머니에게 무시당했지만, 그녀의 비범함을 알고 있던 시아버지는 그녀를 따뜻하게 대해 주었다.

**06~10** 다음 뜻에 해당하는 어휘를 고르시오.

**06** 붙들고 못 하게 말림.　　　　　　　　　　　　　　　( 만류 | 회유 )

**07** 순간적으로 강렬히 번쩍이는 빛.　　　　　　　　　　( 섬광 | 야광 )

**08** 지난 일을 돌이켜 볼 때 느껴지는 회포.　　　　　　　( 감동 | 감회 )

**09** 정성을 들이지 않고 아무렇게나 하는 대접.　　　　　　( 박대 | 환대 )

**10** 생물의 몸 전체나 그 일부에 적당한 처리를 가하여 보존할 수 있게 한 것.　( 표본 | 표구 )

**11~15** 제시된 초성을 참고하여 다음 뜻에 해당하는 어휘를 쓰시오.

**11** ㄱㄷ : 업신여겨 소홀히 대접함. 또는 그런 대접. _____

**12** ㅁㅅㄹ : 몹시 싫거나 무서워서 몸이 떨리는 일. _____

**13** ㄱㅅㅈㄱ : 주로 한시에서 시구를 구성하는 방식. _____

**14** ㅅㅁㅅㄱ : 시의 처음과 끝에 동일하거나 유사한 내용을 배치하는 시상 전개 방식.

_____

**15** ㅅㄱㅎㅈ : 앞부분에 자연 경관이나 사물에 대한 묘사를 먼저하고 뒷부분에 자기의 감정이나
정서를 그려 내는 시상 전개 방식. _____


**16~20** 다음 뜻에 해당하는 어휘를 찾아 바르게 연결하시오.

**16** 몹시 마음을 쓰며 애를 태움. • • ㉠ 노심초사

**17** 의지할 곳이 없는 외로운 홀몸. • • ㉡ 사고무친

**18** 의지할 만한 사람이 아무도 없음. • • ㉢ 고신원루

**19** 고립되어 남의 도움을 받을 데가 없음. • • ㉣ 혈혈단신

**20** 임금의 신임이나 사랑을 받지 못하는 외로운 신하의
원통한 눈물. • • ㉤ 고립무원


맞힌 개수 ( ) / 20문항

복습할 어휘

▶▶ 본책 18쪽으로 돌아가서 복습할 수 있습니다.

**01~05** 빈칸에 들어갈 어휘를 〈보기〉에서 찾아 쓰시오.

┌─────────────────── 보기 ───────────────────┐
동경    사모    식언    신명    즐비
└────────────────────────────────────────────┘

**01** 정치인들의 선거 공약이 □□이 되어서는 안 된다.

**02** 그는 도시 생활에 대한 □□을 안고 서울로 올라왔다.

**03** 농부들은 □□ 나는 농무를 추며 그 해의 풍년을 기원하였다.

**04** 졸업식이 되자 학교 앞에 꽃을 파는 가판이 □□하게 들어섰다.

**05** 이 노래는 돌아가신 어머니에 대한 □□의 마음을 절절하게 표현했다.

**06~10** 다음 뜻에 해당하는 어휘를 고르시오.

**06** 아름다움을 살펴 찾음.                                ( 심미 | 심상 )

**07** 실수로 잘못 말함. 또는 그렇게 한 말.                ( 실언 | 확언 )

**08** 형편과 경우에 따라서 일을 융통성 있게 잘 처리함.     ( 소통 | 변통 )

**09** 좋은 때.                                            ( 호시절 | 호경기 )

**10** 보기에 예스러운 데가 있다.                          ( 고풍스럽다 | 곤혹스럽다 )

**11~16** 빈칸에 들어갈 어휘를 쓰시오.

11 [ ][ ][ ] : 익살이나 풍자가 주는 아름다움.

12 [ ][ ][ ] : 장엄하고 거룩한 초월적 아름다움.

13 [ ][ ][ ] : 슬픈 감정과 함께 일어나는 아름다움.

14 [ ][ ][ ] : 조화롭고 균형을 잘 갖춘 대상으로부터 느끼는 아름다움.

15 [ ][ ][ ][ ] : 움직이지 아니하고 똑바로 서 있는 자세.

16 [ ][ ][ ][ ] : 그때그때 처한 사태에 맞추어 즉각 그 자리에서 결정하거나 처리함.

**17~20** 제시된 어휘를 활용하여 상황에 맞는 속담을 완성하시오.

17 누이 — 농작물 직거래를 하여 농민과 소비자 모두가 이익을 보았다.

_____

18 꿩 — 빵집을 하는 친구네 집에 놀러 가서 친구도 만나고 빵도 먹었다.

_____

19 도랑 — 열심히 일했지만, 일의 순서가 바뀌었기 때문에 애쓴 보람이 나타나지 않았다.

_____

20 다리 — 고장 나서 방치되어 있던 선풍기를 고쳤더니 언니가 자기 방으로 가져가서 쓰고 있다.

_____

| ◎ 맞힌 개수 | ( ) / 20문항 |
|---|---|
| ☑ 복습할 어휘 | |

▶▶ 본책 22쪽으로 돌아가서 복습할 수 있습니다.

**01~04** 빈칸에 들어갈 어휘를 〈보기〉에서 찾아 쓰시오.

〈보기〉

기색    깜냥    서슬    염탐

**01** 권력의 ☐☐에 눌려 모든 언론이 침묵하고 있었다.

**02** 내 ☐☐으로는 할 만큼 했는데 결과는 어떨지 모르겠다.

**03** 점심때가 되었는데도 그는 점심을 먹으러 갈 ☐☐이 전혀 없었다.

**04** 용의자가 그 동네에 나타났다는 소식에 형사들은 즉시 ☐☐을 나가기로 했다.

**05~09** 다음 뜻에 해당하는 어휘를 쓰시오.

**05** ☐☐☐☐ : 마음과 마음으로 서로 통함.

**06** ☐☐☐☐ : 서로 속마음을 털어놓고 친하게 사귐.

**07** ☐☐☐☐ : 외물과 자아, 객관과 주관, 또는 물질계와 정신계가 어울려 하나가 됨.

**08** ☐☐☐☐ : 소리나 의미의 유사성 등을 이용하여 재미있게 표현하는 것.

**09** ☐☐☐☐☐☐ : 화자가 자신의 감정을 구체적인 사물을 통해 간접적으로 나타낼 때 활용되는 사물.

**10~12** 빈칸에 들어갈 어휘를 〈보기〉에서 찾아 문맥에 맞게 쓰시오.

─────────────── 보기 ───────────────
|  |  |  |
|---|---|---|
| 척지다 | 터무니없다 | 서슬이 퍼렇다 |

**10** 굳이 안 좋은 말을 해서 그 사람과 (                    ) 필요는 없다.

**11** 아버지의 자식에 대한 훈육은 (                 ) 느껴질 정도로 냉엄했다.

**12** 당시의 사람들은 지구가 돈다는 갈릴레이의 주장이 (                 ) 것이라고 여겨 그를 비난하였다.

**13~17** 다음 뜻에 해당하는 어휘를 고르시오.

**13** 어떤 수단이나 방도.                                             ( 재간 | 재량 )

**14** 도무지 사리에 맞지 않다.                                       ( 가당찮다 | 시원찮다 )

**15** 눈에 보이는 것처럼 아주 뚜렷하다.                             ( 완고하다 | 완연하다 )

**16** 드러나지 않은 사정을 몰래 살펴 알아냄. 또는 그런 일을 하는 사람.   ( 정탐 | 탐색 )

**17** 같은 병을 앓는 사람끼리 서로 가엾게 여긴다는 뜻으로, 어려운 처지에 있는 사람끼리 서로 가엾게 여김을 이르는 말.                                       ( 동고동락 | 동병상련 )

**18~20** 다음 어휘의 뜻을 간략하게 쓰시오.

**18** 처세술: _____

**19** 시적 허용: _____

**20** 인지상정: _____

─────────────────────────────────
| ☑ 맞힌 개수 | (         ) / 20문항 |
|---|---|
| ☑ 복습할 어휘 |  |

▶▶ 본책 26쪽으로 돌아가서 복습할 수 있습니다.

**01~06** 제시된 초성과 뜻을 참고하여 빈칸에 들어갈 어휘를 쓰시오.

**01** ㅇㅊ : 무엇이 훌륭하거나 좋거나 아름답다고 찬양함.

예 그는 국화의 아름다움을 □□하였다.

**02** ㅌㅅ : 근심이나 원망 따위로 한탄하여 한숨을 쉼. 또는 그 한숨.

예 귀중한 문화유산이 불에 탔다는 소식을 들으니 □□이 절로 나왔다.

**03** ㄱㅇㅈ : 강제로 누르는 방식으로 하는. 또는 그런 것.

예 □□□인 통치 방식은 민주주의 사회에는 어울리지 않는다.

**04** ㅂㅅ하다 : 급하게 서두르거나 시끄럽게 떠들어 어수선하다.

예 아침이면 할머니는 손자의 등교를 도와주시느라 □□하게 움직이신다.

**05** ㅇㅈ이 무너지다 : 극심한 슬픔이나 절망 따위로 몹시 가슴이 아프고 괴롭다.

예 그분께서 그렇게 억울한 누명을 쓰셨다니 □□이 무너집니다.

**06** ㅎㄴ이 노랗다 : 지나친 과로나 상심으로 기력이 몹시 쇠하다.

예 며칠 동안 마음고생을 하며 밥을 제대로 못 먹었더니 □□이 노랗고 기운이 하나도 없다.

**07~11** 다음 뜻에 해당하는 어휘를 고르시오.

**07** 매우 사랑하고 소중히 여기는 모양. ( 애면글면 | 애지중지 )

**08** 어떤 목표물에 주의를 집중하여 보다. ( 주시하다 | 좌시하다 )

**09** 눈길을 모아 한 곳을 똑바로 바라보다. ( 응대하다 | 응시하다 )

**10** 책임이나 의무 따위를 지지 않게 되다. ( 면하다 | 당면하다 )

**11** '초조한 마음속'을 뜻하는 '애'를 강조하여 이르는 말. ( 애당초 | 애간장 )

**12 ~ 15** 다음 뜻에 해당하는 어휘를 찾아 바르게 연결하시오.

12  같거나 비슷한 단어, 어구, 문장 등을 되풀이하여 나타내는 표현
    방법.                                                    • ㉠ 반복법

13  감탄하는 말을 사용하여 놀라움, 슬픔, 기쁨, 감동과 같은 감정을
    강하게 나타내는 표현 방법.                                 • ㉡ 영탄법

14  작은 것, 낮은 것, 약한 것에서 점점 큰 것, 높은 것, 강한 것으로
    확대하여 의미를 강조하는 표현 방법.                         • ㉢ 점강법

15  크고 높고 강한 것에서부터 점차 작고 낮고 약한 것으로 끌어 내려
    표현함으로써 강조의 효과를 얻는 표현 방법.                  • ㉣ 점층법

**16 ~ 18** 다음 상황에 해당하는 관용구를 〈보기〉에서 골라 쓰시오.

┌─────────────────── 보기 ───────────────────┐
│   속을 태우다      깨가 쏟아지다      어안이 벙벙하다   │
└───────────────────────────────────────────┘

16  저 부부는 무엇이 그리 재미있는지 이야기가 끝이 없다.        _____

17  비가 쏟아져서 농작물이 다 상할까 봐 걱정되어 잠을 못 자겠다.   _____

18  길을 지나가고 있었는데 내가 들고 있는 우유 속으로 새똥이 떨어졌다.  _____

**19 ~ 20** 다음 빈칸에 알맞은 말을 넣어 어휘의 뜻을 완성하시오.

19  우격다짐: 억지로 우겨서 남을 (              )시킴. 또는 그런 행위.

20  감개무량하다: 마음속에서 느끼는 (              )이나 느낌이 끝이 없다.

┌─────────────────────────────────────────────┐
│ 🔲 맞힌 개수      (          ) / 20문항          │
├─────────────────────────────────────────────┤
│ ☑ 복습할 어휘                                   │
└─────────────────────────────────────────────┘

▶▶ 본책 30쪽으로 돌아가서 복습할 수 있습니다.

**01~04** 빈칸에 들어갈 어휘를 〈보기〉에서 찾아 쓰시오.

> 보기
>
> 가히    곡절    엄포    하직

**01** 어제는 [  ] 가마솥더위라 할 만큼 무더웠다.

**02** 그는 먼 길을 떠나며 아버지께 [  ] 인사를 하였다.

**03** 그녀의 과거 이야기를 들으니 그녀는 [  ]이 많은 삶을 살았음을 알 수 있었다.

**04** 늘 자상하시던 아버지도 나의 거짓말에 대해서는 용서하지 않으시겠다며 [  ]를 놓으셨다.

**05~07** 제시된 초성과 뜻을 참고하여 빈칸에 들어갈 어휘를 쓰시오.

**05** [ㅎ ㄹ]: 부하나 동물 따위를 지휘하여 명령함. 또는 그 명령.
예 그는 천하를 (              )하던 위세는 찾아볼 수 없을 정도로 초라한 모습을 하고 있었다.

**06** [ㅎ ㅅ]: 임금이 신하에게, 또는 윗사람이 아랫사람에게 물건을 줌.
예 임금은 전쟁에서 큰 공을 세우고 돌아온 장군에게 큰 선물을 직접 (              )했다.

**07** [ㅇ ㅇ ㄱ ㅈ]: 뒤얽혀 복잡하여진 사정.
예 우리들이 그 일을 성공시키기까지는 일일이 설명하기 어려운 (              )이 있었다.

**08~10** 다음 설명에 해당하는 표현법을 찾아 바르게 연결하시오.

**08** 문장 또는 단어를 정상적인 순서와는 다르게 배열하는
표현 방법.                                                • ㉠ 대구법

**09** 어조 또는 내용이 비슷한 어구를 나란히 짝을 맞추어
배치하는 표현 방법.                                      • ㉡ 도치법

**10** 쉽게 판단할 수 있는 사실을 의문의 형식으로 표현하
여 상대편이 스스로 판단하게 하는 표현 방법.       • ㉢ 설의법

**11~15** 다음 뜻에 해당하는 어휘를 고르시오.

**11** 의례에 맞는. 또는 그런 것. ( 의례적 | 형식적 )

**12** 일을 짓궂게 훼방함. 또는 그런 짓. ( 익살 | 헤살 )

**13** 서로 옳으니 그르니 하며 다툼. 또는 그런 행위. ( 옥신각신 | 알콩달콩 )

**14** 앞으로 닥쳐올 일에 대하여 미리 생각하고 기다리다. ( 예기하다 | 예정하다 )

**15** 어떤 일의 결과나 상태 따위가 훤하게 들여다보이듯이 분명하게. ( 선명히 | 번연히 )

**16~20** 제시된 초성을 참고하여 다음 뜻에 해당하는 한자 성어를 쓰시오.

**16** ㅇㅇㅂㅂ : 슬프지만 겉으로는 슬픔을 나타내지 아니함. _____

**17** ㅂㅁㅈㄷ : 사물의 순서나 위치 또는 이치가 거꾸로 된 것. _____

**18** ㅈㅂㅎㅈ : 도둑이 도리어 매를 든다는 뜻으로, 잘못한 사람이 아무 잘못도 없는 사람을 나무람을 이르는 말. _____

**19** ㅈㄱㅈㄷ : 주인과 손의 위치가 서로 뒤바뀐다는 뜻으로, 사물의 경중·선후·완급 따위가 서로 뒤바뀜을 이르는 말. _____

**20** ㄷㅅㅇㅁ : 같은 자리에 자면서 다른 꿈을 꾼다는 뜻으로, 겉으로는 같이 행동하면서도 속으로는 각각 딴생각을 하고 있음을 이르는 말. _____

▣ 맞힌 개수 (          ) / 20문항

☑ 복습할 어휘

▶▶ 본책 38쪽으로 돌아가서 복습할 수 있습니다.

**01~06** 빈칸에 들어갈 어휘를 〈보기〉에서 찾아 쓰시오.

보기

고대　　자취　　재변　　지칭　　추궁　　함구령

**01** 그는 나에게 왜 거짓말을 했느냐고 □□하였다.

**02** 소현이는 오랫동안 □□하던 방학이 되자 무척 기뻐했다.

**03** 일기 쓰기는 내가 살아온 □□를 남기는 방법 가운데 하나이다.

**04** 새로운 개념을 □□하는 단어가 사전에 표제어로 등록되었다.

**05** 태풍으로 인한 □□ 때문에 많은 사람들이 집을 잃고 거리에 나앉는 처지가 되었다.

**06** 이번 사건에 대해서는 수사 결과가 발표되기 전까지 언론에 알려지지 않도록 □□□이 내려졌다.

**07~10** 빈칸에 들어갈 어휘를 쓰시오.

**07** 울며 □□ 먹기: 싫은 일을 억지로 마지못하여 함을 비유적으로 이르는 말.

**08** 다 된 죽에 □ 풀기: 거의 다 된 일을 망쳐 버리는 주책없는 행동을 비유적으로 이르는 말.

**09** 급히 먹는 □이 목이 멘다: 너무 급히 서둘러 일을 하면 잘못하고 실패하게 됨을 비유적으로 이르는 말.

**10** □□□도 식후경: 아무리 재미있는 일이라도 배가 불러야 흥이 나지 배고파서는 아무 일도 할 수 없음을 비유적으로 이르는 말.

**11~13** 다음 개념에 해당하는 설명을 찾아 바르게 연결하시오.

11 서사 •

• ㉠ 서술자가 작품 속 사건이나 인물의 언행 등에 대하여 자신의 견해를 밝히는 것.

12 묘사 •

• ㉡ 어떤 대상이나 사물, 현상 따위를 그림 그리듯이 구체적으로 표현하는 서술 방식.

13 편집자적 논평 •

• ㉢ 사건이 진행되어 가는 과정이나 인물의 행동이 변화되어 가는 과정을 시간의 흐름에 따라 나타내는 서술 방식.

**14~17** 다음 뜻에 해당하는 어휘를 고르시오.

14 태도가 모질고 의지가 굳세다. ( 완강하다 | 완고하다 )

15 처지가 이러지도 저러지도 못하게 난처하고 딱하다. ( 곤궁하다 | 빈곤하다 )

16 말이나 태도, 행동의 이유나 근거 따위가 부족하다. ( 궁색하다 | 궁핍하다 )

17 형편이 넉넉하지 못하여 생활에 필요한 것이 없거나 부족하다. ( 반색하다 | 옹색하다 )

**18~20** 빈칸에 알맞은 말을 넣어 어휘의 뜻을 완성하시오.

18 문책: ( )을 캐묻고 꾸짖음.

19 변고: 갑작스러운 재앙이나 ( ).

20 남의 고기 한 점이 내 고기 열 점보다 낫다: 자기 것은 두고 ( ) 사납게 남의 것을 공연히 탐냄을 비유적으로 이르는 말.

☑ 맞힌 개수 ( ) / 20문항

☑ 복습할 어휘

▶▶ 본책 42쪽으로 돌아가서 복습할 수 있습니다.

**01~05** 제시된 초성과 뜻을 참고하여 빈칸에 들어갈 어휘를 쓰시오.

**01**　ㄷㅍ : 한 달이 조금 넘는 기간.
예 그의 소식을 들은 것은 그가 떠난 지 (　　　　　)가 지나서였다.

**02**　ㄱㅎ : 정신적 · 시간적인 여유나 형편.
예 그때는 손님이 너무 많아서 제대로 인사를 드릴 (　　　　)이 없었다.

**03**　ㅅㅉ : 나뭇가지를 엮어서 만든 문짝.
예 할머니께서는 (　　　　　) 바깥으로 나와 나를 기다리고 계셨다.

**04**　ㄴㄷ : 먼 길에 지치고 시달려서 생긴 피로나 병.
예 장기간의 여행으로 생긴 (　　　　)은 쉽게 떨쳐 내기 어려웠다.

**05**　ㅌㅅ : 먼저 자리를 잡은 사람이 뒤에 들어오는 사람에 대하여 가지는 특권 의식. 또는 뒷사람을 업신여기는 행동.
예 우리 가족은 농촌으로 이사하면서 이웃들이 (　　　　　)를 부리지는 않을까 걱정이 됐다.

**06~11** 다음 뜻에 해당하는 한자 성어를 찾아 바르게 연결하시오.

**06**　작은 일을 크게 불리어 떠벌림.　　　　　　　　　　　• 　• ㉠ 아전인수

**07**　줏대 없이 남의 의견에 따라 움직임.　　　　　　　　• 　• ㉡ 부화뇌동

**08**　자기에게만 이롭게 되도록 생각하거나 행동함을 이르는 말.　• 　• ㉢ 침소봉대

**09**　필요할 때는 쓰고 필요 없을 때는 야박하게 버리는 경우를 이르는 말.　• 　• ㉣ 토사구팽

**10**　세력이 있을 때는 아첨하여 따르고 세력이 없어지면 푸대접하는 세상 인심을 비유적으로 이르는 말.　　　• 　• ㉤ 감탄고토

**11**　달면 삼키고 쓰면 뱉는다는 뜻으로, 자신의 비위에 따라서 사리의 옳고 그름을 판단함을 이르는 말.　　　• 　• ㉥ 염량세태

**12~15** 다음 뜻에 해당하는 어휘를 고르시오.

**12** 난리를 피하여 가는 백성. ( 피난민 | 피란민 )

**13** 아랫사람의 잘못을 꾸짖는 말. ( 지아비 | 지청구 )

**14** 모든 것에 두루 미치거나 통하는 성질. ( 보편성 | 특수성 )

**15** 집채의 낙숫물이 떨어지는 곳 안쪽으로 돌려 가며 놓은 돌. ( 툇돌 | 뒷간 )

**16~17** 제시된 초성을 참고하여 다음 뜻에 해당하는 어휘를 쓰시오.

**16** ㅂ ㄱ : 사건이 발생하거나 인물이 행동하는 시간적 · 공간적, 시대적 · 사회적 환경.

_____

**17** ㅂ ㅅ : 소설이나 희곡에서, 앞으로 일어날 사건을 미리 독자에게 암시하는 것.

_____

**18~20** 빈칸에 들어갈 어휘를 〈보기〉의 글자를 조합하여 쓰시오.

보기

| 책 | 겨 | 피 | 망 | 난 | 를 | 민 |

**18** 재난을 피하여 가는 백성. _____

**19** 잘못을 꾸짖거나 나무라며 못마땅하게 여김. _____

**20** 어떤 일을 하다가 생각 따위를 다른 데로 돌릴 수 있는 시간적인 여유. _____

맞힌 개수 ( ) / 20문항

복습할 어휘

▶▶ 본책 46쪽으로 돌아가서 복습할 수 있습니다.

**01~05** 빈칸에 들어갈 어휘를 〈보기〉에서 찾아 쓰시오.

보기

대면      뚝심      위신      추렴      포용

**01** 교장 선생님은 품격 높은 언행으로 ☐☐을 지키셨다.

**02** 우리는 운동을 한 후 각자 ☐☐을 하여 점심을 사 먹었다.

**03** 그는 다른 사람을 너그럽게 ☐☐하는 넓은 마음을 지녔다.

**04** 나는 누구에게도 굴복하지 않겠다는 ☐☐ 하나로 힘든 시간을 견뎌 냈다.

**05** 어릴 적 헤어졌던 친구와 길에서 우연히 ☐☐했을 때, 그렇게 반가울 수가 없었다.

**06~08** 다음 뜻에 해당하는 어휘를 찾아 바르게 연결하시오.

**06** 더욱 심하다.    •                          • ㉠ 정갈하다

**07** 깨끗하고 깔끔하다.    •                   • ㉡ 진득하다

**08** 성질이나 행동이 검질기게 끈기가 있다. •               • ㉢ 우심하다

**09~12** 다음 뜻에 해당하는 어휘를 고르시오.

**09** 사람을 또는 사람끼리 품에 껴안음.             ( 포옹 | 포용 )

**10** 믿고 기대함. 또는 그런 믿음과 덕망.           ( 신망 | 위엄 )

**11** 얼굴에 엄정한 빛을 나타냄. 또는 그런 얼굴빛.      ( 난색 | 정색 )

**12** 엄숙하고 깨끗하다.                      ( 엄격하다 | 엄정하다 )

**13~17** 초성을 참고하여 다음 뜻에 해당하는 관용구를 쓰시오.

13 ㅈㄹㅈㅎㄷ: 서투르던 것이 익숙해지다. _____

14 ㅈㅇㅆㅅㄷ: 마음이 들뜨거나 초조하여 가만히 있지 못하다. _____

15 ㄴㅅㄱㅍㄹㄷ: 정신 상태가 해이하다. _____

16 ㅇㅇㄱㄷㅁㄹㄷ: 잠이 깊이 들어 웬만한 소리나 일에는 깨어나지 않는 상태이다.

_____

17 ㅅㄱㄱㄴㅈㅁㄹㄷ: 몹시 바삐 진행되거나 어떤 일에 몰두하여 시간이 어떻게 지났는지
알지 못하다. _____


**18~20** 다음 설명에 해당하는 문학 개념을 〈보기〉에서 찾아 쓰시오.

┌─────── 보기 ───────┐

순행적 구성      역순행적 구성      액자식 구성

└─────────────────────┘

18 이야기 속에 하나 또는 그 이상의 이야기가 담겨 있는 구성을 일컫는다. _____

19 시간의 흐름에 따라 사건이 전개되는 구성을 일컫는다. '평면적 구성'이라고도 한다.

_____

20 시간의 흐름에 따라 사건이 전개되지 않고, 시간의 역전이 일어나는 구성을 일컫는다. '입체적 구
성'이라고도 한다. _____


┌─────────────────────────────────────────┐
│ 🔲 맞힌 개수      (        ) / 20문항          │
├─────────────────────────────────────────┤
│ ☑ 복습할 어휘                              │
└─────────────────────────────────────────┘

▶▶ 본책 50쪽으로 돌아가서 복습할 수 있습니다.

**01~05** 제시된 초성과 뜻을 참고하여 빈칸에 들어갈 어휘를 쓰시오.

**01**  ㅈ ㅇ : 한데 모아서 요약함.

예 이 책은 그가 평생 동안 해 온 연구 결과를 (          )한 책이다.

**02**  ㅌ ㅊ : 예리한 관찰력으로 사물을 꿰뚫어 봄.

예 그 작가의 수필에는 인생에 관한 깊이 있는 (          )이 나타난다.

**03**  ㄱ ㅁ : 어떤 사실을 자세히 따져서 바로 밝힘.

예 수사관은 사건의 진실을 철저히 (          )하기 위해 작은 증거까지도 수집했다.

**04**  ㅇ ㄱ : 정의를 위하여 개인이나 집단이 의로운 일을 도모함.

예 윤봉길 의사의 (          )는 우리 역사에 길이 빛날 것이다.

**05**  ㄴ ㄹ ㅅ : 기회를 노리고 쓰는 꾀나 방법.

예 우리는 상대편의 (          )에 걸려들어 수비만 하다가 경기에서 패배했다.

**06~09** 밑줄 친 어휘의 뜻을 〈보기〉에서 찾아 번호를 쓰시오.

보기
① 생각하는 것을 털어놓고 말함.
② 굳게 믿고 있는 바. 또는 생각하는 바.
③ 어떤 일에 전문적인 지식이 없는 사람.
④ 어떤 일을 알아차릴 수 있는 눈치. 또는 일이 되어 가는 야릇한 분위기.

**06**  일이 돌아가는 <u>낌새</u>가 심상치 않다.
(          )

**07**  그는 어떤 상황에서도 자신의 <u>소신</u>을 지키기 위해 애썼다.
(          )

**08**  나는 미술에 대해서는 <u>문외한</u>이지만 그림을 보는 것을 좋아한다.
(          )

**09**  선거에 나선 정치인은 유권자에게 표를 얻기 위해 자신의 생각을 <u>피력</u>했다.
(          )

10~12 빈칸에 들어갈 어휘를 쓰시오.

10 ☐☐☐ : 문학 작품의 내용을 분석하고 의미를 해석하여 그 작품이 지닌 가치를 평가하는 글.

11 ☐☐☐ 관점: 작품의 내용과 형식 등 작품의 내적 요소를 중심으로 해석하는 관점.

12 ☐☐☐ 관점: 작가, 현실, 독자와 같은 작품 외적인 요소를 중심으로 해석하는 관점.

13~17 다음 뜻에 해당하는 한자 성어를 찾아 바르게 연결하시오.

13 거침없이 넓고 큰 기개.　·　　　　　　　·㉠ 독야청청

14 미리 준비가 되어 있으면 걱정할 것이 없음.　·　　·㉡ 솔선수범

15 남보다 앞장서서 행동하여 몸소 다른 사람의 본보기가 됨.　·　·㉢ 십시일반

16 여러 사람이 조금씩 힘을 합하면 한 사람을 돕기 쉬움을 이르는 말.　·　·㉣ 유비무환

17 남들이 모두 절개를 꺾는 상황 속에서도 홀로 절개를 굳세게 지키고 있음을 비유적으로 이르는 말.　·　·㉤ 호연지기

18~20 다음 어휘의 뜻을 간략하게 쓰시오.

18 술수: _____

19 싹수: _____

20 항거: _____

☑ 맞힌 개수　　(　　　　) / 20문항

☑ 복습할 어휘

▶▶ 본책 54쪽으로 돌아가서 복습할 수 있습니다.

**01~04** 제시된 초성과 뜻을 참고하여 빈칸에 들어갈 어휘를 쓰시오.

**01** ㅁ ㄹ 하다: 뚜렷하고 분명하다.

ⓔ 그 점원은 가전제품의 특징과 사용 방법을 (          )하게 설명해 주었다.

**02** ㅁ ㅂ 하다: 의심할 바 없이 아주 뚜렷하다.

ⓔ 사건의 진상이 (          )히 드러났는데도 그는 여전히 침묵하고 있다.

**03** ㅍ ㅁ : 잘못을 저지른 사람에게 직무나 직업을 그만두게 함.

ⓔ 공무원으로서의 윤리를 지키지 않은 그에게 (          ) 처분이 내려졌다.

**04** ㅈ ㄹ : 정치, 경제 따위의 사회적 활동을 하는 데 필요한 책략.

ⓔ 야당에서는 선거에서 이기기 위해 (          )을 짰다.

**05~08** 다음 뜻에 해당하는 어휘를 〈보기〉에서 찾아 쓰시오.

─── 보기 ───

논거    논지    논증    추론

**05** 미루어 생각하여 논함.    _____

**06** 논하는 말이나 글의 취지.    _____

**07** 어떤 이론이나 논리, 논설 따위의 근거.    _____

**08** 근거를 들어 주장의 옳고 그름을 논리적으로 증명하는 것.    _____

**09~11** 다음 개념에 알맞은 설명을 찾아 바르게 연결하시오.

**09** 귀납 •    • ㉠ 일반적인 원리나 진리를 전제로 특수한 사실을 결론으로 이끌어 냄.

**10** 연역 •    • ㉡ 특수 사례들을 검토한 뒤 그 결론으로 일반적인 사실이나 진리를 이끌어 냄.

**11** 유추 •    • ㉢ 둘 이상의 대상이나 현상이 여러 면에서 비슷하다는 점을 근거로 다른 속성도 유사할 것이라고 추론함.

**12~16** 빈칸에 들어갈 어휘를 〈보기〉의 글자를 조합하여 쓰시오.

┌─ 보기 ─┐

| 결 | 탄 | 설 | 핵 | 전 |
|---|---|---|---|---|
| 핍 | 함 | 가 | 량 | 술 |

**12** 그는 영양소 (                  )을 막기 위해 영양제를 먹는다.

**13** 흰살 생선은 등푸른 생선에 비해 지방의 (                  )이 낮다고 한다.

**14** 그가 십 년 전에 제시한 (                  )이 최근에 증명되었다.

**15** 대법관으로서의 윤리를 어긴 그를 (                  )해야 한다는 여론이 높아졌다.

**16** 그 전투에서 독립군이 승리할 수 있었던 까닭은 지형을 활용한 (                  )을 펼쳤기 때문이다.

**17~20** 빈칸에 알맞은 말을 넣어 속담을 완성하시오.

**17** 세상의 온갖 것이 한번 번성하면 다시 쇠하기 마련이라는 말.
→ ☐도 차면 기운다

**18** 무슨 일이든 거기에는 반드시 그렇게 된 까닭이 있음을 비유적으로 이르는 말.
→ ☐☐ 먹은 놈이 물켠다

**19** 모든 일은 근본에 따라 거기에 걸맞은 결과가 나타나는 것임을 비유적으로 이르는 말.
→ ☐ 심은 데 ☐ 나고 ☐ 심은 데 ☐ 난다

**20** 어떤 시련을 겪은 뒤에 더 강해짐을 비유적으로 이르는 말.
→ ☐ 온 뒤에 ☐이 굳어진다

---

▣ 맞힌 개수 　　(　　　　　) / 20문항

☑ 복습할 어휘

▶▶ 본책 58쪽으로 돌아가서 복습할 수 있습니다.

**01~04** 빈칸에 들어갈 어휘를 〈보기〉의 글자를 조합하여 쓰시오.

보기

| 모 | 실 | 저 | 용 | 하 | 호 | 황 | 적 | 망 |

**01** 그는 약속 시간에 늦어 (　　　　　)하게 밖으로 나갔다.

**02** 그는 성격이 우유부단하여 (　　　　　)한 태도를 보이는 때가 많았다.

**03** 그들은 기능적이고 (　　　　　)인 제품을 개발하여 생활에 도움을 주었다.

**04** 할아버지는 시력이 급격히 (　　　　　)되자 결국 돋보기를 사용하기 시작하셨다.

**05~07** 다음 뜻에 해당하는 어휘를 찾아 바르게 연결하시오.

**05** 말이나 행동이 조심성 없이 가벼움. •　　　　　　　　　　　　　　　• ㉠ 경솔

**06** 놀라거나 다급하여 어찌할 바를 모름. •　　　　　　　　　　　　　• ㉡ 능률

**07** 일정한 시간에 할 수 있는 일의 비율. •　　　　　　　　　　　　　　• ㉢ 당황

**08~10** 다음 설명에 해당하는 개념을 쓰시오.

**08** 말의 뜻을 구별해 주는 소리의 가장 작은 단위.　　　　＿＿＿＿＿＿＿＿

**09** 발음할 때 공기가 목 안이나 입안에서 장애를 받으면서 나는 소리.　　＿＿＿＿＿＿＿＿

**10** 발음할 때 공기가 목 안이나 입안에서 별다른 장애를 받지 않고 나는 소리.　　＿＿＿＿＿＿＿＿

**11~15** 다음 뜻에 해당하는 어휘를 고르시오.

11  해로움이 있음.                                          ( 무해 | 유해 )

12  거두어서 깊이 간직함.                                    ( 수몰 | 수장 )

13  계획이나 방책을 세워 결정함.                              ( 예정 | 책정 )

14  언행이 신중하지 못하고 가벼움.                            ( 경박 | 경탄 )

15  건물을 세우거나 도로를 만들기 위하여 마련한 땅.            ( 부대 | 부지 )

**16~20** 제시된 초성을 참고하여 다음 뜻에 해당하는 한자 성어를 쓰시오.

16  ㅂㅊㅈㅇ : 어떤 일에 몰두하여 조금도 쉴 사이 없이 밤낮을 가리지 아니함.

_____

17  ㅂㄱㅅㅅ : 뼈를 가루로 만들고 몸을 부순다는 뜻으로, 정성으로 노력함을 이르는 말.

_____

18  ㅈㅁㄱㅍ : 달리는 말에 채찍질한다는 뜻으로, 잘하는 사람을 더욱 장려함을 이르는 말.

_____

19  ㅅㅂㅈㅁ : 열 번 찍어 베는 나무라는 뜻으로, 열 번 찍어 안 넘어가는 나무가 없음을 이르는 말.

_____

20  ㅇㄱㅇㅅ : 우공이 산을 옮긴다는 뜻으로, 어떤 일이든 끊임없이 노력하면 반드시 이루어짐을 이르는 말.

_____

☑ 맞힌 개수      (        ) / 20문항

☑ 복습할 어휘

▶▶ 본책 66쪽으로 돌아가서 복습할 수 있습니다.

**01~04** 빈칸에 들어갈 어휘를 〈보기〉에서 찾아 쓰시오.

〈보기〉
멸균　　견문　　증명　　함양

**01** 약의 효능을 실제로 ☐☐하기 위해서는 과학적인 실험이 꼭 필요하다.

**02** 새로 개발된 ☐☐ 가공 방식은 식료품의 보관 기간을 늘리는 데 기여했다.

**03** 부모님은 언제나 우리에게 공동체 의식을 ☐☐해야 한다고 가르쳐 주셨다.

**04** 그는 세계 여러 나라를 여행하면서 문화의 다양성에 대한 ☐☐을 넓혔다.

**05~07** 빈칸에 들어갈 어휘를 〈보기〉의 글자를 조합하여 쓰시오.

〈보기〉
가　　정　　불　　온　　문　　보　　전　　지　　화

**05** 우리 팀은 연습을 게을리하여 이번 경기에 패할 것이 ( )였다.

**06** 교통사고가 크게 났지만 그는 손가락 하나 다치지 않고 온몸이 ( )하였다.

**07** ( ) 사회로 급속하게 진입하면서 현대인의 삶은 크게 변화하기 시작했다.

**08~10** 다음 설명에 해당하는 개념을 쓰시오.

**08** ☐☐☐: 허파에서 나오는 공기의 흐름을 막았다가 터뜨리면서 내는 소리.

**09** ☐☐☐: 허파에서 나오는 공기의 흐름을 막았다가 서서히 터뜨리면서 마찰을 일으켜 내는 소리.

**10** ☐☐☐: 입안이나 목청 사이를 좁혀서 공기를 좁은 틈 사이로 내보내어 마찰을 일으키면서 내는 소리.

●  정답과 해설 69쪽

11~15  다음 뜻에 해당하는 어휘를 고르시오.

11  글씨와 그림을 아울러 이르는 말.                          ( 서면 | 서화 )

12  어떤 증거 따위를 내세워 증명함.                          ( 입장 | 입증 )

13  사물을 보고 분별하는 견문과 학식.                         ( 안목 | 주목 )

14  마음이 시달려서 괴로워함. 또는 그런 괴로움.                 ( 번뇌 | 번영 )

15  모자람이 없이 온전하다.                            ( 비롯하다 | 오롯하다 )

16~20  다음 뜻에 해당하는 관용구를 찾아 바르게 연결하시오.

16  정신적으로 도움이 되다.        •                    • ㉠ 오금을 펴다

17  마음을 놓고 여유 있게 지내다.    •                    • ㉡ 등을 떠밀다

18  일을 억지로 시키거나 부추기다.   •                    • ㉢ 뼈와 살이 되다

19  서로 비슷한 지위나 힘을 가지다.  •                    • ㉣ 간도 쓸개도 없다

20  용기나 줏대 없이 남에게 굽히다.  •                    • ㉤ 어깨를 나란히 하다

| ▣ 맞힌 개수 | ( | ) / 20문항 |
| 복습할 어휘 | | |

▶▶ 본책 70쪽으로 돌아가서 복습할 수 있습니다.

01~06 빈칸에 들어갈 어휘를 〈보기〉에서 찾아 쓰시오.

보기

격조　　도량　　선친　　세파　　일괄　　절감

**01** 그가 여러 사람의 신청서를 [ ][ ]하여 냈다.

**02** [ ][ ]의 유언에 따라 나는 가업을 잇기로 결심했다.

**03** 단열이 잘되게 집을 지으면 난방비를 [ ][ ]할 수 있다.

**04** 그분은 [ ][ ] 높은 말씨와 예절로 사람들에게 인기가 많다.

**05** 그녀는 모진 [ ][ ]에도 좌절하지 않는 강인한 정신력을 지녔다.

**06** 어떤 일에도 불쾌한 티를 내지 않는 그의 넓은 [ ][ ]에 감탄했다.

07~12 다음 뜻에 해당하는 어휘를 고르시오.

**07** 사람 된 바탕과 타고난 성품.　　　　　　　　　　　　　　　　( 자격 | 품격 )

**08** 하나의 주체에서 갈라져 나온 것.　　　　　　　　　　　　　　( 분신 | 정신 )

**09** 한쪽으로 치우쳐 도량이 좁고 너그럽지 못함.　　　　　　　　( 편중 | 편협 )

**10** 말이나 짓 따위가 둥글지 못하고 까다롭다.　　　　　　　　　( 모나다 | 별나다 )

**11** 말하는 투가, 듣는 사람의 감정이 상하지 않도록 모나지 않고 부드럽다.　( 완곡하다 | 완전하다 )

**12** 인간의 인식은 주관적·상대적이라고 보아서 진리의 절대성을 의심하고 궁극적인 판단을 하지 않으려는 태도.　　　　　　　　　　　　　　　　　　　( 비관론 | 회의론 )

**13~17** 제시된 초성을 참고하여 다음 뜻에 해당하는 한자 성어를 쓰시오.

**13** ㄷ ㅇ ㅇ ㅇ : 뜻한 바를 이루어 우쭐거리며 뽐냄.

_____

**14** ㅇ ㅁ ㅂ ㅅ : 태도나 행동이 거만하고 공손하지 못함.

_____

**15** ㄱ ㄱ ㅁ ㅈ : 일이 뜻대로 잘될 때, 우쭐하여 뽐내는 기세가 대단함.

_____

**16** ㅇ ㅎ ㅁ ㅇ : 눈 아래에 사람이 없다는 뜻으로, 방자하고 교만하여 다른 사람을 업신여김을 이르는 말.

_____

**17** ㄷ ㄹ ㄱ ㅊ : 제 역량을 생각하지 않고, 강한 상대나 되지 않을 일에 덤벼드는 무모한 행동거지를 비유적으로 이르는 말.

_____

**18~20** 다음 설명에 해당하는 개념을 쓰시오.

**18** 'ㅊ, ㅋ, ㅌ, ㅍ'과 같이 숨이 거세게 나오는 소리.

_____

**19** 'ㄲ, ㄸ, ㅃ, ㅆ, ㅉ'과 같이 성대 근육이 긴장하면서 숨이 거의 없이 나오는 소리.

_____

**20** 'ㄱ, ㄷ, ㅂ, ㅅ, ㅈ'과 같이 발음 기관의 긴장도가 낮아 숨이 약하게 터지는 소리.

_____

☑ 맞힌 개수　　　(　　　　) / 20문항

☑ 복습할 어휘

▶▶ 본책 74쪽으로 돌아가서 복습할 수 있습니다.

**01~06** 제시된 초성과 뜻을 참고하여 빈칸에 들어갈 어휘를 쓰시오.

**01** ㅊㄷ : 끔직하고 절망적임.
예 태풍이 휩쓸고 간 마을의 모습은 (              ) 그 자체였다.

**02** ㅁㅊ : 책임이나 책망을 면함.
예 그는 국회 의원의 (              ) 특권에 대해 문제를 제기했다.

**03** ㅂㅊ : 방법과 꾀를 아울러 이르는 말.
예 아무리 생각해 봐도 별다른 (              )이 떠오르지 않았다.

**04** ㄱㅁ : 어떤 일이 벌어진 장면이나 형편.
예 두 나라의 냉전 체제가 무너진 후 국제 사회는 새로운 (              )을 맞이하였다.

**05** ㅊㅈ : 지식, 경험, 자금 따위를 모아서 쌓음. 또는 모아서 쌓은 것.
예 그 기업은 오랜 연구와 과감한 투자로 기술의 (              )을 이루어 냈다.

**06** ㅈㅇ : 학문이나 예술, 기술 따위의 분야에 대한 지식이나 경험이 깊은 경지에 이른 정도.
예 그는 자신의 전공인 공학뿐만 아니라 문학에도 (              )가 깊다.

**07~12** 다음 뜻에 해당하는 어휘를 고르시오.

**07** 가장 좋은 대책이나 방책.                                                              ( 계책 | 상책 )

**08** 일이 벌어진 사태의 형편이나 국면.                                                ( 판국 | 판단 )

**09** 꼭 붙잡음. 어떤 기회나 정세를 알아차림.                                         ( 집착 | 포착 )

**10** 잘못을 꾸짖거나 나무라며 못마땅하게 여김.                                    ( 절망 | 책망 )

**11** 진술이나 주장, 입장 따위를 이리저리 고쳐 뒤집음.                           ( 반복 | 번복 )

**12** 아름답지 못하고 추잡한 데가 있다.                                   ( 불미스럽다 | 우스꽝스럽다 )

**13~16** 다음 개념에 알맞은 설명을 찾아 바르게 연결하시오.

13  전설 모음 •

14  후설 모음 •

15  원순 모음 •

16  평순 모음 •

• ㉠ 입술을 둥글게 오므려 발음하는 모음.

• ㉡ 입술을 둥글게 오므리지 않고 발음하는 모음.

• ㉢ 입천장의 중간점을 기준으로 혀의 최고점이 앞쪽에 있을 때 발음되는 모음.

• ㉣ 입천장의 중간점을 기준으로 혀의 최고점이 뒤쪽에 있을 때 발음되는 모음.

**17~20** 빈칸에 알맞은 어휘를 넣어 속담을 완성하시오.

17  음식을 매우 빨리 먹어 버리는 모습을 비유적으로 이르는 말.

→ ☐☐☐에 ☐ 눈 감추듯

18  아무리 보잘것없는 사람이나 순하고 좋은 사람이라도 너무 업신여기면 가만있지 않는다는 말.

→ ☐☐☐도 밟으면 ☐☐한다

19  물독에 빠진 생쥐처럼 사람의 옷차림이 흠뻑 젖어 초라하게 된 모양을 비유적으로 이르는 말.

→ ☐☐에 빠진 ☐☐ 같다

20  아무 관계없이 한 일이 공교롭게도 때가 같아 어떤 관계가 있는 것처럼 의심을 받게 됨을 이르는 말.

→ ☐☐☐ 날자 ☐ 떨어진다

---

☑ 맞힌 개수          (          ) / 20문항

☑ 복습할 어휘

▶▶ 본책 78쪽으로 돌아가서 복습할 수 있습니다.

**01~06** 제시된 초성과 뜻을 참고하여 빈칸에 들어갈 어휘를 쓰시오.

**01** ㅇㅈ : 어떤 사실을 인정하여 앎.
예 철수는 현재 상황을 제대로 ( )하지 못해 실수를 하고 말았다.

**02** ㅎㅈ : 현재 살아 있음. 현재에 있음.
예 그는 ( )하는 축구 선수들 가운데 최고의 공격수로 평가된다.

**03** ㄱㅇ : 몹시 요란하게 울리는 소리.
예 '쾅' 하는 ( )과 함께 물이 하늘을 향해 용솟아 올랐다.

**04** ㄷㄷ : 목적한 곳이나 수준에 다다름.
예 그녀는 자신이 세운 목표에 ( )하기 위해 최선을 다했다.

**05** ㅈㄷ : 기계나 자동차 따위의 운동을 멈추게 함.
예 그는 급정거한 차의 ( ) 소리에 깜짝 놀라 뒤를 돌아보았다.

**06** ㅈㅇ : 기계나 설비 또는 화학 반응 따위가 목적에 알맞은 작용을 하도록 조절함.
예 리모컨으로 전자 제품을 ( )하게 되어 무척 편리하다.

**07~10** 다음 뜻에 해당하는 한자 성어를 〈보기〉에서 찾아 쓰시오.

┌─────────────── 보기 ───────────────┐
격세지감      백년하청      상전벽해      조변석개
└──────────────────────────────────┘

**07** 오래지 않은 동안에 몰라보게 변하여 아주 다른 세상이 된 것 같은 느낌. _____

**08** 뽕나무밭이 변하여 푸른 바다가 된다는 뜻으로, 세상일의 변천이 심함을 비유적으로 이르는 말.
_____

**09** 아침저녁으로 뜯어고친다는 뜻으로, 계획이나 결정 따위를 일관성이 없이 자주 고침을 이르는 말.
_____

**10** 중국의 황허강이 늘 흐려 맑을 때가 없다는 뜻으로, 아무리 오랜 시일이 지나도 어떤 일이 이루어지기 어려움을 이르는 말.
_____

**11~14** 다음 개념에 알맞은 설명을 찾아 바르게 연결하시오.

11 주성분 •          • ㉠ 문장의 골격을 이루는 필수적인 성분.

12 부속 성분 •        • ㉡ 문장 안에서 일정한 문법적 기능을 하는 부분.

13 독립 성분 •        • ㉢ 주성분의 내용을 꾸며 뜻을 더하여 주는 문장 성분.

14 문장 성분 •        • ㉣ 문장의 주성분이나 부속 성분과 직접적인 관련을 맺지 않고 따로 떨어져 있는 성분.

**15~20** 밑줄 친 어휘의 뜻을 〈보기〉에서 찾아 번호를 쓰시오.

┌─────────── 보기 ───────────┐
① 혼자 독차지하여 가지는 물건.
② 두 사람 이상이 공동으로 소유하는 물건.
③ 더할 나위 없는 지경에 도달하는. 또는 그런 것.
④ 개인끼리나 나라끼리 서로 사이가 좋은. 또는 그런 것.
⑤ 어떤 사상이나 학설 따위를 처음으로 시작하거나 내세운 사람.
⑥ 어떤 일의 바탕이 되는 돈이나 물자, 소재, 인력 따위가 다하여 없어짐.
└──────────────────────────┘

15 최제우는 민족 종교인 동학의 창시자이다.              (          )

16 이 공원은 우리 지역 주민 모두의 공유물이다.            (          )

17 교류를 시작한 이후에 양국의 관계가 우호적으로 변했다.      (          )

18 천연자원의 고갈에 대비하여 대체 에너지를 개발해야 한다.     (          )

19 그는 공원에 놓인 의자가 마치 자신의 전유물인 양 행동했다.    (          )

20 인문학의 궁극적 목표는 인간의 본질에 대한 답을 구하는 것이다.  (          )

┌─────────────────────────────────────────┐
│ ▣ 맞힌 개수     (          ) / 20문항                    │
│                                                         │
│ ☑ 복습할 어휘                                           │
└─────────────────────────────────────────┘

▶▶ 본책 82쪽으로 돌아가서 복습할 수 있습니다.

**01~05** 다음 뜻에 해당하는 어휘를 〈보기〉의 글자를 조합하여 쓰시오.

〈보기〉

| 방 | 간 | 관 | 대 | 취 |
|---|---|---|---|---|
| 등 | 의 | 행 | 심 | 함 |

**01** 책 따위를 인쇄하여 발행함. _____

**02** 어떤 일이나 사람에 깊이 빠져 마음을 빼앗김. _____

**03** 말이나 글 속에 어떠한 뜻이 들어 있음. 또는 그 뜻. _____

**04** 서로 견주어 높고 낮음이나 낫고 못함이 없이 비슷함. _____

**05** 어떤 일에 직접 나서서 관여하지 않고 곁에서 보기만 함. _____

**06~12** 다음 뜻에 해당하는 어휘를 고르시오.

**06** 내버려 둠. ( 방치 | 위치 )

**07** 서적이나 회화 따위를 인쇄하여 세상에 내놓음. ( 출제 | 출판 )

**08** 없어서는 아니 됨. ( 가결 | 불가결 )

**09** 어떤 것에 딸려 붙어 있는. 또는 그런 것. ( 종속적 | 주체적 )

**10** 자연의 힘이 아닌 사람의 힘으로 이루어지는. 또는 그런 것. ( 인위적 | 작위적 )

**11** 사람의 손길이 가지 아니한 자연 그대로의 모습을 지닌. 또는 그런 것. ( 자연적 | 자주적 )

**12** 차를 마시고 밥을 먹는 일이라는 뜻으로, 보통 있는 예사로운 일을 이르는 말. ( 다방면 | 다반사 )

**13~18** 제시된 초성을 참고하여 다음 뜻에 해당하는 관용구를 쓰시오.

13 ㅎㅇㅇ ㄷㄷ : 어떠한 일에 광분하다.

_____

14 ㅍㄱ ㅁㄹㄷ : 몹시 괴롭거나 애가 타다.

_____

15 ㅍㄱ ㄸㄱㄷ : 의지나 의욕 따위가 매우 강하다.

_____

16 ㅍㄸㅇ ㅎㄹㄷ : 온갖 힘과 정성을 쏟아 노력하다.

_____

17 ㅍㄷ ㄴㅁㄷ ㅇㄷ : 조금도 인정이 없다.

_____

18 ㅍㄷㄹ ㅅㅇㄷ : 목의 핏대에 피가 몰려 얼굴이 붉어지도록 화를 내거나 흥분하다.

_____

**19~20** 빈칸에 들어갈 개념을 쓰시오.

19 주어와 서술어의 관계가 한 번만 나타나는 문장은 [ ][ ][ ]이고, 주어와 서술어의 관계가 두 번 이상 나타나는 문장은 [ ][ ][ ]이다.

20 겹문장에는 둘 이상의 홑문장이 연결 어미를 통해 나란히 이어진 문장인 [ ][ ][ ][ ][ ]과 홑문장을 하나의 문장 성분처럼 안고 있는 문장인 [ ][ ][ ][ ]이 있다.

☑ 맞힌 개수 ( ) / 20문항

☑ 복습할 어휘

▶▶ 본책 86쪽으로 돌아가서 복습할 수 있습니다.

**01~05** 빈칸에 들어갈 어휘를 〈보기〉에서 찾아 쓰시오.

> **보기**
>
> 단서     둔화     반영     봉쇄     재화

**01** 경제 성장률이 석유 파동으로 급작스럽게 ☐☐되었다.

**02** 초대형 태풍으로 바닷길은 물론 하늘길도 ☐☐되었다.

**03** 문학 작품은 다양한 방식으로 당대 사회 현실을 ☐☐한다.

**04** 이 문제는 어려워 보이지만 숨어 있는 ☐☐ 하나만 찾으면 쉽게 해결할 수 있다.

**05** 허 생원은 글공부 외에 생활하는 데 필요한 ☐☐를 마련하는 일에는 관심이 없었다.

**06~11** 제시된 초성을 참고하여 다음 뜻에 해당하는 한자 성어를 쓰시오.

**06** ☐ㅎ ☐ㄱ ☐ㅈ ☐ㅅ : 역량이 서로 비슷비슷한 위세. _____

**07** ☐ㅂ ☐ㅈ ☐ㅈ ☐ㄱ : 서로 우열을 가리기 힘든 형세. _____

**08** ☐ㅁ ☐ㅈ ☐ㄱ ☐ㄱ : 거의 죽게 되어 곧 숨이 끊어질 지경에 이름. _____

**09** ☐ㅇ ☐ㅊ ☐ㅈ ☐ㅂ : 한 번 건드리기만 해도 폭발할 것같이 몹시 위급한 상태. _____

**10** ☐ㅇ ☐ㅎ ☐ㅅ ☐ㅂ : 용과 범이 서로 싸운다는 뜻으로, 강자끼리 서로 싸움을 이르는 말.

_____

**11** ☐ㄴ ☐ㄹ ☐ㅈ ☐ㅇ : 층층이 쌓아 놓은 알의 위태로움이라는 뜻으로, 몹시 아슬아슬한 위기를 비유적으로 이르는 말.

_____

**12~16** 다음 뜻에 해당하는 어휘를 고르시오.

**12** 깨달아 앎. ( 각성 | 각오 )

**13** 나쁜 상태나 타락한 상태에 빠짐. ( 수락 | 전락 )

**14** 사람이나 사물의 바탕이 같은 성질이나 특성. ( 동질성 | 이질성 )

**15** 칼이나 송곳 따위의 끝이나 날이 날카롭지 못하다. ( 모나다 | 무디다 )

**16** 만만하고 상대하기 쉽다. ( 녹녹하다 | 녹록하다 )

**17~20** 빈칸에 들어갈 어휘를 쓰시오.

**17** □□□□ □□□에 따라 '남산'은 'Namsan'으로, '팔당'은 'Paldang'으로 적는다.

**18** □□□□ □□□에 따라 'film'은 '필름', 'fighting'은 '파이팅'이라고 적는다.

**19** □□□는 일이나 사건을 풀어 나갈 수 있는 첫머리라는 뜻으로, '단서'와 비슷한 말이다.

**20** □□은 물체의 그림자를 어떤 물체 위에 비추는 일을 의미하기도 하고, 어떤 일을 다른 일에 반영하여 나타냄을 비유적으로 이르는 말이기도 하다.

☑ 맞힌 개수     (          ) / 20문항

☑ 복습할 어휘

▶▶ 본책 94쪽으로 돌아가서 복습할 수 있습니다.

**01~04** 제시된 초성과 뜻을 참고하여 빈칸에 들어갈 어휘를 쓰시오.

**01** ㅌ ㅅ 하다: 빛이나 색이 바래다.

예 오래되어 (　　　　　　)한 옷도 그가 입으면 아주 멋스러웠다.

**02** ㅍ ㅇ : 어느 한 사람이나 한쪽만을 치우치게 사랑함.

예 할머니는 (　　　　　　) 없이 모든 손주들에게 따뜻한 사랑을 베푸셨다.

**03** ㄱ ㅅ ㅎ : 속도를 더하게 됨. 또는 그렇게 함.

예 환경 파괴가 이대로 (　　　　　　)될 경우 인류는 위기를 맞을 것이다.

**04** ㅈ ㄷ ㅅ 하다: 여러 가지를 모아 하나의 체계를 이루어 완성하다.

예 송나라 사람 주자는 성리학을 (　　　　　　)한 사람으로 평가받는다.

**05~07** 다음 뜻에 해당하는 어휘를 고르시오.

**05** 한결같이 고르다.　　　　　　　　　　　　　　　　　　　　　　( 균등하다 | 균일하다 )

**06** 일반적으로 널리 통하는 개념.　　　　　　　　　　　　　　　　( 상념 | 통념 )

**07** 어떤 사물을 특징지어 두드러지게 함.　　　　　　　　　　　　( 부각 | 부조 )

**08~11** 빈칸에 들어갈 어휘를 〈보기〉에서 찾아 쓰시오.

〈보기〉
뇌리　　　몰락　　　통설　　　편파

**08** 김 감독은 심판의 (　　　　　　) 판정에 항의하다 경기장에서 퇴장당했다.

**09** 부유하던 그의 집안은 사치와 향락을 일삼다가 (　　　　　　)하고 말았다.

**10** 이번에 그녀가 발표한 학설은 기존의 (　　　　　　)에서 벗어난 것이어서 학계의 관심을 받았다.

**11** 그가 나에게 해 주었던 말들은 너무나 인상적이어서 세월이 지난 지금도 (　　　　　　)에 고스란히 남아 있다.

**12~15** 빈칸에 들어갈 어휘를 쓰시오.

12 '☐☐☐하다'는 일정하게 고르지 아니하다는 의미이다.

13 ☐☐는 돈이나 노력 따위를 어떤 일에 들인다는 의미이다.

14 토론의 주제는 ☐☐이며, 토론할 때 서로 다투는 중심이 되는 점은 ☐☐이다.

15 토론은 어떤 논제에 대해 ☐☐ 측과 ☐☐ 측으로 나누어 각각 타당한 근거를 들어 자기 측의 주장이 옳음을 내세우며 논의하는 말하기이다.

**16~20** 빈칸에 알맞은 어휘를 넣어 속담을 완성하시오.

16 얕은수로 남을 속이려 한다는 말.
→ ☐ 가리고 ☐☐

17 남이 잘되는 것을 기뻐해 주지는 않고 오히려 질투하고 시기하는 경우를 비유적으로 이르는 말.
→ ☐☐이 ☐을 사면 배가 아프다

18 적은 힘으로 충분히 처리할 수 있는 일에 쓸데없이 많은 힘을 들이는 경우를 비유적으로 이르는 말.
→ ☐☐로 막을 것을 ☐☐로 막는다

19 임시변통은 될지 모르나 그 효력이 오래가지 못할 뿐만 아니라 결국에는 사태가 더 나빠짐을 비유적으로 이르는 말.
→ ☐☐에 ☐☐ 누기

20 형편이나 사정이 전에 비하여 나아진 사람이 지난날의 미천하거나 어렵던 때의 일을 생각지 아니하고 처음부터 잘난 듯이 뽐냄을 비유적으로 이르는 말.
→ ☐☐☐☐☐☐ 적 생각 못 한다

| 맞힌 개수 | ( ) / 20문항 |
| --- | --- |
| 복습할 어휘 | |

▶▶ 본책 98쪽으로 돌아가서 복습할 수 있습니다.

**01~05** 제시된 초성과 뜻을 참고하여 빈칸에 들어갈 어휘를 쓰시오.

**01** ㅇ ㅈ 하다: 어리석고 고지식하다.
예 그는 힘든 환경 속에서도 (　　　　　)하게 맡은 임무를 수행하였다.

**02** ㅎ ㅈ 하다: 뚜렷이 드러나 있다.
예 실온에 둔 물과 냉장고에 넣어 둔 물의 온도 차이가 (　　　　　)하다.

**03** ㄱ ㅈ ㅅ 하다: 성질이 외곬으로 곧아 융통성이 없다.
예 그는 (　　　　　)해서 모든 일을 원칙대로만 처리한다.

**04** ㄱ ㅈ ㅈ : 오랫동안 앓고 있어 고치기 어려운. 또는 그런 것.
예 그는 (　　　　　)인 두통을 치료하기 위해 진료를 받았다.

**05** ㅈ ㅊ ㅈ : 어떤 일을 실천하는 데 자유롭고 자주적인 성질이 있는. 또는 그런 것.
예 그녀는 다른 사람에게 기대지 않고 자신의 문제를 (　　　　　)으로 해결하였다.

**06~10** 다음 뜻에 해당하는 한자 성어를 찾아 바르게 연결하시오.

**06** 여러 가지의 잘잘못.　　　　　　　　　　　　　•　　　　　　• ㉠ 공평무사

**07** 불을 보듯 분명하고 뻔함.　　　　　　　　　　•　　　　　　• ㉡ 권선징악

**08** 공평하여 사사로움이 없음.　　　　　　　　　　•　　　　　　• ㉢ 명약관화

**09** 착한 일을 권장하고 악한 일을 징계함.　　　　•　　　　　　• ㉣ 시시비비

**10** 다른 사람들에게 경각심을 불러일으키기 위하여 본보기로
한 사람에게 엄한 처벌을 하는 일을 이르는 말.　　•　　　　　　• ㉤ 일벌백계

**11~14** 빈칸에 들어갈 어휘를 〈보기〉에서 찾아 쓰시오.

〈보기〉

| 교란 | 대가 | 맹신 | 폐단 |

**11** 나는 과거에 그의 말이라면 무조건 옳다고 (　　　　　　)했다.

**12** 환경 오염이 심각해지면서 생태계 질서가 (　　　　　　)되었다.

**13** 왕은 서원의 (　　　　　　)에서 비롯되는 문제가 심각하다고 판단하였다.

**14** 그가 클래식 음악 분야에서 (　　　　　　)의 반열에 오를 수 있었던 것은 타고난 재능뿐만 아니라 꾸준한 노력 덕분이었다.

**15~17** 제시된 초성을 참고하여 다음 뜻에 해당하는 어휘를 쓰시오.

**15** ㄴㄱ : 어떤 이론이나 논리, 논설 따위의 근거. ＿＿＿＿＿＿＿＿＿＿＿

**16** ㅂㄹ : 상대방 주장의 허점이나 오류를 지적하거나 반박하는 말하기. ＿＿＿＿＿＿＿＿＿＿＿

**17** ㅇㄹ : 논제에 대한 입장을 정해 적절한 논거를 제시하여 주장의 타당함을 논리적으로 입증하는 말하기. ＿＿＿＿＿＿＿＿＿＿＿

**18~20** 다음 어휘의 뜻을 간략하게 쓰시오.

**18** 거장: ＿＿＿＿＿＿＿＿＿＿＿＿＿＿＿＿＿＿＿＿＿＿＿＿＿＿＿＿＿＿＿＿＿＿

**19** 논박: ＿＿＿＿＿＿＿＿＿＿＿＿＿＿＿＿＿＿＿＿＿＿＿＿＿＿＿＿＿＿＿＿＿＿

**20** 공명정대: ＿＿＿＿＿＿＿＿＿＿＿＿＿＿＿＿＿＿＿＿＿＿＿＿＿＿＿＿＿＿＿＿

| 맞힌 개수 　(　　　　) / 20문항 |
| 복습할 어휘 |

▶▶ 본책 102쪽으로 돌아가서 복습할 수 있습니다.

**01~04** 빈칸에 들어갈 어휘를 〈보기〉에서 찾아 쓰시오.

〈보기〉

선동적　　암묵적　　역발상　　이국적

01 그는 환경 보호 단체의 개발 반대 의견에 ⬜⬜⬜으로 동의했다.

02 그가 성공한 사업가가 될 수 있었던 것은 투자에 대한 ⬜⬜⬜을 했기 때문이다.

03 통영 앞바다는 '동양의 나폴리'라 불리기에 충분할 정도로 ⬜⬜⬜ 분위기를 자아낸다.

04 그의 연설은 다분히 ⬜⬜⬜인 측면이 강해서 일부 사람들에게는 반발을 사기도 했다.

**05~07** 다음 뜻에 해당하는 어휘를 고르시오.

05 특별히 융숭하게 손님을 대접하는 잔치.　　　　　　　　　　　　( 향연 | 향촌 )

06 쉬면서 거의 아무런 활동도 하지 아니함.　　　　　　　　　　　　( 동면 | 휴면 )

07 우주에 존재하는 모든 물체. 항성, 행성, 위성, 혜성, 인공위성 따위를 통틀어 이르는 말.

( 개체 | 천체 )

**08~10** 빈칸에 들어갈 어휘를 〈보기〉에서 찾아 문맥에 맞게 쓰시오.

〈보기〉

부추기다　　융숭하다　　휘황하다

08 며칠이나 날이 궂더니 오늘은 동편 하늘에 햇빛이 (　　　　　　) 떠올랐다.

09 그는 집에 손님이 방문하면 싫은 내색을 하지 않고 늘 (　　　　　　) 대접했다.

10 축구팀 감독은 선수들 간의 경쟁심을 (　　　　　　) 팀의 전력을 높이려고 하였다.

**11~16** 다음 뜻에 해당하는 관용구를 찾아 바르게 연결하시오.

11  막연하거나 허황된 것을 좇다.  •  • ㉠ 다리를 놓다

12  잠시 여유를 얻어 휴식을 취하다.  •  • ㉡ 뜬구름을 잡다

13  어떤 사실을 꼭 집어 분명하게 하다.  •  • ㉢ 마침표를 찍다

14  어떤 일이 끝장이 나거나 끝장을 내다.  •  • ㉣ 못을 박다

15  어떤 범위나 시기를 분명하게 구분 짓다.  •  • ㉤ 숨을 돌리다

16  일이 잘되게 하기 위하여 둘 또는 여럿을 연결하다.  •  • ㉥ 획을 긋다

**17~20** 빈칸에 들어갈 어휘를 쓰시오.

17  ☐☐ 은 천체와 천체 사이의 거리를 나타내는 단위로, 빛이 진공 속에서 1년 동안 나아가는 거리이다.

18  ☐☐ 는 같은 종에서 성별, 나이와 관계없이 모양과 성질이 다른 개체가 존재하는 현상으로, 외부 요인의 작용에 의한 것과 유전자의 변화에 의한 것이 있다.

19  ☐☐ 은 청중에게 자신의 주장이나 의견을 전달하는 공식적 말하기로, 청중의 관심과 요구를 분석하여 그에 맞는 내용으로 목적 및 주제를 설정하는 것이 좋다.

20  설득 전략은 설득하는 말하기에서 상대방을 효과적으로 설득하기 위해 사용하는 전략으로, ☐☐☐ 설득, ☐☐☐ 설득, 인성적 설득이 있다.

---

📝 맞힌 개수   (        ) / 20문항

☑ 복습할 어휘

▶▶ 본책 106쪽으로 돌아가서 복습할 수 있습니다.

**01~05** 빈칸에 들어갈 어휘를 〈보기〉에서 찾아 쓰시오.

〈보기〉

　　　박해　　　복식　　　비탄　　　신조　　　찬탈

**01** 불의의 사고로 아내를 잃은 남편은 [　　]에 빠져 아무 일도 하지 못했다.

**02** 천주교도에 대한 흥선 대원군의 [　　] 때문에 수많은 사람들이 순교하였다.

**03** 그는 조선 시대 양반들의 [　　] 문화를 연구하기 위해 다양한 자료를 수집했다.

**04** 무력을 동원하여 강압적으로 권력을 [　　]한 정권은 국민들에게 신뢰를 얻을 수 없다.

**05** 그녀는 무슨 일이 있어도 명예와 신용을 지켜야 한다는 것을 인생의 [　　]로 삼고 있다.

**06~08** 다음 뜻에 해당하는 어휘를 고르시오.

**06** 몹시 탄식함. 또는 그런 탄식.　　　　　　　　　　　　　　　　　　　( 통찰 | 통탄 )

**07** 마음속으로 이리저리 따져 깊이 생각하다.　　　　　　　　　　　　( 궁리하다 | 궁색하다 )

**08** 의심할 바 없이 아주 뚜렷하다.　　　　　　　　　　　　　　　　( 명백하다 | 자백하다 )

**09~11** 빈칸에 들어갈 어휘를 쓰시오.

**09** [　　]는 흰 눈썹이라는 뜻으로, 여럿 가운데에서 가장 뛰어난 사람이나 훌륭한 물건을 비유적으로 이르는 말이다. 이 말은 중국 촉한 때 마씨 다섯 형제가 모두 재주가 있었는데 그중에서도 눈썹 속에 흰 털이 난 마량이 가장 뛰어났다는 데서 유래한다.

**10** [　　　]　표현은 언어적 요소에 덧붙여 의미를 전달하는 것으로 어조, 억양, 강세, 말의 빠르기, 목소리의 크기 등이 이에 속한다.

**11** [　　　]　표현은 언어적 · 준언어적 표현 이외의 방법으로 의미를 전달하는 것으로 시선, 표정, 몸짓, 손짓 등이 이에 속한다.

**12~15** 빈칸에 들어갈 어휘를 〈보기〉에서 찾아 문맥에 맞게 쓰시오.

┌─────────────────── 보기 ───────────────────┐
│    강구하다      단행하다      자명하다      퇴락하다    │
└──────────────────────────────────────────┘

**12** 각 방송국은 시청률이 저조한 프로그램의 개편을 (            ).

**13** 태풍이 몰려온다는 소식이 전해지자 주민들은 예방 대책을 (            ) 했다.

**14** 그는 노력하지 않으면 성취할 수 없다는 (            ) 이치를 아직도 깨닫지 못했다.

**15** 눈에 띄게 (            ) 집들이 그동안 이 지역에서 어떤 일이 벌어졌는지를 짐작하게 했다.

**16~20** 제시된 초성을 참고하여 다음 뜻에 해당하는 한자 성어를 쓰시오.

**16** ㅍㅂㅁㅇ : 여러 방면에 능통한 사람을 비유적으로 이르는 말.  _____

**17** ㅈㅈㄱㅇ : 재주 있는 남자와 아름다운 여자를 아울러 이르는 말.  _____

**18** ㄱㄱㅇㅎ : 닭의 무리 가운데에서 한 마리의 학이란 뜻으로, 많은 사람 가운데서 뛰어난 인물을
이르는 말.  _____

**19** ㄴㅈㅈㅊ : 주머니 속의 송곳이라는 뜻으로, 재능이 뛰어난 사람은 숨어 있어도 저절로 사람들
에게 알려짐을 이르는 말.  _____

**20** ㅊㅊㅇㄹ : 쪽에서 뽑아낸 푸른 물감이 쪽보다 더 푸르다는 뜻으로, 제자나 후배가 스승이나 선
배보다 나음을 비유적으로 이르는 말.  _____

┌──────────────────────────────────────────┐
│ ◎ 맞힌 개수      (        ) / 20문항              │
├──────────────────────────────────────────┤
│ ☑ 복습할 어휘                                    │
└──────────────────────────────────────────┘

▶▶ 본책 110쪽으로 돌아가서 복습할 수 있습니다.

**01~04** 빈칸에 들어갈 어휘를 〈보기〉에서 찾아 쓰시오.

보기

관례          명의          인습          증진

**01** 다른 사람에게 함부로 □□를 빌려주지 말아야 한다.

**02** 그는 학교의 □□에 따라 후배들에게 꼭 존댓말을 썼다.

**03** 우리나라는 사회 복지의 □□을 위해 여러 제도를 시행하고 있다.

**04** 전통과 □□은 명백히 다른 것으로, 전자는 마땅히 계승해야 하지만 후자는 과감히 버려야 한다.

**05~08** 다음 뜻에 해당하는 어휘를 고르시오.

**05** 남의 물건이나 명의를 몰래 씀.                                    ( 도용 | 악용 )

**06** 기운이나 세력 따위가 줄어 쇠퇴함.                                ( 감퇴 | 퇴각 )

**07** 오래전부터 해 오는 대로 함. 또는 관례에 따라서 함.                 ( 간행 | 관행 )

**08** 태도가 미적지근한. 또는 그런 것.                                 ( 미온적 | 유미적 )

**09~12** 빈칸에 들어갈 어휘를 쓰시오.

**09** □□□: 어떤 행위를 한 사람이 누구인지 드러나지 않는 특성.

**10** □□□: 어떤 목적을 가지고 실시한 관찰·조사·실험 등의 절차와 결과를 정리하여, 보고하는 형식으로 쓴 글.

**11** □□□□: 글을 쓸 때 지켜야 할 윤리적 규범으로, 다른 사람이 생산한 아이디어나 자료, 글의 출처를 밝혀 올바르게 인용해야 하며 조사 결과나 연구 결과를 과장, 축소, 변형, 왜곡하지 않고 사실대로 제시해야 한다.

**12** □□□: 문학, 예술, 학술에 속하는 창작물에 대하여 저작자나 그 권리 승계인이 행사하는 배타적·독점적 권리로, 저작자의 생존 기간 및 사후 70년간 유지된다.

**13~15** 빈칸에 들어갈 어휘를 〈보기〉에서 찾아 문맥에 맞게 쓰시오.

┌─────────────── 보기 ───────────────┐
│        감지하다        연명하다        왜곡하다        │
└──────────────────────────────────┘

**13** 개는 인간보다 냄새를 (                    ) 능력이 더 뛰어나다.

**14** 옛날 보릿고개 때에는 산나물을 캐어 하루하루 (                    ) 지냈다고 한다.

**15** 자신이 불리한 상황에 처해 있다고 사건을 (                    ) 전달해서는 안 된다.

**16~20** 빈칸에 알맞은 어휘를 넣어 속담을 완성하시오.

**16** 무슨 일이나 그 일의 시작이 중요하다는 말.

→ ☐☐☐도 ☐☐☐부터

**17** 아무리 손쉬운 일이라도 힘을 들여 행동하지 않으면 소용이 없음을 비유적으로 이르는 말.

→ ☐☐☐의 ☐☐도 집어넣어야 짜다

**18** 크고 작고, 이기고 지고, 잘하고 못하는 것은 실지로 겨루어 보거나 겪어 보아야 알 수 있다는 말.

→ ☐☐☐☐☐은 대어 보아야 안다

**19** 무슨 일이든지 시작하기가 어렵지 일단 시작하면 일을 끝마치기는 그리 어렵지 아니함을 비유적으로 이르는 말.

→ ☐☐이 ☐이다

**20** 아무리 훌륭하고 좋은 것이라도 다듬고 정리하여 쓸모 있게 만들어 놓아야 값어치가 있음을 비유적으로 이르는 말.

→ ☐☐이 서 말이라도 꿰어야 ☐☐

┌──────────────────────────────────┐
│ ✐ 맞힌 개수       (          ) / 20문항      │
├──────────────────────────────────┤
│ ☑ 복습할 어휘                              │
└──────────────────────────────────┘

▶▶ 본책 114쪽으로 돌아가서 복습할 수 있습니다.

# 정답과 해설

## 01회 확인 문제 (12~13쪽)

| 01 세속 | 02 염치 | 03 호걸 | 04 미물 |
|---|---|---|---|
| 05 도량 | 06 설게 | 07 가타부타 | 08 곤궁한 |
| 09 공염불 | 10 빈이무원 | 11 안분지족 | 12 안빈낙도 |
| 13 단표누항 | 14 ⑤ | 15 × | 16 × |
| 17 ○ | | | |

**06** 눈에 익지 않고 낯설게 느껴지는 상황이므로 익숙하지 못하다는 의미의 '설다'를 활용하여 '설게'로 넣는 것이 적절하다.

**07** 행복은 주관적이어서 일정한 기준을 가지고 행복하다느니 그렇지 않다느니 말할 수 없다는 내용이므로 어떠한 일에 대하여 옳다느니 그르다느니 하는 것을 의미하는 '가타부타'가 적절하다.

**08** 형편이 어려운 상황이므로 가난하여 살림이 구차하다는 의미의 '곤궁하다'를 활용하여 '곤궁한'으로 넣는 것이 적절하다.

**14** 소박한 음식을 맛있게 먹고 있는 그림이므로 청빈하고 소박한 생활을 이르는 말인 '단사표음'과 관계가 깊다.

[오답 확인]
① 산해진미: 산과 바다에서 나는 온갖 진귀한 물건으로 차린, 맛이 좋은 음식
② 오곡백과: 온갖 곡식과 과실
③ 호의호식: 좋은 옷을 입고 좋은 음식을 먹음.
④ 진수성찬: 푸짐하게 잘 차린 맛있는 음식

**15** 두 수 이상의 평시조가 하나의 제목으로 엮어져 있는 시조를 연시조라고 한다.

**16** 사설시조는 초장과 중장은 제한 없이 길지만, 종장의 첫 음보는 길게 쓰지 않는다.

## 02회 확인 문제 (16~17쪽)

| 01 ② | 02 ① | 03 ② | 04 득의연하다 |
|---|---|---|---|
| 05 무상하다 | 06 사근사근하다 | | 07 상기되다 |
| 08 철퇴 | 09 몰렸지만 | 10 천정부지 | 11 무마 |
| 12 무상 | 13 ○ | 14 ○ | 15 물 건너가게 |
| 16 갈 길이 머니 | | 17 목덜미를 잡히게 | |
| 18 뜨거운 맛을 본 | | | |

**01** 일반에게 널리 공개하여 모집하는 것을 뜻하는 말은 '공모하다'이다.

**02** 어떤 일이나 사태에 맞추어 태도나 행동을 취함을 뜻하는 말은 '대응'이다.

**03** 어수선한 마음을 가라앉히어 바로잡음을 뜻하는 말은 '수습'이다.

**08** 막무가내의 판촉 행위로 처벌을 받게 된 상황이므로 엄한 처벌을 받는다는 뜻의 '철퇴를 맞다'가 어울린다. '쇠퇴'는 기세나 상태가 쇠하여 전보다 못하여 감을 이르는 말이다.

**09** 위험한 상황에 이르렀음을 뜻하는 말이 들어가야 하므로 위험한 상황에 직면하게 됨을 뜻하는 '벼랑에 몰리다'가 어울린다. '쏠리다'는 물체가 기울어져 한쪽으로 몰리는 것을 뜻한다.

**10** 불가가 치솟는 상황이므로 물가 따위가 한없이 오르기만 함을 뜻하는 '천정부지'가 적절하다.

**11** 사건을 덮기 위해 안간힘을 쓴 상황이므로 분쟁이나 사건 따위를 어물어물 덮어 버림을 뜻하는 '무마'가 적절하다.

**12** 늙음에 대해 한탄하며 인생의 덧없음을 노래한다고 볼 수 있으므로 모든 것이 덧없다는 뜻의 '무상하다'가 적절하다.

**15** 아버지가 휴가를 못 내어 가족 여행이 취소된 상황이므로, 일의 상황이 끝나 어떠한 조치를 할 수 없다는 뜻의 '물 건너가다'를 활용하여 '물 건너가게'로 쓰는 것이 적절하다.

**16** 지금까지의 삶도 잘 살아 왔듯이 앞으로 남아 있는 많은 삶도 힘내서 살아가자는 내용이므로, 앞으로 살아갈 생애가 많이 남아 있다는 뜻의 '갈 길이 멀다'를 활용하여 '갈 길이 머니'로 쓰는 것이 적절하다.

**17** 결국 비리가 드러나게 된 상황이므로, 피할 수 없이 죄가 드러나게 됨을 뜻하는 '목덜미가 잡히다'를 활용하여 '목덜미를 잡히게'로 쓰는 것이 적절하다.

**18** 지난번에 과제를 잊어 버려서 어려움을 겪은 상황이므로, 호된 고통이나 어려움을 겪음을 뜻하는 '뜨거운 맛을 보다'를 활용하여 '뜨거운 맛을 보는'으로 쓰는 것이 적절하다.

## 03회 확인 문제 (20~21쪽)

| 01 ① | 02 ① | 03 ② | 04 ② |
|---|---|---|---|
| 05 ① | 06 × | 07 ○ | 08 × |
| 09 노심초사 | 10 사고무친 | 11 고립무원 | 12 고신원루 |
| 13 박색 | 14 전율 | 15 박대 | 16 예시 답안 그 |

**16** 예시 답안 그는 사람들에게 수모를 겪으면서도 자신의 꿈을 이루기 위해 최선을 다했다. **17** 예시 답안 혈혈단신으로 유학을 간 진수는 음악을 들으며 외로움을 달랬다.

01 넓은 구역이나 범위를 뜻하는 말은 '광역'이다.

02 근심스럽거나 답답하고 기분이 언짢은 느낌을 뜻하는 말은 '우울감'이다.

03 목표로 삼는 물건을 뜻하는 말은 '표적'이다.

04 인공으로 만들어 낸 빛을 뜻하는 말은 '인공광'이다.

05 기운을 못 펴게 세력으로 내리누름을 뜻하는 말은 '압박'이다.

06 '기승전결' 중 시적 전환이 일어나는 부분은 '전'이며, '승'은 시상을 전개하는 부분이다.

08 '선경후정'은 앞부분에 자연 경관이나 사물에 대한 묘사를 먼저하고 뒷부분에 자기의 감정이나 정서를 그려 내는 시상 전개 방식이다.

13 '미색'은 여자의 아리따운 용모, 또는 아름다운 여자를 뜻한다.

14 '선율(旋律)'은 소리의 높낮이가 길이나 리듬과 어울려 나타나는 음의 흐름을 뜻한다.

15 '환대'는 반갑게 맞아 정성껏 후하게 대접함을 뜻한다.

**04회 확인 문제**  24~25쪽

| 01 신명 | 02 심미 | 03 고풍 | 04 실언 |
| 05 즐비 | 06 부동자세 | 07 임기응변 | 08 호시절 |
| 09 식언 | 10 다리 | 11 누이, 매부 | 12 펑, 알 |
| 13 도랑, 가재 | 14 ① | 15 ㉣ | 16 ㉡ |
| 17 ㉢ | 18 ㉠ | | |

07 위기를 잘 모면한다고 하였으므로 그때그때 처한 사태에 맞추어 즉각 그 자리에서 결정하거나 처리함을 이르는 말인 '임기응변'이 적절하다.

08 따뜻한 봄바람이 불고 꽃이 만발하는 때는 매우 좋은 때이니, 좋은 때를 뜻하는 '호시절'이 적절하다.

09 그의 말은 믿을 수 없다는 내용이 있으므로 약속한 말대로 지키지 아니함을 이르는 말인 '식언'이 적절하다.

14 '동경'은 어떤 것을 간절히 그리워하여 그것만을 생각함을 뜻한다. 따라서 애틋하게 생각하고 그리워함을 뜻하는

'사모'와 간절히 바람을 뜻하는 '갈망'은 '동경'과 비슷한 말이라고 할 수 있다.

**05회 확인 문제**  28~29쪽

| 01 염탐 | 02 기색 | 03 완연 | 04 깜냥 |
| 05 처세술 | 06 재활 | 07 못지않은 | 08 ④ |
| 09 인지상정 | 10 간담상조 | 11 물아일체 | 12 동병상련 |
| 13 ○ | 14 ○ | 15 × | |

16 예시 답안 그녀는 서슬 퍼런 일본 경찰들의 눈을 피해서 독립 운동을 하였다. 17 예시 답안 그 사람은 살면서 누구와도 척질 만한 행동을 한 적이 없다.

06 달리기를 잘한다는 내용이 나오므로 어떤 일을 할 수 있는 재주와 솜씨를 뜻하는 말인 '재간'과 무엇을 잘 할 수 있는 타고난 능력과 슬기를 뜻하는 '재주'가 어울린다. '재활(再活)'은 다시 활동함을 의미하는 말이다.

07 늦게 와서 변명을 늘어놓는 상황이므로 도무지 사리에 맞지 않는다는 뜻의 '가당찮다'와 전혀 합당하지 아니하다는 뜻의 '얼토당토않다'가 어울린다. '못지아니하다'는 일정한 수준이나 정도에 뒤지지 않는다는 뜻이다.

08 현우와 자신의 마음이 통한다고 하였으므로 마음과 마음으로 서로 뜻이 통함을 뜻하는 '이심전심'이 적절하다.

09 불쌍한 사람을 보면 돕고 싶은 마음은 사람이면 가지는 마음이므로 사람이면 누구나 가지는 보통의 마음을 뜻하는 '인지상정'이 적절하다.

10 그와 나가 마음을 터놓고 지내는 사이가 되었다고 하였으므로 서로 속마음을 털어놓고 친하게 사귐을 뜻하는 '간담상조'가 적절하다.

11 대상과 자신이 하나가 되는 경지를 경험했다고 하였으므로 외물과 자아, 객관과 주관, 또는 물질계와 정신계가 어울려 하나가 됨을 뜻하는 '물아일체'가 적절하다.

12 서로 모르는 사이지만 환자들끼리 서로 응원하는 상황이므로 어려운 처지에 있는 사람끼리 서로 가엾게 여김을 이르는 말인 '동병상련'이 적절하다.

15 객관적 상관물은 화자가 자신의 감정을 구체적인 사물을 통해 간접적으로 나타낼 때 활용되는 사물을 의미하므로, 화자의 상황이나 정서와 대비되어 화자의 감정을 심화하는 대상은 객관적 상관물에 해당한다.

| 01 예찬 | 02 주시 | 03 부산 | 04 탄식 |
|---|---|---|---|
| 05 깨가 쏟아지다 | | 06 속을 태우다 | |
| 07 하늘이 노랗다 | | 08 어안이 벙벙하다 | |
| 09 억장이 무너지다 | | 10 감개무량 | 11 우격다짐 |
| 12 애간장 | 13 ○ | 14 ○ | 15 × |

16 예시 답안 내가 응원하는 축구 팀이 꼴찌를 면했다.

17 예시 답안 할머니께서는 난을 애지중지 키우셨다.

01 자연의 아름다움을 언급하였으므로 무엇이 훌륭하거나 좋거나 아름답다고 찬양함을 뜻하는 '예찬'이 적절하다.

02 주의 깊게 살핀다는 내용이 들어가야 어울리므로 어떤 일에 온 정신을 모아 자세히 살핀다는 뜻의 '주시하다'가 적절하다.

03 학예회를 준비하는 많은 사람들로 인해 강당 안이 시끄럽고 어수선한 상황이므로 급하게 서두르거나 시끄럽게 떠들어 어수선함을 뜻하는 '부산하다'가 적절하다.

04 아버지의 곁으로 일찍 돌아오지 못한 것을 안타까워하는 상황이므로 근심이나 원망 따위로 한탄하여 한숨을 쉼을 뜻하는 '탄식'이 적절하다.

10 오랜만에 고향에 돌아와 느끼는 감정을 표현하는 말이 들어가야 하므로 '마음속에서 느끼는 감동이나 느낌이 끝이 없음. 또는 그 감동이나 느낌'을 뜻하는 '감개무량'이 적절하다.

11 동생의 물건들을 빼앗은 상황이므로 '억지로 우겨서 남을 굴복시킴. 또는 그런 행위'를 뜻하는 '우격다짐'이 적절하다.

12 병원에서 검진을 받고 오신 어머니가 아무 말씀 없이 눈물을 흘리시는 상황이므로 '애'를 강조하여 이르는 말인 '애간장'이 적절하다.

15 점층법은 문장의 뜻을 점점 강하게 하거나, 크게 하거나, 높게 하여 마침내 절정에 이르도록 하는 수사법을 뜻한다.

## 01~06회 종합 문제 34~35쪽

| 01 ① | 02 ④ | 03 ④ | 04 ① |
|---|---|---|---|
| 05 ④ | 06 ③ | 07 ④ | |

01 '깜냥'은 '스스로 일을 헤아림. 또는 헤아릴 수 있는 능력'이라는 뜻이므로, 〈보기〉의 ㉠~㉣에 제시된 문장에는 어울리지 않는다.

[오답 확인]
㉠ 모든 것이 덧없다는 의미의 '무상하다'가 적절하다.
㉡ 급하게 서두르거나 시끄럽게 떠들어 어수선하다는 의미의 '부산하다'가 적절하다.
㉢ 인정 없이 모질게 대함을 뜻하는 '박대'가 적절하다.
㉣ 체면을 차릴 줄 알며 부끄러움을 아는 마음을 뜻하는 '염치'가 적절하다.

02 〈보기〉의 상황에는 사람이라면 누구나 가지는 보통의 마음이 나타나 있으므로, 사람이면 누구나 가지는 보통의 마음을 뜻하는 '인지상정'이 적절하다.

[오답 확인]
① 고립무원: 고립되어 남의 도움을 받을 데가 없음.
② 물아일체: 외물과 자아, 객관과 주관, 또는 물질계와 정신계가 어울려 하나가 됨.
③ 안분지족: 편안한 마음으로 제 분수를 지키며 만족할 줄을 앎.
⑤ 임기응변: 그때그때 처한 사태에 맞추어 즉각 그 자리에서 결정하거나 처리함.

03 ④의 '전율'은 몸이 떨릴 정도로 감격스러움을 비유적으로 이르는 말이다.

04 '공돈'은 노력의 대가로 생긴 것이 아닌, 거저 얻거나 생긴 돈을 뜻하는 말로, 여기서 '공-'은 '힘이나 돈이 들지 않은'의 뜻이다. '공수표', '공염불', '공치사', '공테이프'의 '공-'은 '빈' 또는 '효과가 없는'이라는 의미이다.

05 '억장이 무너지다'는 극심한 슬픔이나 절망 따위로 몹시 가슴이 아프고 괴롭다는 의미의 관용구이므로 '매우 슬프고 가슴이 아프다' 정도로 바꾸어 쓸 수 있다.

06 ㉢ '뚜렷했었다'는 눈에 보이는 것처럼 아주 뚜렷했었다는 의미의 '완연했었다'로 바꾸어 쓸 수 있다. '만연(蔓衍)하다'는 전염병이나 나쁜 현상이 널리 퍼지는 것을 뜻하는 말이다.

### ➕ 2019학년도 수능

■ 문맥상 ⓐ~ⓔ와 바꿔 쓴 것으로 가장 적절한 것은?

… 그것이 ⓐ일으킬 형이상학적 문제에는 별 관심이 없었다. … 지구가 자전하는 우주 모형을 ⓑ만들었다. … 신의 형상을 ⓒ지닌 인간을 한갓 행성의 거주자로 전락시키는 것으로 여겨졌기 때문이다 … 불온한 요소로 ⓓ여겼다. … 서양 과학의 우수한 면은 모두 중국 고전에서 이미 ⓔ갖추어져 있던 것인데 웅명우 등이 이를 깨닫지 못한 채 성리학 같은 형이상학에 몰두했다고 비판했다. …

① ⓐ: 진작(振作)할
② ⓑ: 고안(考案)했다
③ ⓒ: 소지(所持)한
④ ⓓ: 설정(設定)했다
⑤ ⓔ: 시사(示唆)되어

▶▶ ⓑ의 '만들다'는 노력이나 기술 따위를 들여 목적하는 사물을 이룬다는 의미이므로 연구하여 새로운 안을 생각해 낸다는 의미의 '고안하다'와 바꾸어 쓸 수 있다. **정답 ②**

① ⓐ의 '일으키다'는 물리적이거나 자연적인 현상을 만들어 낸다는 뜻이고, '진작하다'는 떨쳐 일어난다는 뜻이므로 바꿔 쓰기에 적절하지 않다.
③ ⓒ의 '지니다'는 본래의 모양을 그대로 간직한다는 뜻이고, '소지하다'는 '물건을 지니고 있다는 뜻이므로 바꿔 쓰기에 적절하지 않다.
④ ⓓ의 '여기다'는 마음속으로 그러하다고 인정하거나 생각한다는 뜻이고, '설정하다'는 새로 만들어 정해 둔다는 뜻이므로 바꿔 쓰기에 적절하지 않다.
⑤ ⓔ의 '갖추다'는 있어야 할 것을 가지거나 차린다는 뜻이고, '시사되다'는 어떤 것이 미리 간접적으로 표현된다는 뜻이므로 바꿔 쓰기에 적절하지 않다.

**07** ⓔ에는 어떤 일에 온 정신을 모아 자세히 살핀다는 뜻의 '주시하다'가 오는 것이 적절하다. '응시하다'는 눈길을 모아 한 곳을 똑바로 바라본다는 뜻으로, ⓔ에는 적절하지 않다.
[오답 확인]
① 곤궁하다: 가난하여 살림이 구차하다.
② 천정부지: 물가 따위가 한없이 오르기만 함을 비유적으로 이르는 말
③ 즐비하다: 빗살처럼 줄지어 빽빽하게 늘어서 있다.
⑤ 관철: 어려움을 뚫고 나아가 목적을 기어이 이룸.

## 07회 확인 문제
40~41쪽

| 01 가히 | 02 엄포 | 03 하직 | 04 곡절 |
| 05 예기 | 06 본말전도 | 07 적반하장 | 08 동상이몽 |
| 09 애이불비 | 10 주객전도 | 11 ① | 12 ① |
| 13 ㉠ | 14 ㉢ | 15 ㉡ | 16 예시 답안 동생이 혜살을 놓는 바람에 형은 거의 완성한 미술 숙제를 망치고 말았다. |

17 예시 답안 지난날의 앙금이 해소되지 않은 두 나라의 정상은 의례적인 인사만 나누고 회의장을 떠났다.
18 예시 답안 연년생으로 나고 자란 형제는 툭하면 옥신각신 다투는 일이 많았으나 우애만은 돈독했다.

**06** 이치에 맞지 않음을 지적하는 상황이므로 사물의 순서나 위치 또는 이치가 거꾸로 된 것을 이르는 말인 '본말전도'가 적절하다.

**07** 잘못한 사람이 잘못 없는 사람에게 도리어 화를 내는 상황이므로 잘못한 사람이 아무 잘못도 없는 사람을 나무람을 이르는 말인 '적반하장'이 적절하다.

**08** 서로 돕는 듯 보여도 속내가 다른 상황이므로 겉으로는 같이 행동하면서도 속으로는 각각 딴생각을 하고 있음을 이르는 말인 '동상이몽'이 적절하다.

**09** 슬픔을 겉으로 드러내지 않으려고 하는 내용이므로 슬프지만 겉으로는 슬픔을 나타내지 아니함을 뜻하는 '애이불비'가 적절하다.

**10** 응원의 주체가 바뀐 상황이므로 사물의 경중·선후·완급 따위가 서로 뒤바뀜을 이르는 말인 '주객전도'가 적절하다.

**13** 대구법은 어조 또는 내용이 비슷한 어구를 나란히 짝을 맞추어 배치하는 표현 방법이다.

**14** 도치법은 문장 또는 단어를 정상적인 순서와는 다르게 배열하는 표현 방법이다.

**15** 설의법은 쉽게 판단할 수 있는 사실을 의문의 형식으로 표현하여 상대편이 스스로 판단하게 하는 표현 방법이다.

## 08회 확인 문제
44~45쪽

| 01 고대 | 02 문책 | 03 완강 | 04 자취 |
| 05 ④ | 06 ② | 07 ⑤ | 08 ① |
| 09 ③ | 10 궁색하다 | 11 함구령 | 12 재변 |
| 13 지칭 | 14 옹색하다 | 15 편집자, 논평 | |
| 16 묘사 | 17 서사 | | |

**01** 문맥상 기다렸다는 내용이 들어가야 하므로 몹시 기다렸다는 뜻인 '고대하다'가 적절하다. '고민'은 마음속으로 괴로워하고 애를 태움, '고통'은 몸이나 마음의 괴로움과 아픔, '고생'은 어렵고 고된 일이나 생활을 뜻한다.

**02** 잘못에 대해 꾸짖는다는 의미의 말이 들어가야 하므로 잘못을 캐묻고 꾸짖음을 뜻하는 '문책'이 적절하다. '문명'은 인류가 이룩한 물질적, 기술적, 사회 구조적인 발전을 뜻한다. '문화'는 자연 상태에서 벗어나 일정한 목적 또는 생활 이상을 실현하고자 사회 구성원에 의하여 습득, 공유, 전달되는 행동 양식이나 생활 양식의 과정 및 그 과정에서 이룩하여 낸 물질적·정신적 소득을 통틀어 이르는 말이다. '문물'은 문화의 산물을 뜻한다.

**03** 문맥상 태도가 모질고 의지가 굳세다는 뜻인 '완강하다'가 적절하다. '완력'은 팔의 힘, 육체적으로 억누르는 힘을 뜻한다. '완충'은 대립하는 것 사이에서 불화나 충돌을 누그러지게 함을 뜻한다. '완화'는 긴장된 상태나 급박한 것을 느슨하게 함을 뜻한다.

**04** 문맥상 어떤 것이 남긴 표시나 자리를 뜻하는 '자취'가 적절하다. '자필'은 '자기가 직접 글씨를 씀. 또는 그 글씨'라는 뜻이다. '자수'는 옷감이나 헝겊 따위에 여러 가지의 색실로 그림, 글자, 무늬 따위를 수놓는 일을 뜻하는 '자수(刺繡)', 범인이 스스로 수사 기관에 자기의 범죄 사실을 신고하고, 그 처분을 구하는 일을 뜻하는 '자수(自首)' 등이 있다. '자력(自力)'은 자기 혼자의 힘을 뜻한다.

05 너무 급히 서둘러 일을 하면 잘못하고 실패하게 됨을 비유적으로 이르는 말인 '급히 먹는 밥이 목이 멘다'와 의미가 통한다.

06 아무리 재미있는 일이라도 배가 불러야 흥이 나지 배가 고파서는 아무 일도 할 수 없음을 비유적으로 이르는 말인 '금강산도 식후경'과 의미가 통한다.

07 자기 것은 두고 욕심 사납게 남의 것을 공연히 탐냄을 비유적으로 이르는 말인 '남의 고기 한 점이 내 고기 열 점보다 낫다'와 의미가 통한다.

08 싫은 일을 억지로 마지못하여 함을 비유적으로 이르는 말인 '울며 겨자 먹기'와 의미가 통한다.

09 거의 다 된 일을 망쳐 버리는 주책없는 행동을 비유적으로 이르는 말인 '다 된 죽에 코 풀기'와 의미가 통한다.

16 '묘사'는 어떤 대상이나 사물, 현상 따위를 그림 그리듯이 구체적으로 표현하는 서술 방식이다.

17 '서사'는 사건이 진행되어 가는 과정이나 인물의 행동이 변화되어 가는 과정을 시간의 흐름에 따라 나타내는 서술 방식이다.

로 줏대 없이 남의 의견에 따라 움직임을 뜻하는 '부화뇌동'이 적절하다.

06 달면 삼키고 쓰면 뱉는다는 표현이 나오므로 자신의 비위에 따라서 사리의 옳고 그름을 판단함을 이르는 말인 '감탄고토'가 적절하다.

07 실적을 부풀린다는 내용이므로 작은 일을 크게 불리어 떠벌림을 뜻하는 '침소봉대'가 적절하다.

08 자신의 이익을 우선시한다는 내용이므로, 자기에게만 이롭게 되도록 생각하거나 행동함을 이르는 말인 '아전인수'가 적절하다.

09 헌신적으로 일했던 회사에서 내쫓긴 내용이므로 필요할 때는 쓰고 필요 없을 때는 야박하게 버리는 경우를 이르는 말인 '토사구팽'이 적절하다.

10 세력이 있고 없음에 따라 대접이 달라지는 세상인심에 대한 내용이므로 세력이 있을 때는 아첨하여 따르고 세력이 없어지면 푸대접하는 세상인심을 비유적으로 이르는 말인 '염량세태'가 적절하다.

## 09회 확인 문제 48~49쪽

| 01 달포 | 02 경황 | 03 노독 | 04 보편성 |
|---|---|---|---|
| 05 부화뇌동 | 06 감탄고토 | 07 침소봉대 | 08 아전인수 |
| 09 토사구팽 | 10 염량세태 | 11 피란민 | 12 지청구 |
| 13 삽짝 | 14 툇돌 | 15 겨를 | 16 텃세 |
| 17 배경 | 18 복선 | | |

01 '해포'는 한 해가 조금 넘는 동안을 뜻하며 '달포'는 한 달이 조금 넘는 기간을 뜻하므로 문맥상 '달포'가 어울린다.

02 '경기(景氣)'는 매매나 거래에 나타나는 호황·불황 따위의 경제 활동 상태를 뜻하며 '경황'은 정신적·시간적인 여유나 형편을 뜻하므로 문맥상 '경황'이 어울린다.

03 '노독'은 먼 길에 지치고 시달려서 생긴 피로나 병을 뜻하며 '노상'은 '언제나 변함없이 한 모양으로 줄곧'이라는 뜻이므로 문맥상 '노독'이 어울린다.

04 '보편성'은 모든 것에 두루 미치거나 통하는 성질을 뜻하며 '특수성'은 일반적이고 보편적인 것과 다른 성질을 뜻하므로 문맥상 '보편성'이 어울린다.

05 자기 주관 없이 남의 의견에 따라 움직인다는 내용이므

## 10회 확인 문제 52~53쪽

| 01 ⑥ | 02 ④ | 03 ③ | 04 ② |
|---|---|---|---|
| 05 ① | 06 ⑤ | 07 우심하다 | 08 정갈하다 |
| 09 진득하다 | 10 ④ | 11 ① | 12 ③ |
| 13 ⑤ | 14 ② | 15 ○ | 16 × |
| 17 ○ | | | |

10 잠이 깊이 들어 웬만한 소리나 일에는 깨어나지 않는 상태를 뜻하는 '업어 가도 모르다'와 의미가 통한다.

11 서투르던 것이 익숙해짐을 뜻하는 '자리 잡히다'와 의미가 통한다.

12 정신 상태가 해이해짐을 뜻하는 '나사가 풀리다'와 의미가 통한다.

13 몹시 바삐 진행되거나 어떤 일에 몰두하여 시간이 어떻게 지났는지 알지 못함을 뜻하는 '시간 가는 줄 모르다'와 의미가 통한다.

14 마음이 들뜨거나 초조하여 가만히 있지 못함을 뜻하는 '좀이 쑤시다'와 의미가 통한다.

16 순행적 구성은 평면적 구성이라고도 하며, 역순행적 구성은 입체적 구성이라고도 한다.

| 01 집약 | 02 피력 | 03 술수 | 04 규명 |
|---|---|---|---|
| 05 십시일반 | 06 독야청청 | 07 유비무환 | 08 솔선수범 |
| 09 호연지기 | 10 통찰 | 11 싹수 | 12 소신 |
| 13 항거 | 14 문외한 | 15 × | 16 ○ |
| 17 ○ | | | |

**07** 선수의 부상과 같은 문제 상황에 미리 준비해 두었다는 내용이므로 미리 준비하면 걱정할 것이 없음을 뜻하는 '유비무환'과 의미가 통한다.

**08** 남보다 앞장서서 행동하여 몸소 다른 사람의 본보기가 된다는 뜻의 '솔선수범'과 의미가 통한다.

**09** 거침없이 넓고 큰 기개를 뜻하는 '호연지기'와 의미가 통한다.

**10** 냉철한 분석을 바탕으로 문제를 꿰뚫어 본다는 내용이므로 예리한 관찰력으로 사물을 꿰뚫어 봄을 뜻하는 '통찰'이 적절하다.

**11** 잘될 것 같은 징조를 뜻하는 말이 들어가야 하므로 어떤 일이나 사람이 앞으로 잘될 것 같은 낌새나 징조를 뜻하는 '싹수'가 적절하다.

**12** 생각을 뜻하는 말이 들어가야 하므로 '굳게 믿고 있는 바. 또는 생각하는 바'의 의미인 '소신'이 적절하다.

**13** 우리 민족이 일본에 맞섰다는 내용이므로 순종하지 아니하고 맞서서 반항함을 뜻하는 '항거'가 적절하다.

**14** 실제로는 전문가가 아니었다는 내용이므로 어떤 일에 전문적인 지식이 없는 사람을 뜻하는 말인 '문외한'이 적절하다.

**15** 비평문을 감상할 때는 글쓴이의 해석을 무조건 수용하지 말고 자신의 해석과 비교하며 읽는다.

| 01 가설 | 02 명료 | 03 전략 | 04 함량 |
|---|---|---|---|
| 05 논지 | 06 추론 | 07 ① | 08 ③ |
| 09 결핍 | 10 논거 | 11 전략 | 12 탄핵 |
| 13 ○ | 14 × | 15 연역 | 16 귀납 |
| 17 유추 | | | |

**01** 실험과 관찰을 통해 이것을 증명했다고 하였으므로 어떤 사실을 설명하거나 어떤 이론 체계를 연역하기 위하여 설정한 가정을 뜻하는 '가설'이 적절하다.

**02** 분명하다는 뜻의 말이 들어가야 하므로 뚜렷하고 분명하다는 뜻의 '명료하다'가 적절하다.

**03** 판매율을 높인다는 내용이 나오므로 정치, 경제 따위의 사회적 활동을 하는 데 필요한 책략을 뜻하는 '전략'이 적절하다.

**04** 함유하고 있는 분량을 뜻하는 말이 들어가야 하므로 물질이 어떤 성분을 포함하고 있는 분량을 의미하는 '함량'이 적절하다.

**05** 논하는 말이나 글의 취지를 뜻하는 '논지'가 적절하다.

**06** 어떤 판단을 근거로 삼아 다른 판단을 이끌어 냄을 뜻하는 '추론'이 적절하다.

**07** 일이 잘되고 있는 상황이지만 항상 잘될 수는 없다고 하며 신중해야 한다고 당부하고 있으므로 세상의 온갖 것이 한번 번성하면 다시 쇠하기 마련이라는 뜻의 '달도 차면 기운다'가 적절하다.

**08** 어려움을 겪고 나면 더 강해질 수 있으니 힘을 내라고 했으므로 이를 비유적으로 표현한 '비온 뒤에 땅이 굳어진다'가 적절하다.

**09** '결손'은 어느 부분이 없거나 잘못되어서 불완전함을 뜻한다.

**10** '논점'은 논의나 논쟁 따위의 중심이 되는 문제점을 뜻한다.

**11** '전술'은 전쟁 또는 전투 상황에 대처하기 위한 기술과 방법을 뜻하는 것으로 장기적이고 광범위한 전망을 갖는 전략의 하위 개념이다.

**12** '지탄'은 잘못을 지적하여 비난함을 뜻한다.

**14** "사람은 죽는다. 임금은 사람이다. 그러므로 임금은 죽는다."에서 '사람은 죽는다.'는 대전제이고, '임금이 사람이다.'가 소전제이며, '임금은 죽는다.'가 결론이다.

| 01 ⑤ | 02 ③ | 03 ① | 04 ② |
|---|---|---|---|
| 05 ② | 06 ① | 07 ⑤ | 08 ③ |

**01** '예기하다'는 앞으로 닥쳐올 일에 대하여 미리 생각하고 기다린다는 뜻이다. 어떤 사물이나 사실, 현상에 대하여 일정한 줄거리를 가지고 말을 하거나 글로 쓰는 것을 의미하는 어휘는 '이야기하다'의 줄임말인 '얘기하다'이다.

**02** ③의 '궁색하다'는 말이나 태도, 행동의 이유나 근거 따위가 부족하다는 의미로 쓰였다.

**03** '의례적'은 '의례에 맞는. 또는 그런 것', '형식이나 격식만을 갖춘. 또는 그런 것'이라는 두 가지 의미를 지닌다. 〈보기〉에서 '의례적'은 형식만 갖추었다는 의미로 사용되었다.

**04** ②에는 잘못한 사람이 아무 잘못도 없는 사람을 나무람을 이르는 말인 '적반하장'이 적절하다. '동상이몽'은 겉으로는 같이 행동하면서도 속으로는 각각 딴생각을 하고 있음을 이르는 말이다.

[오답 확인]
① 부화뇌동: 줏대 없이 남의 의견에 따라 움직임.
③ 호연지기: 거침없이 넓고 큰 기개.
④ 솔선수범: 남보다 앞장서서 행동해서 몸소 다른 사람의 본보기가 됨.
⑤ 염량세태: 세력이 있을 때는 아첨하여 따르고 세력이 없어지면 푸대접하는 세상인심을 비유적으로 이르는 말

**05** 여행을 하고 오자 계절이 가을에서 겨울로 바뀌어 있었다고 하였으므로 ㉠에는 한 달이 조금 넘는 기간을 뜻하는 '달포'가 들어가는 것이 적절하다. ㉡에는 문맥상 먼 길에 지치고 시달려서 생긴 피로나 병을 뜻하는 '노독'이 들어가는 것이 적절하다.

**06** '지청구'는 아랫사람의 잘못을 꾸짖는 말이라는 의미이다. '꾸중', '칭찬', '험담', '비판', '주장' 중에서 '지청구'와 바꿔 쓰기에 가장 적절한 어휘는 '꾸중'이다.

**07** ㉣는 전쟁을 전반적으로 이끌어 가는 방법이나 책략이라는 의미로 사용되었다.

➕ 2015학년도 수능

■ ㉠~㉤의 사전적 의미로 적절하지 **않은** 것은?

… 신채호의 사상에서 아란 자기 ㉠본위에서 자신을 ㉡자각하는 주체인 동시에 항상 나와 상대하고 있는 존재인 비아와 마주 선 주체를 의미한다. … 아는 항성을 통해 아 자신에 대해 자각하며, 변성을 통해 비아와의 관계 속에서 자기의식을 갖게 되는 것으로 ㉢설정하였다. … 보편성이란 공간적 차원에서 아의 영향력이 ㉣파급되는 것을 뜻한다. … 일본의 제국주의 침략에 ㉤직면하여 그는 신국민이라는 새로운 개념을 제시하고 조선민족이 신국민이 될 때 민족 생존이 가능하다고 보았다.

① ㉠: 판단이나 행동에서 중심이 되는 기준.
② ㉡: 자기의 처지나 능력 따위를 스스로 깨달음.
③ ㉢: 여럿 가운데서 어떤 것을 뽑아 정함.
④ ㉣: 어떤 일의 여파나 영향이 다른 데로 미침.
⑤ ㉤: 어떠한 일이나 사물을 직접 당하거나 접함.

▶▶ '설정'은 '새로 만들어 정해 둠.'이라는 뜻이다.  **정답** ③

**08** '자취'는 어떤 것이 남긴 표시나 자리를 뜻하는 말이므로 〈보기〉의 ㉠~㉤에 제시된 문장에는 어울리지 않는다.

[오답 확인]
㉠ '어떤 대상을 가리켜 이르는 일. 또는 그런 이름'이라는 의미의 '지칭'이 적절하다.
㉡ '얼굴에 엄정한 빛을 나타냄. 또는 그런 얼굴빛'이라는 의미의 '정색'이 적절하다.
㉢ 물질이 어떤 성분을 포함하고 있는 분량을 뜻하는 '함량'이 적절하다.
㉣ 순종하지 아니하고 맞서서 반항함을 뜻하는 '항거'가 적절하다.
㉤ 순조롭지 아니하게 얽힌 이런저런 복잡한 사정이나 까닭을 뜻하는 '곡절'이 적절하다.

**13회 확인 문제**　68~69쪽

| 01 유해 | 02 수장 | 03 책정 | 04 경박 |
|---|---|---|---|
| 05 저하 | 06 부지 | 07 ㉠ | 08 ㉢ |
| 09 ㉡ | 10 불철주야 | 11 주마가편 | 12 십벌지목 |
| 13 분골쇄신 | 14 우공이산 | | |

15 **예시 답안** 이 제품은 실용적으로 제작되었다.
16 **예시 답안** 그는 모호하게 대답을 얼버무렸다.
17 **예시 답안** 그녀는 친구의 갑작스러운 방문에 황망해했다.

**10** 어떤 일에 몰두하여 조금도 쉴 사이 없이 밤낮을 가리지 아니함을 뜻하는 '불철주야'가 적절하다.

**11** 일이 잘될수록 더 열심히 해야 한다는 의미를 담고 있으므로 잘하는 사람을 더욱 장려함을 이르는 말인 '주마가편'이 어울린다. 이는 달리는 말에 채찍질한다는 뜻이다.

**12** 열 번 찍어 베는 나무라는 뜻으로, 열 번 찍어 안 넘어가는 나무가 없음을 이르는 말인 '십벌지목'이 적절하다.

**13** 결승전에 최선을 다한 선수들의 노력과 좋은 결과에 대해 말하고 있으므로 정성으로 노력함을 이르는 말인 '분골쇄신'이 어울린다. 이는 뼈를 가루로 만들고 몸을 부순다는 뜻이다.

**14** 우공이 산을 옮긴다는 뜻으로, 어떤 일이든 끊임없이 노력하면 반드시 이루어짐을 이르는 말인 '우공이산'이 어울린다.

**14회 확인 문제**　72~73쪽

| 01 서화 | 02 안목 | 03 번뇌 | 04 입증 |
|---|---|---|---|
| 05 오롯하다 | 06 불문가지 | 07 함양하다 | 08 정보화 |
| 09 멸균하다 | 10 등을 떠밀어서 되는 | 11 뼈와 살이 | |
| | 12 어깨를 나란히 하는 | | 13 오금을 펴고 |
| 14 간도 쓸개도 없는 | 15 ㉡ | 16 ㉠ | |
| 17 ㉢ | | | |

**01** 한쪽 벽면에 걸어 둔 것이므로 글씨와 그림을 뜻하는 '서화'가 적절하다. '서가(書架)'는 문서나 책 따위를 얹어 두거나 꽂아 두도록 만든 선반을 뜻한다. '서명(書名)'은 책의 이름이라는 뜻이다. '서문(序文)'은 책이나 논문 따위의 첫머리에 내용이나 목적 따위를 간략하게 적은 글을 뜻한다.

**02** 사물을 보고 분별하는 견문과 학식을 뜻하는 '안목'이 적절하다. '안락'은 몸과 마음이 편안하고 즐거움을 뜻한다. '안면(顔面)'은 눈, 코, 입이 있는 머리의 앞면을 가리키는 말이다. '안전(安全)'은 '위험이 생기거나 사고가 날 염려가 없음. 또는 그런 상태'를 뜻한다.

**03** '마음이 시달려서 괴로워함. 또는 그런 괴로움'을 뜻하는 '번뇌'가 적절하다. '번성'은 한창 성하게 일어나 퍼짐을 뜻한다. '번영(繁榮)'은 번성하고 영화롭게 됨을 뜻한다. '번잡'은 번거롭게 뒤섞여 어수선함을 뜻한다.

**04** 어떤 증거 따위를 내세워 증명함을 뜻하는 '입증'이 적절하다. '입궐'은 대궐 안으로 들어감을 뜻한다. '입장(立場)'은 당면하고 있는 상황을 뜻한다. '입질'은 낚시질할 때 물고기가 낚싯밥을 건드리는 일을 뜻한다.

**10** 김 씨의 성실함을 알고 있는 이웃들이 김 씨를 이장 선거에 나가게 한 것이므로 일을 억지로 시키거나 부추긴다는 의미의 '등을 떠밀다'를 활용할 수 있다.

**11** 정신적으로 도움이 된다는 의미를 지닌 '뼈와 살이 되다'를 활용할 수 있다.

**12** 서로 비슷한 지위나 힘을 가진다는 의미의 '어깨를 나란히 하다'를 활용할 수 있다.

**13** 마음을 놓고 여유 있게 지낸다는 의미의 '오금을 펴다'를 활용할 수 있다.

**14** 자기에게 못되게 군 친구에게 함께하기를 사정하는 상황이므로 용기나 줏대 없이 남에게 굽힌다는 의미의 '간도 쓸개도 없다'를 활용할 수 있다.

도량이 좁고 너그럽지 못함을 뜻한다. 따라서 생각이 치우쳤다는 의미로 쓰일 수 있는 '편협'이 문맥상 어울린다.

**02** '개괄'은 중요한 내용이나 줄거리를 대강 추려 냄을 뜻하고, '일괄'은 개별적인 여러 가지 것을 한데 묶음을 뜻한다. 따라서 준비물을 한데 묶어 준비한다는 의미로 쓰일 수 있는 '일괄'이 문맥상 어울린다.

**03** '분신'은 하나의 주체에서 갈라져 나온 것을 뜻하고, '처신'은 세상을 살아가는 데 가져야 할 몸가짐이나 행동을 뜻한다. 따라서 총이 군인에게 있어서 매우 중요한 것임을 나타낼 수 있는 '분신'이 문맥상 어울린다.

**04** '마감'은 '하던 일을 마물러서 끝냄. 또는 그런 때'라는 뜻이고, '절감'은 아끼어 줄임을 뜻한다. 따라서 늘어난 전력 수요에 따라 에너지를 줄일 수 있는 대책을 마련했다는 의미로 쓰일 수 있는 '절감'이 문맥상 어울린다.

**05** '세월(歲月)'은 흘러가는 시간을 뜻하고, '세파'는 모질고 거센 세상의 어려움을 뜻한다. 따라서 삶을 흔드는 어려움의 의미로 쓰일 수 있는 '세파'가 문맥상 어울린다.

**10** 사업이 잘 풀리는 상황이므로 일이 뜻대로 잘될 때, 우쭐하여 뽐내는 기세가 대단함을 뜻하는 '기고만장'이 적절하다.

**11** 꾸짖을 만한 학생의 태도를 나타내야 하므로 태도나 행동이 거만하고 공손하지 못함을 뜻하는 '오만불손'이 적절하다.

**12** 누구 앞에서나 거드름을 피우는 상황이므로 눈 아래에 사람이 없다는 뜻으로, 방자하고 교만하여 다른 사람을 업신여김을 이르는 말인 '안하무인'이 적절하다.

**13** 당당하게 수상 소감을 발표하는 상황이므로 뜻한 바를 이루어 우쭐거리며 뽐냄을 뜻하는 '득의양양'이 적절하다.

**14** 신인이 세계 챔피언에게 도전하는 상황이므로 제 역량을 생각하지 않고, 강한 상대나 되지 않을 일에 덤벼드는 무모한 행동거지를 비유적으로 이르는 말인 '당랑거철'이 적절하다.

## 15회 확인 문제 76~77쪽

| 01 편협 | 02 일괄 | 03 분신 | 04 절감 |
|---|---|---|---|
| 05 세파 | 06 ④ | 07 ① | 08 ③ |
| 09 ② | 10 기고만장 | 11 오만불손 | 12 안하무인 |
| 13 득의양양 | 14 당랑거철 | 15 된소리 | 16 거센소리 |
| 17 예사소리 | | | |

## 16회 확인 문제 80~81쪽

| 01 번복 | 02 상책 | 03 판국 | 04 포착 |
|---|---|---|---|
| 05 축적 | 06 ③ | 07 ④ | 08 ② |
| 09 ① | 10 ㉢ | 11 ㉠ | 12 ㉣ |
| 13 ㉡ | 14 원순 모음 | 15 평순 모음 | 16 후설 모음 |
| 17 전설 모음 | | | |

**01** '편승'은 세태나 남의 세력을 이용하여 자신의 이익을 거둠을 비유적으로 이르는 말이고, '편협'은 한쪽으로 치우쳐

**01** 비디오 판독 결과 심판의 판정이 잘못된 것으로 밝혀져 판정을 바로잡는 것이므로 진술이나 주장, 입장 따위를 이리저리 고쳐 뒤집음을 뜻하는 '번복'이 적절하다.

**02** 가장 좋은 대책이나 방책을 뜻하는 '상책'이 적절하다.

**03** 일이 벌어진 사태의 형편이나 국면을 뜻하는 '판국'이 적절하다.

**04** 어떤 기회나 정세를 알아차린다는 뜻의 '포착'이 적절하다.

**05** 지식, 경험, 자금 따위를 모아서 쌓는다는 뜻의 '축적'이 적절하다.

**06** 사람의 옷차림이 흠뻑 젖어 초라하게 된 모양을 비유적으로 이르는 말인 '물독에 빠진 생쥐 같다'와 의미가 통한다.

**07** 아무리 보잘것없는 사람이나 순하고 좋은 사람이라도 너무 업신여기면 가만있지 않는다는 의미의 '지렁이도 밟으면 꿈틀한다'와 의미가 통한다.

**08** 음식을 매우 빨리 먹어 버리는 모습을 비유적으로 이르는 말인 '마파람에 게 눈 감추듯'과 의미가 통한다.

**09** 아무 관계없이 한 일이 공교롭게도 때가 같아 어떤 관계가 있는 것처럼 의심을 받게 됨을 비유적으로 이르는 말인 '까마귀 날자 배 떨어진다'와 의미가 통한다.

**17**회 **확인 문제**　　　　　84~85쪽

| | | | |
|---|---|---|---|
| 01 고갈 | 02 굉음 | 03 현존 | 04 제어 |
| 05 인지 | 06 상전벽해 | 07 백년하청 | 08 조변석개 |
| 09 격세지감 | 10 ⓒ | 11 ㉠ | 12 ㉡ |
| 13 ㉣ | 14 문법적 | 15 필수적 | |
| 16 관형어, 부사어 | | 17 독립어 | |

**01** 어떤 일의 바탕이 되는 돈이나 물자, 소재, 인력 따위가 다하여 없어짐을 뜻하는 '고갈'이 적절하다.

**02** 몹시 요란하게 울리는 소리인 '굉음'이 적절하다.

**03** 현재 살아 있다는 뜻의 '현존'이 적절하다.

**04** 기계나 설비 또는 화학 반응 따위가 목적에 알맞은 작용을 하도록 조절함을 뜻하는 '제어'가 적절하다.

**05** 어떤 사실을 인정하여 안다는 뜻의 '인지'가 적절하다.

**06** 도시가 예전과는 다르게 많이 변했다는 내용이므로 세상일의 변천이 심함을 이르는 말인 '상전벽해'가 적절하다.

**07** 예산 부족을 이유로 해야 할 일을 미루면 결국에는 해낼

수 없다는 내용이므로 아무리 오랜 시일이 지나도 어떤 일이 이루어지기가 어려움을 이르는 말인 '백년하청'이 적절하다.

**08** 시험공부 계획을 자주 뜯어고친다는 내용이므로 계획이나 결정 따위를 일관성이 없이 자주 고침을 이르는 말인 '조변석개'가 적절하다.

**09** 오래지 않은 동안에 몰라보게 변하여 아주 다른 세상이 된 것 같은 느낌이라는 의미의 '격세지감'이 적절하다.

**18**회 **확인 문제**　　　　　88~89쪽

| | | | |
|---|---|---|---|
| 01 함의 | 02 간행 | 03 방관 | 04 심취 |
| 05 대등 | 06 불가결 | 07 종속적 | 08 인위적 |
| 09 다반사 | 10 피도 눈물도 없이 | | 11 피땀을 흘려 |
| 12 피가 뜨거운 | 13 핏대를 세우고 | | 14 혈안이 되어 |
| 15 피가 마를 | 16 주어와 서술어의 관계가 한 번만 나타나는 | | |
| 문장. / ①, ② | 17 주어와 서술어의 관계가 두 번 이상 나타나는 문장. / ③, ④ | | |

**01** 철수가 어머니의 의도를 이해하지 못한 것이므로 '말이나 글 속에 어떠한 뜻이 들어 있음. 또는 그 뜻'을 의미하는 '함의'가 적절하다.

**02** 작가의 소설집이 출판되는 상황이므로 책 따위를 인쇄하여 발행함을 뜻하는 '간행'이 적절하다.

**03** 문맥상 어떤 일에 직접 나서서 관여하지 않고 곁에서 보기만 한다는 뜻의 '방관'이 적절하다.

**04** 자신이 좋아하는 분야에만 집중하여 주변에는 관심을 두지 못한다는 의미이므로 어떤 일이나 사람에 깊이 빠져 마음을 빼앗김을 뜻하는 '심취'가 적절하다.

**05** 스승과 제자의 실력이 비슷해졌다는 의미이므로 서로 견주어 높고 낮음이나 낫고 못함이 없이 비슷함을 뜻하는 '대등'이 적절하다.

**10** 조금도 인정이 없다는 의미인 '피도 눈물도 없다'를 활용할 수 있다.

**11** 온갖 힘과 정성을 쏟아 노력한다는 의미인 '피땀을 흘리다'를 활용할 수 있다.

**12** 의지나 의욕 따위가 매우 강하다는 의미인 '피가 뜨겁다'를 활용할 수 있다.

**13** 목의 핏대에 피가 몰려 얼굴이 붉어지도록 화를 내거나 흥분한다는 의미인 '핏대를 세우다'를 활용할 수 있다.

**14** 어떠한 일에 광분한다는 의미인 '혈안이 되다'를 활용할 수 있다.

**15** 몹시 괴롭거나 애가 탄다는 의미인 '피가 마르다'를 활용할 수 있다.

**01** '상책'은 가장 좋은 대책이나 방책을 뜻한다. ②에서는 '상책'이 아니라 책임이나 책망을 면한다는 뜻의 '면책'이 쓰여야 적절하다.
[오답 확인]
① 격조: 사람의 품격과 취향
③ 안목: 사물을 보고 분별하는 견문과 학식
④ 인지: 어떤 사실을 인정하여 앎.
⑤ 경박: 언행이 신중하지 못하고 가벼움.

**02** 세상의 어려움을 겪었다는 내용이므로 모질고 거센 세상의 어려움을 뜻하는 '세파'가 어울린다. 또 책을 가까이 두고 지내며 문학에도 관심이 깊었다는 내용이 표현되어야 하므로 학문이나 예술, 기술 따위의 분야에 대한 지식이나 경험이 깊은 경지에 이른 정도라는 뜻의 '조예'가 어울린다. '세태(世態)'는 사람들의 일상생활, 풍습 따위에서 보이는 세상의 상태나 형편을 뜻하며, '기예(技藝)'는 기술과 예술을 아울러 이르는 말이다.

**03** 말하는 투가, 듣는 사람의 감정이 상하지 않도록 모나지 않고 부드럽다는 의미의 어휘는 '완곡(婉曲)하다'이고, 느릿느릿하면서도 정성스럽다는 의미의 어휘는 '완곡(緩曲)하다'이다. ㉢은 '완곡(婉曲)하다'의 사전적 의미를 제시하고, '완곡(緩曲)하다'의 용례를 제시하였다.

**04** ㉠은 문맥상 목의 핏대에 피가 몰려 얼굴이 붉어지도록 화를 내거나 흥분한다는 의미의 '핏대를 세우다'가 쓰여야 적절하다. '피땀을 흘리다'는 온갖 힘과 정성을 쏟아 노력한다는 뜻이다.
[오답 확인]
② 뼈와 살이 되다: 정신적으로 도움이 되다.
③ 어깨를 나란히 하다: 서로 비슷한 지위나 힘을 가지다.
④ 마파람에 게 눈 감추듯: 음식을 매우 빨리 먹어 버리는 모습을 비유적으로 이르는 말
⑤ 물독에 빠진 생쥐 같다: 물독에 빠진 생쥐처럼 사람의 옷차림이 흠뻑 젖어 초라하게 된 모양을 비유적으로 이르는 말

**05** '괴로움'은 '몸이나 마음이 편하지 않고 고통스러운 상태. 또는 그런 느낌'을 의미하므로 '마음이 시달려서 괴로워

함. 또는 그런 괴로움'을 뜻하는 '번뇌'와 바꿔 쓸 수 있다.
[오답 확인]
① 입증: 어떤 증거 따위를 내세워 증명함.
③ 편협: 한쪽으로 치우쳐 도량이 좁고 너그럽지 못함.
④ 판국: 일이 벌어진 사태의 형편이나 국면
⑤ 제어: 기계나 설비 또는 화학 반응 따위가 목적에 알맞은 작용을 하도록 조절함.

**06** '주마가편'은 달리는 말에 채찍질한다는 뜻으로, 잘하는 사람을 더욱 장려함을 이르는 말이다. ③에는 임박한 마감일에 맞춰 원고를 써야 하는 소설가의 상황이 제시되어 있으므로 어떤 일에 몰두하여 조금도 쉴 사이 없이 밤낮을 가리지 아니함을 뜻하는 '불철주야'가 쓰여야 적절하다.
[오답 확인]
① 조변석개: 아침저녁으로 뜯어고친다는 뜻으로, 계획이나 결정 따위를 일관성이 없이 자주 고침을 이르는 말
② 안하무인: 눈 아래에 사람이 없다는 뜻으로, 방자하고 교만하여 다른 사람을 업신여김을 이르는 말
④ 십벌지목: 열 번 찍어 베는 나무라는 뜻으로, 열 번 찍어 안 넘어가는 나무가 없음을 이르는 말
⑤ 백년하청: 중국의 황허강이 늘 흐려 맑을 때가 없다는 뜻으로, 아무리 오랜 시일이 지나도 어떤 일이 이루어지기 어려움을 이르는 말

**07** 'ㄹ, ㅅ, ㅆ'은 'ㄴ, ㄷ, ㄸ'과 마찬가지로 윗잇몸과 혀끝에서 나는 소리이므로 잇몸소리이다. 센입천장과 혓바닥에서 나는 소리에는 'ㅈ, ㅉ, ㅊ'이 있다.

| **19회** | **확인 문제** | | **96~97쪽** |
|---|---|---|---|
| 01 각성 | 02 둔화 | 03 동질성 | 04 녹록 |
| 05 호각지세 | 06 ㉢ | 07 ㉣ | 08 ㉢ |
| 09 ㉠ | 10 ㉤ | 11 백중지간 | 12 명재경각 |
| 13 일촉즉발 | 14 용호상박 | 15 누란지위 | 16 ○ |
| 17 ○ | 18 × | | |

**18** 외래어 표기법 기본 원칙에 따라 모음 앞에 오는 'f'는 'ㅍ'으로 적어야 하므로 'fighting'은 '파이팅'이라고 적는다.

| **20회** | **확인 문제** | | **100~101쪽** |
|---|---|---|---|
| 01 통념 | 02 뇌리 | 03 부각 | 04 ① |
| 05 ② | 06 편파 | 07 가속화 | 08 균일하다 |
| 09 집대성하다 | 10 ③ | 11 ⑤ | 12 ① |
| 13 ④ | 14 ② | 15 × | 16 ○ |
| 17 ○ | | | |

01 사회의 일반적인 생각이 바뀐다는 내용이므로 일반적으로 널리 통하는 개념을 뜻하는 '통념'이 적절하다. '통설'은 세상에 널리 알려지거나 일반적으로 인정되고 있는 설을 뜻한다. '통감(痛感)'은 마음에 사무치게 느낌, '통탄(痛嘆)'은 '몹시 탄식함. 또는 그런 탄식'을 뜻한다.

02 기억이 강렬했다는 표현이 있으므로 사람의 의식이나 기억, 생각 따위가 들어 있는 영역을 의미하는 '뇌리'가 적절하다. '뇌물'은 어떤 직위에 있는 사람을 매수하여 사사로운 일에 이용하기 위하여 넌지시 건네는 부정한 돈이나 물건이라는 뜻이다. '뇌파'는 뇌의 활동에 의하여 일어나는 전류를 뜻한다. '뇌동(雷同)'은 줏대 없이 남의 의견에 따라 움직임을 뜻한다.

03 장점을 드러낸다는 내용이므로 어떤 사물을 특징지어 두드러지게 함을 의미하는 '부각'이 적절하다. '부강'은 부유하고 강함을 뜻한다. '부도(不渡)'는 어음이나 수표를 가진 사람이 기한이 되어도 어음이나 수표에 적힌 돈을 지급받지 못하는 일이다. '부상(浮上)'은 어떤 현상이 관심의 대상이 되거나 어떤 사람이 훨씬 좋은 위치로 올라섬을 뜻한다.

10 다른 사람의 좋은 일에 대해 시기하는 내용이므로 남이 잘되는 것을 기뻐해 주지는 않고 오히려 질투하고 시기하는 경우를 비유적으로 이르는 말인 '사촌이 땅을 사면 배가 아프다'와 의미가 통한다.

11 간단히 치료받을 수 있었지만 늦게 치과에 가는 바람에 힘들게 치료를 받은 상황이므로 적은 힘으로 충분히 처리할 수 있는 일에 쓸데없이 많은 힘을 들이는 경우를 비유적으로 이르는 말인 '호미로 막을 것을 가래로 막는다'와 의미가 통한다.

12 반칙을 하고도 심판이 못 보았을 것이라고 생각하고 속이는 상황이므로 얕은수로 남을 속이려 한다는 말인 '눈 가리고 아웅'과 의미가 통한다.

13 과거 가난했던 때를 잊고 현재에 돈을 많이 쓰면서 가난한 이들을 업신여기는 상황이므로 형편이나 사정이 전에 비하여 나아진 사람이 지난날의 미천하거나 어렵던 때의 일을 생각지 아니하고 처음부터 잘난 듯이 뽐냄을 비유적으로 이르는 말인 '개구리 올챙이 적 생각 못 한다'와 의미가 통한다.

14 뜯어진 운동화를 제대로 수선하지 않고 테이프로 붙여 놓아 테이프 자국이 남은 상황이므로 임시변통은 될지 모르나 그 효력이 오래가지 못할 뿐만 아니라 결국에는 사태가 더 나빠짐을 비유적으로 이르는 말인 '언 발에 오줌 누기'와 의미가 통한다.

| | | | |
|---|---|---|---|
| 01 공평무사 | 02 거장 | 03 교란 | 04 맹신 |
| 05 논박 | 06 폐단 | 07 ④ | 08 ③ |
| 09 ① | 10 ② | 11 시시비비 | 12 공명정대 |
| 13 권선징악 | 14 명약관화 | 15 일벌백계 | 16 ○ |
| 17 × | 18 ○ | | |

01 판결에 수긍하지 못하고 항소한 상황이므로 공평하여 사사로움이 없음을 뜻하는 '공평무사'가 어울린다. '무사안일'은 '큰 탈이 없이 편안하고 한가로움. 또는 그런 상태만을 유지하려는 태도'를 뜻한다.

02 지휘자가 칭호에 걸맞은 능력을 지니고 있다고 하였으므로 예술, 과학 따위의 어느 일정 분야에서 특히 뛰어난 사람을 뜻하는 '거장'이 어울린다. '소장(少將)'은 군인 장성 계급의 하나로 중장의 아래, 준장의 위이다.

03 수적 열세를 극복하고 전쟁에서 승리한 전략이 나와야 하므로 마음이나 상황 따위를 뒤흔들어서 어지럽고 혼란하게 함을 뜻하는 '교란'이 어울린다. '교만'은 잘난 체하며 뽐내고 건방짐을 뜻한다.

04 현실의 모든 문제를 가벼이 여길 만큼 신을 지나치게 믿는 상황이므로 옳고 그름을 가리지 않고 덮어놓고 믿는 일인 '맹신'이 어울린다. '맹공'은 맹렬히 나아가 적을 침을 뜻한다.

05 토론에서 '나'가 어설픈 주장을 하자 상대방이 탄탄한 논리로 의견을 말하였다는 내용이므로 어떤 주장이나 의견에 대하여 그 잘못된 점을 조리 있게 공격하여 말함을 뜻하는 '논박'이 어울린다. '논의(論議)'는 어떤 문제에 대하여 서로 의견을 내어 토의함을 뜻한다.

06 국민들을 분노하게 한 권력층의 무언가가 드러난 것이므로 어떤 일이나 행동에서 나타나는 옳지 못한 경향이나 해로운 현상을 뜻하는 '폐단'이 어울린다. '폐색'은 '닫혀서 막힘. 또는 닫아서 막음.'을 뜻한다.

11 지나 버린 일을 가지고 밝힌다고 하였으므로 여러 가지의 잘잘못을 뜻하는 '시시비비'가 적절하다.

12 특권을 누리는 지도층 인사를 비판하는 상황이므로 하는 일이나 태도가 사사로움이나 그릇됨이 없이 아주 정당하고 떳떳함을 뜻하는 '공명정대'가 적절하다.

13 착한 사람은 행복하게 되고 나쁜 사람은 벌을 받게 된다는 내용이 나오므로 착한 일을 권장하고 악한 일을 징계한다는 뜻의 '권선징악'이 적절하다.

**14** 공부를 열심히 하지 않아 시험에서 좋은 성적을 얻기 힘든 것을 당연하다고 생각하므로 불을 보듯 분명하고 뻔함을 의미하는 '명약관화'가 적절하다.

**15** 다른 사람에게 본보기를 보여 주기 위해 처분을 내린다고 하였으므로 한 사람을 벌주어 백 사람을 경계한다는 뜻으로, 다른 사람들에게 경각심을 불러일으키기 위하여 본보기로 한 사람에게 엄한 처벌을 하는 일을 이르는 말인 '일벌백계'가 적절하다.

**17** 근거는 주장을 뒷받침할 수 있는 것이어야 하며, 구체적인 사례나 통계 등은 근거로 활용할 수 있다.

**22**회 **확인 문제**                                 108~109쪽

| | | | |
|---|---|---|---|
| 01 향연 | 02 휴면 | 03 광년 | 04 변이 |
| 05 휘황 | 06 암묵적 | 07 이국적 | 08 선동적 |
| 09 역발상 | 10 숨을 돌리게 | 11 뜬구름을 잡으며 | |
| 12 다리를 놓아 | 13 못을 박아 | 14 마침표를 찍기 | |
| 15 획을 긋는 | 16 ○ | 17 ○ | 18 × |

**10** 여태까지 매우 바쁘게 일하다가 잠깐 쉬는 상황이므로 잠시 여유를 얻어 휴식을 취한다는 뜻의 '숨을 돌리다'를 활용할 수 있다.

**11** 마땅한 직업을 구할 생각이 없이 헛된 생각만 하며 보낸 상황이므로 막연하거나 허황된 것을 좇는다는 뜻의 '뜬구름을 잡다'를 활용할 수 있다.

**12** 서로 좋아하는 두 친구의 관계 개선을 위해 노력하는 상황이므로 일이 잘되게 하기 위하여 둘 또는 여럿을 연결한다는 뜻의 '다리를 놓다'를 활용할 수 있다.

**13** 친구에게 빌려주는 책을 기한 안에 돌려 달라고 분명하게 말하는 상황이므로 어떤 사실을 꼭 집어 분명하게 한다는 뜻의 '못을 박다'를 활용할 수 있다.

**14** 두 나라의 적대 관계를 해소하기 위해 정상 회담을 열기로 한 상황이므로 어떤 일이 끝장이 나거나 끝장을 낸다는 뜻의 '마침표를 찍다'를 활용할 수 있다.

**15** 세계적인 영화제에서 상을 수상하여 영화사의 새로운 시대를 연 것이므로 어떤 범위나 시기를 분명하게 구분 짓는다는 뜻의 '획을 긋다'를 활용할 수 있다.

**18** 설득 전략 중에서 화자의 사람 됨됨이를 바탕으로 청중이 메시지를 신뢰하게 하는 것은 인성적 설득에 해당한다.

**23**회 **확인 문제**                                 112~113쪽

| | | | |
|---|---|---|---|
| 01 박해 | 02 신조 | 03 비탄 | 04 찬탈 |
| 05 복식 | 06 청출어람 | 07 팔방미인 | 08 재자가인 |
| 09 백미 | 10 군계일학 | 11 낭중지추 | 12 ㉡ |
| 13 ㉣ | 14 ㉢ | 15 ㉠ | 16 ○ |
| 17 ○ | 18 × | | |

**06** 자신이 가르친 제자의 실력이 매우 뛰어나서 선생님이 기뻐하는 상황이므로 제자나 후배가 스승이나 선배보다 나음을 비유적으로 이르는 말인 '청출어람'이 적절하다.

**07** '그'는 노래, 춤, 연기 등 모든 방면에 능통한 사람이므로 여러 방면에 능통한 사람을 비유적으로 이르는 말인 '팔방미인'이 적절하다.

**08** 영화의 남녀 주인공에 대해 평가하는 말이므로 재주 있는 남자와 아름다운 여자를 아울러 이르는 말인 '재자가인'이 적절하다.

**09** '누가 뭐래도'라는 말로 보아 떡국이 설날 음식 중 가장 최고라 생각하는 것이므로 여럿 가운데에서 가장 뛰어난 사람이나 훌륭한 물건을 비유적으로 이르는 말인 '백미'가 적절하다.

**10** '그'는 많은 축구 선수 중에서 뛰어난 실력을 가진 선수이므로 많은 사람 가운데서 뛰어난 인물을 이르는 말인 '군계일학'이 적절하다.

**11** '그'의 음악적 재능은 숨기려 해도 숨길 수 없는 뛰어난 것이므로 재능이 뛰어난 사람은 숨어 있어도 저절로 사람들에게 알려짐을 이르는 말인 '낭중지추'가 적절하다.

**18** 준언어적 표현과 비언어적 표현을 상황에 맞게 활용하면 의미를 효과적으로 전달할 수 있다.

**24**회 **확인 문제**                                 116~117쪽

| | | | |
|---|---|---|---|
| 01 도용 | 02 감퇴 | 03 관행 | 04 미온적 |
| 05 ㉢ | 06 ㉡ | 07 ㉠ | 08 인습 |
| 09 익명성 | 10 천 리 길도 한 걸음부터 | | |
| 11 시작이 반이다 | | 12 부뚜막의 소금도 집어넣어 | |
| 야 짜다 | 13 길고 짧은 것은 대어 보아야 안다 | | |
| 14 구슬이 서 말이라도 꿰어야 보배 | | | 15 ○ |
| 16 ○ | 17 × | | |

**08** 계몽 운동으로 과거의 고루한 것을 타파하고자 하였으므로 이전부터 전하여 내려오는 습관을 뜻하는 '인습'이 어

울린다. '강습(講習)'은 일정 기간 동안 학문, 기예, 실무 따위를 배우고 익히도록 지도한다는 뜻이다.

**09** 인터넷에서 자신을 드러내지 않고 타인에게 상처 주는 사례를 언급하였으므로 어떤 행위를 한 사람이 누구인지 드러나지 않는 특성인 '익명성'이 어울린다. '체계성(體系性)'은 일정한 원리에 따라서 낱낱의 부분이 짜임새 있게 조직되어 통일된 전체를 이룬 특성이나 상태를 뜻한다.

**17** 저작권은 저작자의 생존 기간 및 사후 70년간 유지된다.

---

### 19~24회 종합 문제 118~119쪽

| 01 ① | 02 ① | 03 ① | 04 ② |
|------|------|------|------|
| 05 ④ | 06 ④ | 07 ⑤ | |

---

**01** '인습'은 이전부터 전하여 내려오는 습관이라는 뜻으로, 계승해야 할 대상이 아니다. 문화 강국이 되려면 바람직한 '전통'을 계승하여 이를 새로운 문화로 창조해야 한다.
[오답 확인]
② 교란: 마음이나 상황 따위를 뒤흔들어서 어지럽고 혼란하게 함.
③ 둔화: 느리고 무디어짐.
④ 각성: 깨달아 앎.
⑤ 편파: 공정하지 못하고 어느 한쪽으로 치우쳐 있음.

**02** '공명정대'는 하는 일이나 태도가 사사로움이나 그릇됨이 없이 아주 정당하고 떳떳함을 뜻하는 말이므로 〈보기〉의 ㉠~㉢에 제시된 문장에는 어울리지 않는다.
[오답 확인]
㉠ 불을 보듯 분명하고 뻔함을 뜻하는 말인 '명약관화'가 적절하다.
㉡ 국제 사회가 긴장할 만큼 양국의 군사적 갈등이 심각한 상황이므로 한 번 건드리기만 해도 폭발할 것같이 몹시 위급한 상태라는 뜻의 '일촉즉발'이 적절하다.
㉢ 여러 가지의 잘잘못을 뜻하는 '시시비비'가 적절하다.
㉣ 주머니 속의 송곳이라는 뜻으로, 재능이 뛰어난 사람은 숨어 있어도 저절로 사람들에게 알려짐을 이르는 말인 '낭중지추'가 적절하다.
㉤ 용과 범이 싸운다는 뜻으로, 강자끼리 서로 싸움을 이르는 말인 '용호상박'이 적절하다.

**03** 영화가 젊은이들의 팍팍한 삶의 현실을 반영하여 나타내어 많은 관객을 모았으므로 어떤 일을 다른 일에 반영하여 나타낸다는 뜻의 '투영'이 적절하다.

**04** '언 발에 오줌 누기'는 언 발을 녹이려고 오줌을 누어 봤자 효력이 별로 없다는 뜻으로, 그 효력이 오래 가지 못할 뿐만 아니라 결국에는 사태가 더 나빠짐을 비유적으로 이르는 말이다. 이와 바꿔 쓰기에 가장 적절한 한자 성어는 갑자기 터진 일을 우선 간단하게 둘러맞추어 처리함을 의미하는 '임시변통'이다.

[오답 확인]
① 군계일학: 닭의 무리 가운데서 한 마리의 학이라는 뜻으로, 많은 사람 가운데서 뛰어난 인물을 이르는 말
③ 일벌백계: 한 사람을 벌주어 백 사람을 경계한다는 뜻으로, 다른 사람들에게 경각심을 불러일으키기 위하여 본보기로 한 사람에게 엄한 처벌을 하는 일을 이르는 말
④ 재자가인: 재주 있는 남자와 아름다운 여자를 아울러 이르는 말
⑤ 청출어람: 쪽에서 뽑아낸 푸른 물감이 쪽보다 더 푸르다는 뜻으로, 제자나 후배가 스승이나 선배보다 나음을 비유적으로 이르는 말

**05** 현민이는 학창 시절 웅변대회에 나가 청중을 설득할 만큼 뛰어난 연설을 하여 상을 휩쓸었다고 하였으므로 ㉠에는 '남을 부추겨 어떤 일이나 행동을 하게 하는'이라는 의미의 '선동적'이 적절하다. 또한 현민이가 누구나 하는 흔한 생각이 아닌 것으로 성공하였다고 하였으므로 ㉡에는 '일반적인 생각과 반대가 되는 생각을 해냄. 또는 그런 생각'이라는 의미의 '역발상'이 적절하다.

**06** '강권하다'는 내키지 아니한 것을 억지로 권한다는 의미로, 좋은 대책과 방법을 궁리하여 찾아내거나 좋은 대책을 세운다는 의미의 '강구하다'와 바꿔 쓰기에는 적절하지 않다.

---

### ➕ 2016학년도 수능

■ 문맥상 ⓐ~ⓔ와 바꿔 쓰기에 가장 적절한 것은?

> … "제가 처음으로 승소하면 그때 수강료를 내겠습니다." P는 이를 ⓐ받아들였다. … 이처럼 일정한 효과의 발생이나 소멸에 제한을 ⓑ덧붙이는 것을 '부관'이라 하는데, 여기에는 '기한'과 '조건'이 있다. … 조건이 실현되었을 때 효과를 발생시키면 '정지 조건', 소멸시키면 '해제 조건'이라 ⓒ부른다. … 확정 판결 이후에 법률상의 새로운 사정이 ⓓ생겼을 때는, 그것을 근거로 하여 다시 소송하는 것이 허용된다. … 이 분쟁은 두 차례의 판결을 ⓔ거쳐 해결될 수 있는 것이다.

① ⓐ: 수취하였다    ② ⓑ: 부가하는
③ ⓒ: 지시한다    ④ ⓓ: 형성되었을
⑤ ⓔ: 경유하여

▶▶ '덧붙이다'는 '붙은 위에 겹쳐 붙이다.'의 의미를 지니고 있으므로 바꿔 쓰기에 가장 적절한 표현은 '주된 것에 덧붙이다.'의 의미를 지닌 '부가하다'이다. **정답 ②**

---

**07** 〈보기〉에서 음운 변화에 의한 된소리는 표기에 반영하지 않는다고 했으므로 낙동강은 'Nakdonggang'으로 적어야 한다.

# 어휘력 다지기

01 '세상'과 같은 말로, 사람들이 살고 있는 모든 사회를 통틀어 이르는 말인 '세속'이 적절하다.

02 인간에 비하여 보잘것없는 것이라는 뜻으로, 동물을 이르는 말인 '미물'이 적절하다.

03 사물을 너그럽게 용납하여 처리할 수 있는 넓은 마음과 깊은 생각을 뜻하는 '도량'이 적절하다.

04 체면을 차릴 줄 알며 부끄러움을 아는 마음을 뜻하는 '염치'가 적절하다.

05 '섧다'는 원통하고 슬프다는 뜻이다.

06 '아첨'은 '남의 환심을 사거나 잘 보이려고 알랑거림. 또는 그런 말이나 짓'이라는 뜻이다.

07 '요물'은 요망스러운 것, 간사하고 간악한 사람을 뜻한다.

08 '몰지각'은 지각이 없다는 뜻이다.

09 '곤하다'는 기운이 없어 나른하다는 뜻이다.

10 '공치사(功致辭)'는 남을 위하여 수고한 것을 생색내며 스스로 자랑함을 뜻한다.

01 뜻하지 아니하는 사이에 습격함을 뜻하는 '엄습'이 적절하다.

02 모든 것이 덧없음을 뜻하는 '무상하다'가 적절하다.

03 어떤 일을 이루기 위하여 대책과 방법을 세운다는 뜻의 '도모하다'가 적절하다.

04 어려움을 뚫고 나아가 목적을 기어이 이룸을 뜻하는 '관철'이 적절하다.

11 '득인심하다'은 남에게 인심을 얻다는 뜻이다.

12 '무색(無色)하다'는 '겸연쩍고 부끄럽다.', '본래의 특색을 드러내지 못하고 보잘것없다.'라는 뜻이다.

13 '상반되다'는 서로 반대되거나 어긋나게 된다는 뜻이다.

14 '서먹서먹하다'는 낯이 설거나 친하지 아니하여 자꾸 어색하다는 뜻이다.

15 '사박사박하다'는 '배나 사과, 바람이 든 무 따위를 가볍게 자꾸 씹는 소리가 나다. 또는 그런 소리를 내다.'라는 뜻이다.

01 아주 가까운 거리를 뜻하는 '지척'이 적절하다.

02 마음속에 품은 생각이나 정을 뜻하는 '회포'가 적절하다.

03 몹시 무섭거나 두려워 몸이 벌벌 떨림을 뜻하는 '전율'이 적절하다.

04 모욕을 받음을 뜻하는 '수모'가 적절하다.

05 '아주 못생긴 얼굴, 또는 그런 사람'을 뜻하는 '박색'이 적절하다.

06 '회유'는 어루만지고 잘 달래어 시키는 말을 듣도록 함을 뜻한다.

07 '야광'은 '어둠 속에서 빛을 냄. 또는 그런 물건'을 뜻한다.

08 '감동(感動)'은 크게 느끼어 마음이 움직임을 뜻한다.

09 '환대'는 반갑게 맞아 정성껏 후하게 대접함을 뜻한다.

10 '표구'는 그림의 뒷면이나 테두리에 종이 또는 천을 발라서 꾸미는 일을 뜻한다.

**04**회     8~9쪽

| 01 식언 | 02 동경 | 03 신명 | 04 즐비 |
|---|---|---|---|
| 05 사모 | 06 심미 | 07 실언 | 08 변통 |
| 09 호시절 | 10 고풍스럽다 | 11 골계미 | 12 숭고미 |
| 13 비장미 | 14 우아미 | 15 부동자세 | 16 임기응변 |
| 17 누이 좋고 매부 좋다 | | 18 꿩 먹고 알 먹기 | |
| 19 도랑 치고 가재 잡는다 | | 20 남의 다리 긁는다 | |

01 한번 입 밖에 낸 말을 도로 입속에 넣는다는 뜻으로 약속한 말대로 지키지 아니함을 뜻하는 '식언'이 적절하다.

02 어떤 것을 간절히 그리워하여 그것만을 생각함을 뜻하는 '동경'이 적절하다.

03 흥겨운 신이나 멋을 뜻하는 '신명'이 적절하다.

04 빗살처럼 줄지어 빽빽하게 늘어서 있음을 뜻하는 '즐비하다'가 적절하다.

05 애틋하게 생각하고 그리워함을 뜻하는 '사모'가 적절하다.

06 '심상'은 감각에 의하여 획득한 현상이 마음속에서 재생된 것을 뜻한다.

07 '확언'은 '확실하게 말함. 또는 그런 말.'을 뜻한다.

08 '소통'은 막히지 아니하고 잘 통함을 뜻한다.

09 '호경기'는 모든 기업체의 활동이 정상 이상으로 활발한 상태를 뜻한다.

10 '곤혹스럽다'는 곤란한 일을 당하여 어찌할 바를 모르게 하는 점이 있다는 뜻이다.

17 어떤 일에 있어 서로 다 이롭고 좋음을 비유적으로 이르는 말인 '누이 좋고 매부 좋다'가 적절하다.

18 한 가지 일을 하여 두 가지 이상의 이익을 보게 됨을 비유적으로 이르는 말인 '꿩 먹고 알 먹기'가 적절하다.

19 일의 순서가 바뀌었기 때문에 애쓴 보람이 나타나지 않음을 비유적으로 이르는 말인 '도랑 치고 가재 잡는다'가 적절하다.

20 기껏 한 일이 결국 남 좋은 일이 됨을 비유적으로 이르는 말인 '남의 다리 긁는다'가 적절하다.

**05**회     10~11쪽

| 01 서슬 | 02 깜냥 | 03 기색 | 04 염탐 |
|---|---|---|---|
| 05 이심전심 | 06 간담상조 | 07 물아일체 | 08 언어유희 |
| 09 객관적 상관물 | | 10 척질 | |
| 11 서슬이 퍼렇게 | | 12 터무니없는 | 13 재간 |
| 14 가당찮다 | 15 완연하다 | 16 정탐 | 17 동병상련 |

18 사람들과 사귀며 세상을 살아가는 방법이나 수단.
19 문법상 틀린 표현이라도 시적인 효과를 위하여 허용하는 것.
20 사람이라면 누구나 가지는 보통의 마음.

01 강하고 날카로운 기세를 뜻하는 '서슬'이 적절하다.

02 '스스로 일을 헤아림. 또는 헤아릴 수 있는 능력'을 뜻하는 '깜냥'이 적절하다.

03 어떠한 행동이나 현상 따위가 일어나는 것을 짐작할 수 있게 하여 주는 눈치나 낌새를 뜻하는 '기색'이 적절하다.

04 몰래 남의 사정을 살피고 조사함을 뜻하는 '염탐'이 적절하다.

10 서로 원한을 품어 반목하게 된다는 뜻의 '척지다'를 활용할 수 있다.

11 권세나 기세 따위가 아주 대단하다는 뜻의 '서슬이 퍼렇다'를 활용할 수 있다.

12 허황하여 전혀 근거가 없다는 뜻의 '터무니없다'를 활용할 수 있다.

13 '재량'은 자기의 생각과 판단에 따라 일을 처리함을 뜻한다.

14 '시원찮다'는 마음에 흡족하지 아니하다는 뜻이다.

15 '완고하다'는 융통성이 없이 올곧고 고집이 세다는 뜻이다.

16 '탐색'은 드러나지 않은 사물이나 현상 따위를 찾아내거나 밝히기 위하여 살피어 찾음을 뜻한다.

17 '동고동락'은 괴로움도 즐거움도 함께함을 뜻한다.

**06**회     12~13쪽

| 01 예찬 | 02 탄식 | 03 강압적 | 04 부산 |
|---|---|---|---|
| 05 억장 | 06 하늘 | 07 애지중지 | 08 주시하다 |
| 09 응시하다 | 10 면하다 | 11 애간장 | 12 ㉠ |
| 13 ㉡ | 14 ㉣ | 15 ㉢ | |
| 16 깨가 쏟아지다 | | 17 속을 태우다 | |
| 18 어안이 벙벙하다 | | 19 굴복 | 20 감동 |

**07** '애면글면'은 몹시 힘에 겨운 일을 이루려고 갖은 애를 쓰는 모양을 뜻한다.

**08** '좌시하다'는 참견하지 아니하고 앉아서 보기만 한다는 뜻이다.

**09** '응대(應對)하다'는 부름이나 물음 또는 요구 따위에 응하여 상대하다는 뜻이다.

**10** '당면(當面)하다'는 바로 눈앞에 당하는 것을 뜻한다.

**11** '애당초'는 일의 맨 처음이라는 뜻으로, '당초'를 강조하여 이르는 말이다.

**16** 몹시 아기자기하고 재미가 난다는 뜻의 '깨가 쏟아지다'가 적절하다.

**17** 몹시 걱정이 되어 마음을 졸인다는 뜻의 '속을 태우다'가 적절하다.

**18** 뜻밖에 놀랍거나 기막힌 일을 당하여 어리둥절하다는 뜻의 '어안이 벙벙하다'가 적절하다.

| **07**회 | | | 14~15쪽 |
|---|---|---|---|
| 01 가히 | 02 하직 | 03 곡절 | 04 엄포 |
| 05 호령 | 06 하사 | 07 우여곡절 | 08 ⓛ |
| 09 ㉠ | 10 ㉢ | 11 의례적 | 12 훼살 |
| 13 옥신각신 | 14 예기하다 | 15 번연히 | 16 애이불비 |
| 17 본말전도 | 18 적반하장 | 19 주객전도 | 20 동상이몽 |

**01** '능히', '넉넉히'라는 뜻의 '가히'가 들어가는 것이 적절하다.

**02** 길을 떠날 때 웃어른께 작별을 고하는 것을 뜻하는 '하직'이 들어가는 것이 적절하다.

**03** 순조롭지 아니하게 얽힌 이런저런 복잡한 사정이나 까닭을 뜻하는 '곡절'이 들어가는 것이 적절하다.

**04** 실속 없이 호령이나 위협으로 으르는 짓을 뜻하는 '엄포'가 들어가는 것이 적절하다.

**11** '형식적'은 사물이 외부로 나타나 보이는 모양을 위주로 하는 것을 뜻한다.

**12** '익살'은 남을 웃기려고 일부러 하는 말이나 몸짓을 뜻한다.

**13** '알콩달콩'은 아기자기하고 사이좋게 사는 모양을 뜻한다.

**14** '예정하다'는 미리 정하거나 예상한다는 뜻이다.

**15** '선명히'는 '산뜻하고 뚜렷하여 다른 것과 혼동되지 아니하게'라는 뜻이다.

| **08**회 | | | 16~17쪽 |
|---|---|---|---|
| 01 추궁 | 02 고대 | 03 자취 | 04 지칭 |
| 05 재변 | 06 함구령 | 07 겨자 | 08 코 |
| 09 밥 | 10 금강산 | 11 ㉢ | 12 ⓛ |
| 13 ㉠ | 14 완강하다 | 15 곤궁하다 | 16 궁색하다 |
| 17 옹색하다 | 18 잘못 | 19 사고 | 20 욕심 |

**01** 잘못한 일에 대하여 엄하게 따져서 밝힌다는 뜻의 '추궁'이 들어가는 것이 적절하다.

**02** 몹시 기다림을 의미하는 '고대'가 들어가는 것이 적절하다.

**03** 어떤 것이 남긴 표시나 자리를 뜻하는 '자취'가 들어가는 것이 적절하다.

**04** '어떤 대상을 가리켜 이르는 일. 또는 그런 이름'이라는 뜻의 '지칭'이 들어가는 것이 적절하다.

**05** 재앙으로 인하여 생긴 갑작스러운 사고를 의미하는 '재변'이 들어가는 것이 적절하다.

**06** 어떤 일의 내용을 말하지 말라는 명령인 '함구령'이 들어가는 것이 적절하다.

**14** '완고(頑固)하다'는 융통성이 없이 올곧고 고집이 세다는 뜻이다.

**15** '빈곤하다'는 '가난하여 살기가 어렵다.', '내용이 충실하지 못하거나 모자라서 텅 비다.'라는 뜻이다.

**16** '궁핍하다'는 몹시 가난하다는 뜻이다.

**17** '반색하다'는 매우 반가워한다는 뜻이다.

| **09**회 | | | 18~19쪽 |
|---|---|---|---|
| 01 달포 | 02 경황 | 03 삽짝 | 04 노독 |
| 05 텃세 | 06 ㉢ | 07 ⓛ | 08 ㉠ |
| 09 ㉣ | 10 ㉤ | 11 ㉥ | 12 피란민 |
| 13 지청구 | 14 보편성 | 15 툇돌 | 16 배경 |
| 17 복선 | 18 피난민 | 19 책망 | 20 겨를 |

**12** '피난민'은 재난을 피하여 가는 백성을 뜻한다.

**13** '지아비'는 웃어른 앞에서 자기 남편을 낮추어 이르는 말이다.

**14** '특수성'은 일반적이고 보편적인 것과 다른 성질을 뜻한다.

**15** '툇간'은 안둘렛간 밖에다 딴 기둥을 세워 만든 칸살을 뜻한다.

**16** 배경은 사건이나 인물의 행동을 사실적으로 보이게 하며, 작품의 전반적인 분위기를 조성하여 주제를 암시하기도 한다.

---

**11회** 22~23쪽

| | | | |
|---|---|---|---|
| 01 집약 | 02 통찰 | 03 규명 | 04 의거 |
| 05 노림수 | 06 ④ | 07 ② | 08 ③ |
| 09 ① | 10 비평문 | 11 내재적 | 12 외재적 |
| 13 ⓓ | 14 ⓔ | 15 ⓛ | 16 ⓒ |
| 17 ㉠ | 18 어떤 일을 꾸미는 꾀나 방법. | | |

**19** 어떤 일이나 사람이 앞으로 잘될 것 같은 낌새나 징조.

**20** 순종하지 아니하고 맞서서 반항함.

---

**12회** 24~25쪽

| | | | |
|---|---|---|---|
| 01 명료 | 02 명백 | 03 파면 | 04 전략 |
| 05 추론 | 06 논지 | 07 논거 | 08 논증 |
| 09 ⓛ | 10 ㉠ | 11 ⓒ | 12 결핍 |
| 13 함량 | 14 가설 | 15 탄핵 | 16 전술 |
| 17 달 | 18 소금 | 19 콩, 콩, 팥, 팥 | |
| 20 비, 땅 | | | |

---

**10회** 20~21쪽

| | | | |
|---|---|---|---|
| 01 위신 | 02 추렴 | 03 포용 | 04 뚝심 |
| 05 대면 | 06 ⓒ | 07 ㉠ | 08 ⓛ |
| 09 포옹 | 10 신망 | 11 정색 | 12 엄정하다 |
| 13 자리 잡히다 | | 14 좀이 쑤시다 | |
| 15 나사가 풀리다 | | 16 업어 가도 모르다 | |
| 17 시간 가는 줄 모르다 | | 18 액자식 구성 | |
| 19 순행적 구성 | | 20 역순행적 구성 | |

**01** 위엄과 신망을 이르는 말인 '위신'이 적절하다.

**02** 모임이나 놀이 또는 잔치 따위의 비용으로 여럿이 각각 얼마씩의 돈을 내어 거둠을 뜻하는 '추렴'이 적절하다.

**03** 남을 너그럽게 감싸 주거나 받아들임을 뜻하는 '포용'이 적절하다.

**04** 굳세게 버티거나 감당하여 내는 힘을 뜻하는 '뚝심'이 적절하다.

**05** 서로 얼굴을 마주 보고 대함을 뜻하는 '대면'이 적절하다.

**10** '위엄'은 '존경할 만한 위세가 있어 점잖고 엄숙함. 또는 그런 태도나 기세'라는 뜻이다.

**11** '난색(難色)'은 꺼리거나 어려워하는 기색을 뜻한다.

**12** '엄격하다'는 말, 태도, 규칙 따위가 매우 엄하고 철저하다는 뜻이다.

**12** 있어야 할 것이 없어지거나 모자람을 뜻하는 '결핍'이 적절하다.

**13** 물질이 어떤 성분을 포함하고 있는 분량을 뜻하는 '함량'이 적절하다.

**14** 어떤 사실을 설명하거나 어떤 이론 체계를 연역하기 위하여 설정한 가정을 뜻하는 '가설'이 적절하다.

**15** '고위 공무원이 저지른 위법 행위에 대하여 국회에서 처벌하거나 파면함. 또는 그 제도'라는 뜻의 '탄핵'이 적절하다.

**16** 전쟁 또는 전투 상황에 대처하기 위한 기술과 방법을 뜻하는 '전술'이 적절하다.

---

**13회** 26~27쪽

| | | | |
|---|---|---|---|
| 01 황망 | 02 모호 | 03 실용적 | 04 저하 |
| 05 ㉠ | 06 ⓒ | 07 ⓛ | 08 음운 |
| 09 자음 | 10 모음 | 11 유해 | 12 수장 |
| 13 책정 | 14 경박 | 15 부지 | 16 불철주야 |
| 17 분골쇄신 | 18 주마가편 | 19 십벌지목 | 20 우공이산 |

01 마음이 몹시 급하여 당황하고 허둥지둥하는 면이 있음을 뜻하는 '황망'이 적절하다.

02 말이나 태도가 흐리터분하여 분명하지 않음을 뜻하는 '모호'가 적절하다.

03 '실제로 쓰기에 알맞은. 또는 그런 것'을 뜻하는 '실용적'이 적절하다.

04 정도, 수준, 능률 따위가 떨어져 낮아짐을 뜻하는 '저하'가 적절하다.

11 '무해(無害)'는 해로움이 없음을 뜻한다.

12 '수몰(水沒)'은 물속에 잠김을 뜻한다.

13 '예정(豫定)'은 미리 정하거나 예상함을 뜻한다.

14 '경탄(敬歎)'은 우러르며 감탄함을 뜻한다.

15 '부대(部隊)'는 일정한 규모로 편성된 군대 조직을 일반적으로 이르는 말이다.

01 어떤 사항이나 판단 따위에 대하여 그것이 진실인지 아닌지 증거를 들어서 밝힘을 뜻하는 '증명'이 적절하다.

02 세균 따위의 미생물을 죽임을 뜻하는 '멸균'이 적절하다.

03 능력이나 품성 따위를 길러 쌓거나 갖춤을 뜻하는 '함양'이 적절하다.

04 보거나 듣거나 하여 깨달아 얻은 지식을 뜻하는 '견문'이 적절하다.

05 묻지 아니하여도 알 수 있음을 뜻하는 '불문가지'가 적절하다.

06 본바탕 그대로 고스란하다는 뜻의 '온전'이 들어가는 것이 적절하다.

07 지식과 자료 따위를 정보의 형태로 가공하여 가치를 높임을 뜻하는 '정보화'가 적절하다.

11 '서면(書面)'은 글씨를 쓴 지면, 일정한 내용을 적은 문서를 뜻한다.

12 '입장(立場)'은 당면하고 있는 상황을 뜻한다.

13 '주목(注目)'은 '관심을 가지고 주의 깊게 살핌. 또는 그 시선'을 뜻한다.

14 '번영(繁榮)'은 번성하고 영화롭게 됨을 뜻한다.

15 '비롯하다'는 어떤 사물이 처음 생기거나 시작한다는 뜻이다.

01 개별적인 여러 가지 것을 한데 묶음을 뜻하는 '일괄'이 어울린다.

02 남에게 돌아가신 자기 아버지를 이르는 말인 '선친'이 어울린다.

03 아끼어 줄임을 뜻하는 '절감'이 어울린다.

04 사람의 품격과 취향을 뜻하는 '격조'가 어울린다.

05 모질고 거센 세상의 어려움을 뜻하는 '세파'가 어울린다.

06 사물을 너그럽게 용납하여 처리할 수 있는 넓은 마음과 깊은 생각을 뜻하는 '도량'이 어울린다.

07 '자격(資格)'은 일정한 신분이나 지위를 가지거나 일정한 일을 하는 데 필요한 조건이나 능력을 뜻한다.

08 '정신(精神)'은 육체나 물질에 대립되는 영혼이나 마음을 뜻한다.

09 '편중'은 한쪽으로 치우침을 뜻한다.

10 '별나다'는 보통과는 다르게 특별하거나 이상하다는 뜻이다.

11 '완전(完全)하다'는 필요한 것이 모두 갖추어져 모자람이나 흠이 없다는 뜻이다.

12 '비관론'은 인생을 어둡게만 보아 슬퍼하거나 절망스럽게 여기거나, 앞으로의 일이 잘 안될 것이라고 보아 아무런 것에도 희망을 갖지 않는 견해이다.

| 01 참담 | 02 면책 | 03 방책 | 04 국면 |
|---|---|---|---|
| 05 축적 | 06 조예 | 07 상책 | 08 판국 |
| 09 포착 | 10 책망 | 11 번복 | 12 불미스럽다 |
| 13 ⓒ | 14 ② | 15 ⓧ | 16 ⓛ |
| 17 마파람, 게 | 18 지렁이, 꿈틀 | | 19 물독, 생쥐 |
| 20 까마귀, 배 | | | |

07 '계책(計策)'은 '어떤 일을 이루기 위하여 꾀나 방법을 생각해 냄. 또는 그 꾀나 방법'을 뜻한다.

08 '판단'은 사물을 인식하여 논리나 기준 등에 따라 판정을 내림을 뜻한다.

09 '집착(執着)'은 어떤 것에 늘 마음이 쏠려 잊지 못하고 매달림을 뜻한다.

10 '절망(絶望)'은 '바라볼 것이 없게 되어 모든 희망을 끊어 버림. 또는 그런 상태'를 뜻한다.

11 '반복(反復)'은 같은 일을 되풀이함을 뜻한다.

12 '우스꽝스럽다'는 말이나 행동, 모습 따위가 특이하여 우습다는 뜻이다.

| 01 인지 | 02 현존 | 03 굉음 | 04 도달 |
|---|---|---|---|
| 05 제동 | 06 제어 | 07 격세지감 | 08 상전벽해 |
| 09 조변석개 | 10 백년하청 | 11 ⓧ | 12 ⓒ |
| 13 ② | 14 ⓛ | 15 ⑤ | 16 ② |
| 17 ④ | 18 ⑥ | 19 ① | 20 ③ |

| 01 간행 | 02 심취 | 03 함의 | 04 대등 |
|---|---|---|---|
| 05 방관 | 06 방치 | 07 출판 | 08 불가결 |
| 09 종속적 | 10 인위적 | 11 자연적 | 12 다반사 |
| 13 혈안이 되다 | | 14 피가 마르다 | |
| 15 피가 뜨겁다 | | 16 피땀을 흘리다 | |
| 17 피도 눈물도 없다 | | 18 핏대를 세우다 | |
| 19 홑문장, 겹문장 | | 20 이어진문장, 안은문장 | |

06 '위치(位置)'는 '일정한 곳에 자리를 차지함. 또는 그 자리'를 뜻한다.

07 '출제'는 문제나 제목을 냄을 뜻한다.

08 '가결(可缺)'은 없어도 될 만함을 뜻한다.

09 '주체적'은 '어떤 일을 실천하는 데 자유롭고 자주적인 성질이 있는. 또는 그런 것'을 뜻한다.

10 '작위적'은 '꾸며서 하는 것이 두드러지게 눈에 띄는. 또는 그런 것'을 뜻한다.

11 '자주적'은 '남의 보호나 간섭을 받지 아니하고 자기 일을 스스로 처리하는. 또는 그런 것'을 뜻한다.

12 '다방면'은 여러 방면을 뜻한다.

| 01 둔화 | 02 봉쇄 | 03 반영 | 04 단서 |
|---|---|---|---|
| 05 재화 | 06 호각지세 | 07 백중지간 | 08 명재경각 |
| 09 일촉즉발 | 10 용호상박 | 11 누란지위 | 12 각성 |
| 13 전락 | 14 동질성 | 15 무디다 | 16 녹록하다 |
| 17 로마자 표기법 | | 18 외래어 표기법 | |
| 19 실마리 | 20 투영 | | |

01 느리고 무디어짐을 뜻하는 '둔화'가 어울린다.

02 굳게 막아 버리거나 잠금을 뜻하는 '봉쇄'가 어울린다.

03 '다른 것에 영향을 받아 어떤 현상이 나타남. 또는 어떤 현상을 나타냄.'을 뜻하는 '반영'이 어울린다.

04 어떤 문제를 해결하는 방향으로 이끌어 가는 일의 첫 부분을 뜻하는 '단서'가 어울린다.

05 사람이 바라는 바를 충족시켜 주는 모든 물건을 뜻하는 '재화'가 어울린다.

12 '각오(覺悟)'는 앞으로 해야 할 일이나 겪을 일에 대한 마음의 준비를 뜻한다.

13 '수락(受諾)'은 요구를 받아들임을 뜻한다.

14 '이질성(異質性)'은 서로 바탕이 다른 성질이나 특성을 뜻한다.

15 '모나다'는 사물의 모습에 모가 있거나 일에 드러난 표가 있다는 뜻이다.

16 '녹녹하다'는 촉촉한 기운이 약간 있다는 뜻이다.

| 01 퇴색 | 02 편애 | 03 가속화 | 04 집대성 |
| 05 균일하다 | 06 통념 | 07 부각 | 08 편파 |
| 09 몰락 | 10 통설 | 11 뇌리 | 12 불균일 |
| 13 투여 | 14 논제, 쟁점 | 15 찬성, 반대 | 16 눈, 아웅 |
| 17 사촌, 땅 | 18 호미, 가래 | 19 언 발, 오줌 | |
| 20 개구리, 올챙이 | | | |

05 '균등하다'는 고르고 가지런하여 차별이 없다는 뜻이다.

06 '상념(想念)'은 마음속에 품고 있는 여러 가지 생각을 뜻한다.

07 '부조(扶助)'는 '잔칫집이나 상가(喪家) 따위에 돈이나 물건을 보내어 도와줌. 또는 돈이나 물건'을 뜻한다.

08 공정하지 못하고 어느 한쪽으로 치우쳐 있음을 뜻하는 '편파'가 적절하다.

09 재물이나 세력 따위가 쇠하여 보잘것없이 됨을 뜻하는 '몰락'이 적절하다.

10 세상에 널리 알려지거나 일반적으로 인정되고 있는 설을 뜻하는 '통설'이 적절하다.

11 사람의 의식이나 기억, 생각 따위가 들어 있는 영역을 뜻하는 '뇌리'가 적절하다.

| 01 우직 | 02 현저 | 03 고지식 | 04 고질적 |
| 05 주체적 | 06 ㄹ | 07 ㄷ | 08 ㄱ |
| 09 ㄴ | 10 ㅁ | 11 맹신 | 12 교란 |
| 13 폐단 | 14 대가 | 15 논거 | 16 반론 |
| 17 입론 | 18 예술, 과학 따위의 어느 일정 분야에서 특히 | | |

뛰어난 사람. 19 어떤 주장이나 의견에 대하여 그 잘못된 점을 조리 있게 공격하여 말함. 20 하는 일이나 태도가 사사로움이나 그릇됨이 없이 아주 정당하고 떳떳함.

11 옳고 그름을 가리지 않고 덮어놓고 믿는 일을 뜻하는 '맹신'이 어울린다.

12 마음이나 상황 따위를 뒤흔들어서 어지럽고 혼란하게 함을 뜻하는 '교란'이 어울린다.

13 어떤 일이나 행동에서 나타나는 옳지 못한 경향이나 해로운 현상을 뜻하는 '폐단'이 어울린다.

14 전문 분야에서 뛰어난 권위를 인정받는 사람을 가리키는 '대가'가 어울린다.

| 01 암묵적 | 02 역발상 | 03 이국적 | 04 선동적 |
| 05 향연 | 06 휴면 | 07 천체 | 08 휘황하게 |
| 09 융숭하게 | 10 부추겨서 | 11 ㄴ | 12 ㅁ |
| 13 ㄹ | 14 ㄷ | 15 ㅂ | 16 ㄱ |
| 17 광년 | 18 변이 | 19 연설 | 20 이성적, 감성적 |

01 자기 의사를 밖으로 나타내지 아니한다는 뜻의 '암묵적'이 적절하다.

02 일반적인 생각과 반대가 되는 생각을 해낸다는 뜻의 '역발상'이 적절하다.

03 '자기 나라가 아닌 다른 나라에 특징적인'을 뜻하는 '이국적'이 적절하다.

04 남을 부추겨 어떤 일이나 행동을 하게 한다는 뜻의 '선동적'이 적절하다.

05 '향촌'은 시골의 마을을 가리킨다.

06 '동면(冬眠)'은 겨울이 되면 동물이 활동을 중단하고 땅속 따위에서 겨울을 보내는 일이다.

07 '개체(個體)'는 전체나 집단에 상대하여 하나하나의 낱개를 이르는 말이다.

08 광채가 나서 눈부시게 번쩍인다는 뜻의 '휘황하다'를 활용할 수 있다.

09 대우하는 태도가 정중하고 극진하다는 뜻의 '융숭하다'를 활용할 수 있다.

10 감정이나 상황 따위가 더 심해지도록 영향을 미친다는 뜻의 '부추기다'를 활용할 수 있다.

| 01 비탄 | 02 박해 | 03 복식 | 04 찬탈 |
| 05 신조 | 06 통탄 | 07 궁리하다 | 08 명백하다 |
| 09 백미 | 10 준언어적 | 11 비언어적 | 12 단행했다 |
| 13 강구하기로 | 14 자명한 | 15 퇴락한 | 16 팔방미인 |
| 17 재자가인 | 18 군계일학 | 19 낭중지추 | 20 청출어람 |

01 몹시 슬퍼하면서 탄식함을 뜻하는 '비탄'이 적절하다.

02 못살게 굴어서 해롭게 함을 뜻하는 '박해'가 적절하다.

03 옷과 장신구를 아울러 이르는 말인 '복식'이 적절하다.

04 왕위, 국가 주권 따위를 억지로 빼앗음을 뜻하는 '찬탈'이 적절하다.

05 굳게 믿어 지키고 있는 생각을 뜻하는 '신조'가 적절하다.

06 '통찰(洞察)'은 예리한 관찰력으로 사물을 꿰뚫어 봄을 뜻하는 말이다.

07 '궁색하다'는 아주 가난하다는 뜻이다.

08 '사백하다'는 자기가 저지른 죄나 자기의 허물을 남들 앞에서 스스로 고백한다는 뜻이다.

12 결단하여 실행한다는 뜻의 '단행하다'를 활용할 수 있다.

13 좋은 대책과 방법을 궁리하여 찾아내거나 좋은 대책을 세운다는 뜻의 '강구하다'를 활용할 수 있다.

14 설명하거나 증명하지 아니하여도 저절로 알 만큼 명백하다는 뜻의 '자명하다'를 활용할 수 있다.

15 낡아서 무너지고 떨어지다는 뜻의 '퇴락하다'를 활용할 수 있다.

05 '악용'은 알맞지 않게 쓰거나 나쁜 일에 씀을 뜻한다.

06 '퇴각'은 뒤로 물러감을 뜻한다.

07 '간행(刊行)'은 책 따위를 인쇄하여 발행함을 뜻한다.

08 '유미적'은 아름다움을 추구하여 거기에 빠지거나 깊이 즐기는 것이다.

13 느끼어 안다는 뜻의 '감지하다'를 활용할 수 있다.

14 목숨을 겨우 이어 살아간다는 뜻의 '연명하다'를 활용할 수 있다.

15 사실과 다르게 해석하거나 그릇되게 한다는 뜻의 '왜곡하다'를 활용할 수 있다.

01 문서상의 권한과 책임이 있는 이름을 뜻하는 '명의'가 어울린다.

02 전부터 해 내려오던 전례가 관습으로 굳어진 것을 뜻하는 '관례'가 어울린다.

03 기운이나 세력 따위가 점점 더 늘어 가고 나아감을 뜻하는 '증진'이 어울린다.

04 이전부터 전하여 내려오는 습관을 뜻하는 '인습'이 어울린다.

빠른시작
빠
착